보글헤드 투자 가이드

The Bogleheads'
Guide to INVESTING

Second Edition

옮긴이 원수섭

컴퓨터를 전공하고 삼성전자에 입사했다. 공부가 더 하고 싶어 유학길에 올랐지만, 돌아온 건 현실감각이었다. KT에서 정책을 다루다 창업에 도전했고, 결과는 대차게 실패. 그 실패 덕분에 투자라는 직업을 만나게 된다.

네이버에서 엑셀러레이터 D2 스타트업 팩토리 설립에 참여하였고, DSC인베스트로 옮겨 스타트업 투자를 이어갔다. 그중엔 유니콘도 있고, 상장한 기업도 있다. 운이 좋았고, 배우는 게 많았다.

지금은 삼천리인베스트먼트라는 신기사에서 벤처 투자를 하고 있다. 지은 책으로 《인문학으로 투자하다》가 있다.

보글헤드 투자 가이드

초판 1쇄 발행 2026년 1월 27일

지은이 테일러 래리모어, 멜 린다우어, 마이클 르뵈프 옮긴이 원수섭 펴낸이 이성용
책디자인 책돼지
펴낸곳 빈티지하우스 주소 서울시 마포구 성산로 154 4층 406호(성산동, 충영빌딩)
전화 02-355-2696 팩스 02-6442-2696 이메일 vintagehouse_book@naver.com
등록 제 2017-000161호 (2017년 6월 15일) ISBN 979-11-993021-8-1 13320

보글헤드 투자 가이드

The Bogleheads'
Guide to INVESTING

Second Edition

"수십만 명의 개인투자자를
백만장자로 만든 책!!"

테일러 래리모어, 멜 린다우어, 마이클 르뵈프 지음

존 보글 서문　원수섭 옮김

빈티지하우스
VINTAGE HOUSE

 # 차례

뱅가드 창립자 존 보글의
서문

도덕적이고 지적인 결사의 의지가 미국인의 가장 중요한 특징이 아닐까 한다. 그들은 나이, 지위, 성격에 얽매이지 않고 끊임없이 다양한 형태의 모임을 만들어낸다. 종교적이든, 도덕적이든, 진지하든, 사소하든, 일반적이든, 제한적이든, 크든, 작든 간에 말이다. 나는 가끔 미국인이 공동의 목적을 제시하고, 그것을 자발적으로 추구하며, 규모를 키워가는 모습을 보고 감탄을 금치 못하곤 한다.

그들이 비록 소수라 할지라도 어떤 의견이나 감정을 공유하고 그것을 퍼뜨리고자 하면, 서로 협력할 동료를 찾기 시작한다. 이내 비슷한 뜻을 가진 사람을 발견하고 결속한다. 그 순간부터 그들은 더 이상 고립된 개인이 아니다. 멀리서도 눈에 띄는 '하나의 힘'이 되며, 그들의 행동은 본보기가 되며, 그들의 목소리는 의견이 된다.

오직 교감을 통해서만 일어나는 감정과 의견이 있다. 나아가 이런 교감은 정신을 일깨운다. 그래서 어떤 성장은 결사체를 통해서만 가능한 것이다. 이처럼 미국인이 결사를 통해 날마다 해나가는 작은 일들을 과연 어떤 정치 세력에서 감당할 수 있겠는가.

- 알렉시스 드 토크빌, 《미국의 민주주의》

보글헤드 커뮤니티를 보면 그것은 마치 알렉시스 드 토크빌이 이야기한 '지각력 있는 힘', 즉 미국의 시민 결사를 떠올리게 합니다. 지적이며 성실한 투자자들이 자발적으로 커뮤니티 안에서 지식을 축적하는 것을 보았을 때, 투자자가 지녀야 할 건전한 양식을 전파하는 것을 볼 때면 토크빌의 말이 딱 맞는 것 같습니다. 불과 25세의 나이에 겨우 9개월 동안 미국에 머물며 썼던 《미국의 민주주의》가, 오랜 세월 동안 미국인의 삶을 규정하는 고전으로 자리 잡은 것은 어쩌면 당연한 일인지도 모르겠습니다.

처음에는 혁신적 투자자들의 자발적 모임이었던 보글헤드 커뮤니티는 10년이 지나 Bogleheads.org에 자리를 잡았습니다. 현재 보글헤드 커뮤니티에는 매일 5만 명이 방문하고 1,500건의 게시물이 올라옵니다. 엄청난 인기입니다. 이 책 《보글헤드 투자 가이드》는 이 커뮤니티의 중요한 이정표로 남게 될 것입니다.

보글헤드 커뮤니티에는 전체를 관통하는 두 가지 정신이 있습니다.

하나는 합리성입니다. 커뮤니티의 투자자들은 상식이 넘치고, 비논리를 용납하지 않습니다. 과대망상보다 사실을 선호합니다. 단기 집중과 빠른 매매, 과거에 탁월한 펀드가 계속 성공할 것이라는 근거 없는 기대 따위는 용납하지 않습니다. 펀드 운용비용, 판매수수료, 숨겨진 포트폴리오 회전 비용, 세금과 같은 디테일을 무시하는 요즘의 투자 문화는 혐오의 대상처럼 여겨지기도 합니다. 보글헤드 커뮤니티에서는 '절약의 제국에서 빛나는 단순함의 품격'이 투자 성공을 위한 기준처럼 여겨집니다.

두 번째 특징은 배려입니다. 보글헤드는 서로를 배려합니다. 커뮤니티 단골 방문자인지 신규 방문자인지는 중요하지 않습니다. 정보에 밝은 투자자나 그렇지 않은 투자자, 초보자나 전문가에 상관없이 모든 주제에 걸쳐 배려하고 소통합니다. 사소한 내용이더라도 그날의 투자 이슈에 대해 기꺼이 토론하고자 합니다. 펀드 선택, 펀드 성과, 투자 유형, 은퇴 계획, 저축 프로그램, 세금 관리 등. 그 어떠한 것도 보상이나 편견 없이 서로를 돕기 위해 노력하는 문화가 정착되어 있습니다. 만일 누군가 바람직한 커뮤니티의 표상에 관해서 물어본다면, 단연 보글헤드라 이야기할 수 있을 것입니다.

보글과 보글헤드

저는 뱅가드의 홍보 담당자를 통해 보글헤드 커뮤니티를 알게 되었습니다. 제가 이들을 알기 전에도 최소 3년 동안 활동해왔다고 들었습니다. 커뮤니티의 글들을 보며, 제가 1974년 뱅가드를 설립한 이래 뱅가드의 근간으로 삼았던 투자전략과 인간적 가치가 무엇인지를 다시금 생각하게 되었습니다. 보글헤드 커뮤니티는 저의 이러한 설립 정신과 투자관에 지지를 보내준 특별한 존재입니다.

그들을 실제로 만난 것은 1999년 2월 3일이 되어서입니다. 플로리다주 올랜도에서 열린 '머니쇼'에서 저는 '투자 문화의 충돌: 복잡성 vs. 단순성'이라는 주제로 논쟁적인 연설을 했습니다. 연설은 저를 초청한 주최측을 당황하게 만들었고, (부자가 되는 쉬운 길을 제시했던) 후원사들을 분노하게 했습니다. 반면 수천 명의 개인투자자들은 제 연설에 놀라움과 즐거움을 감추지 못하는 듯했습니다.

그 강연이 시작되기 전에 테일러 래리모어는 아내와 함께 저를 찾아와 자신을 소개했습니다. 현재까지도 보글헤드의 비공식 리더로 여겨지는 테일러는 제가 만난 사람 중 가장 따뜻하고 사려 깊으며 지적인 사람입니다.

투자에 정통하고 다른 사람을 돕고 싶어 하는 훌륭한 사람이라는 것을 행동으로 증명하기도 했고요.

그는 제2차 세계대전 참전 용사이자 뛰어난 선원입니다. 이러한 배경 덕일까요? 투자를 늘 항해에 비유하곤 합니다. 스스로 설정한 항로를 유지하기 위해서는 용기와 절제가 필요하다고 말이죠. 무엇보다 신중한 계획을 세우는 것만큼이나 바람과 조류에 대응하는 것도 중요하다고 이야기합니다. 그가 입버릇처럼 이야기하는 이러한 항해의 덕목은 공교롭게도 성공하는 투자자가 갖추어야 할 주요 덕목과 일치합니다.

2000년 3월 플로리다의 행사에 참여했을 때, 테일러는 저에게 자신이 손수 지은 집에 와줄 수 있느냐고 청했습니다. 그는 그곳에서 보글헤드 멤버들과 함께 저를 만나고 싶다고 이야기했습니다. 저는 기쁘게 그 제안을 수락했죠. 그 모임에 참석하기로 한 날, 호텔 로비에는 보글헤드의 비공식 부회장 멜 린다우어가 "보글헤드 모임"이라는 팻말을 들고 있었습니다. 우리는 함께 테일러의 멋진 집으로 향했습니다. 저녁 식사를 대접하는 테일러의 환대 덕에 모임은 매우 따뜻하고, 에너지 넘치며, 유쾌한 자리가 되었습니다. '다이하드 1'이라고 불린 그날 모임에서 저는 난생처음 본 20여 명의 투자자들과 금세 친해질 수 있었습니다.

이듬해 '다이하드 2' 모임은 펜실베이니아주 밸리 포지에서 열렸습니다. 이 축제는 2001년 6월 8일, 40여 명의 보글헤드가 참석한 가운데 〈머니〉의 기자 제이슨 츠바이크가 연설하면서 시작되었습니다. 그는 기사에서 이 모임을 이렇게 표현했습니다. "다이하드 모임의 투자자들은 마치 '투자 찬송가'를 부르는 것 같았다. 그들은 같은 페이지의 노래를 부르며, 화음으로 시장의 소음을 가라앉혔다." 다음 날 저는 모임에 참석한 사람들을 밸리 포지에 있는 뱅가드 본사로 초청했습니다. 저는 투어 가이드가 되어야 했죠. 동시에 호스트로, 기조연설자로 활동해야 했고요. 질의응답 세션에서는 다양한 질문과 답변이 오갔습니다.

매사추세츠주 보글헤드 커뮤니티는 전체 커뮤니티를 대표하여 저에게 "일반 투자자를 보호하고 그들에게 봉사하는 산업을 만들자는 강력한 호소"라는 문구가 쓰인 2차 세계대전 당시의 나팔을 선물로 주었습니다. ("나팔이 불확실한 소리를 낸다면 누가 싸움에 대비할 수 있겠는가"라는 성 바울의 말을 인용하지 않을 수 없었습니다)

2002년 6월 26일 시카고에서 열린 모닝스타의 연례 투자 콘퍼런스 '다이하드 3'에는 미국 전역에서 50여 명의 보글헤드가 참석했습니다. 그들은 제 연설 '진실을 말하는 차트The Tell-Tale Chart*'를 듣고 활발한 모임을 가졌습니다. 시카고에서 우리 모임은 현명한 투자자가 되기를 바라고 복음을 전파하고자 하는 선한 사람의 모임으로 성장했습니다.

다음 모임(다이하드 4)은 2004년 5월 10일 증권 애널리스트와 펀드매니저를 대표하는 전문 단체인 '투자 관리 및 연구 협회AIMR, 현 CFA Institute'의 연례행사에서 열렸습니다. 콜로라도에서 열린 이 행사에는 60명이 넘는 보글헤드가 모였습니다. 그들은 제가 진행한 특별 세션 '건전한 지배구조 만들

---

* 존 보글은 실제 투자수익률(Tale)이 시장 수익(Tell)에 크게 못 미친다는 점을 들어 시장의 진실이 왜곡된다고 주장하였음.

기: 주주의 관점'에 참여했습니다. 이 세션에서 참으로 다양한 논의와 질의 응답이 오갔습니다. 사회자가 저에게 마지막으로 던진 질문은 "보글헤드란 무엇인가요?"였습니다. 저는 1,000명의 투자자들이 모인 자리에서 이 헌신적인 투자자 연합과 그들이 전파하고자 하는 투자 정신에 관해 이야기할 수 있어 정말 기뻤습니다.

매년 열리는 보글헤드 모임은 점점 더 커지고 있습니다. 이곳에서 사람들은 오랜 친구를 다시 만나고, 새로운 투자자들을 만납니다. 또한, 투자 전문가들의 연설을 듣기 위해 열정을 가진 투자자들이 계속 모여들고 있습니다. 이 콘퍼런스는 라스베이거스, 워싱턴 DC, 샌디에이고, 댈러스/포트워스 등 미국 전역에서 개최되었습니다. 최근에는 뱅가드 본사가 있는 펜실베이니아주 밸리 포지에서 연례 콘퍼런스를 개최하고 있습니다.

보글헤드의 메시지

《보글헤드 투자 가이드》는 탁월함과 재치가 공존하는 유익한 책입니다. 평생을 투자자로 살아온 저는 이 책의 저자들이 이야기하는 "투자판의 상식은 삶의 상식과 제법 다르다"라는 격언에 크게 공감했습니다. 왜 그럴까요?

금융시장은 본질적으로 폐쇄적인 시스템입니다. 특정 투자자가 얻은 이익은 다른 누군가에게는 불리하게 작용할 수밖에 없습니다. 저자들은 이러한 진리를 인정합니다. 우리가 속한 투자자 집단의 평균을 생각해보면, 누군가는 평균에 못 미치는 성과를 낼 수밖에 없는 것이죠. (이것도 투자비용을 제하기 전의 이야기입니다. 비용을 포함하면 패자의 무덤이 되고 맙니다) 중요한 것은, 우리의 삶에 적용되는 일반적인 상식을 따르면 '더 가난해질 수밖에 없는 운명'이 우리를 기다린다는 것입니다. 예를 들어, 다음과 같은 삶의 통념이 투자에서는 해가 될 수 있습니다.

- 잘 모르는 분야에 도전하려면 전문가를 고용하세요.
- 돈을 쓴 만큼 결과를 얻습니다.
- 위기가 닥치면 즉각 조치하세요!
- 미래 성과를 가장 잘 예측하는 것은 과거의 성과입니다.

일상생활에서는 무리 없이 작동하는 이런 원칙들이 투자에서는 실패를 불러옵니다. 그래서 '반대의 지혜'를 이해하는 것이 투자 성공의 첫걸음일지도 모르겠습니다.

이렇게 이야기하면 쉽게 와닿지 않을 수도 있습니다. 하지만 《보글헤드 투자 가이드》의 핵심 메시지는 정확하면서도 매우 직관적입니다. "건전한 금융 라이프스타일을 선택하세요. 일찍 시작하고 정기적으로 투자해야 합니다. 무엇에 투자하는지 파악하고 구매력을 유지해야 합니다. 비용과 세금을 낮게 유지하세요. 주식 포트폴리오를 다양화하고 채권 포트폴리오로 주식 위험을 분산하십시오." 이 간단한 원칙을 잘 지키는 투자자는 시장의 오르내림과 상관없이 소기의 성과를 달성할 수 있을 것입니다.

보글헤드와 벤저민 프랭클린

《보글헤드 투자 가이드》를 다 읽었을 때, 저는 묘한 기시감을 느꼈습니다. 문득 얼마 전 읽었던, 무려 250년 전에 쓰인 내용과 비슷했기 때문이었죠. 그것 역시 건전하고, 단순하며, 성공적인 저축과 투자의 방법을 담고 있었습니다. 그것은 벤저민 프랭클린이 1757년에 쓴 소책자 《부자가 되는 길The Way to Wealth》이었습니다. 이렇듯 250년의 세월을 뛰어넘는 원칙은 그것이 단지 효과적일 뿐만 아니라, 어쩌면 영원불멸할 수도 있음을 시사하는 것이 아닐까 싶습니다.

- 부자가 되고 싶다면 얻고자 하는 것뿐만 아니라, 모으고자 하는 것도 생각해야 한다.
- 희망에 기대어 사는 자는 굶어 죽을 것이다.
- 고통 없이는 이득도 없다.
- 기술이 있는 사람이 재산을 가진다.
- 사람들은 세금이 많다고 하지만, 정작 그들은 게으름으로 두 배, 교만으로 세 배, 어리석음으로 네 배의 세금을 지불하고 있다는 사실을 알지 못한다.
- 작은 지출을 조심하라. 작은 구멍이 결국 배를 침몰시키고 만다.
- 충실한 하인을 원한다면 자신을 섬겨라.
- 꺼내 쓰기만 하고 채우지 않는다면, 금세 바닥이 드러날 것이다.
- 큰 영지領地는 모험을 주지만, 작은 배는 해안가 근처에 머물게 할 뿐이다.
- 나이와 필요를 생각하고, 할 수 있을 때 저축하라. 해는 언젠가 저문다.

프랭클린의 유산은 보글헤드의 철학과 맞닿아 있습니다.

"그것은 이성이며 지혜요… 절약이며 신중함이라는, 참으로 훌륭한 가치가 담긴 교리다. 하나님의 축복을 겸손한 마음으로 구하되, 그것이 필요한 모든 사람에게 박정하지 말고, 그들을 위로하고 도와주어라…."

"세상에서 가장 고귀한 질문은 무엇인가? 바로 이 질문이다. 내가 세상에서 어떤 선한 일을 할 수 있을까?"

프랭클린의 말을 다시 빌리자면, 이 투자 공동체를 구성하는 이들은 '덕을 실천하고 남을 섬기는 의무를 다하는 데 자신을 헌신한 이들'입니다.

보글헤드에 대해 어떻게 생각하시나요?

독자 여러분, 잠시 제 입장이 되어보십시오. 만일 어떤 단체가 당신의 이름에 'head'를 붙여 모임의 이름으로 삼는다면 어떤 기분이 들까요? 그들의 인격, 가치관 그리고 지적, 도덕적 기준이 당신의 그것과 얼마나 부합하는지를 따지게 될 것입니다. 저도 그랬습니다. 이 점에서 저는 보글헤드에게 매우 높은 점수를 줍니다. 그들은 제가 평생을 바쳐 추구해 온 투자철학과 인간에 대한 태도를 지지하고 있습니다. 앞서 알렉시스 토크빌이 이야기한 것처럼 그들은 그들의 신념을 널리 알리고자 서로를 찾았고, 뜻이 맞는 사람들을 발견하여 결속했습니다. 나아가 서로의 의견을 북돋우고, 사고를 발전시키는 공동체가 되었습니다.

그래서 저는 제 이름을 딴, 제 원칙을 채택한 이 훌륭한 그룹에 지지와 영광스러운 마음을 감출 수 없습니다. 분야를 막론하고, 그것이 투자이든, 경영이나 공직이든 간에 명성을 남기고 세상을 떠나는 것이 커리어에 있어서의 성공 아니겠습니까? (그렇다고 너무 이른 시기에 목표를 이루는 것은 곤란합니다) 저는 제 인생의 사명이 보글헤드들뿐만 아니라 경제적인 안정을 염원하는 수백만의 평범한 사람들에게 받아들여진다는 사실에 감히 자부심을 느낍니다.

물론 교만은 결코 축복이 아닙니다. 오히려 조심스럽게 다뤄져야 할 것이죠. 벤저민 프랭클린은 교만을 두고 이렇게 이야기하기도 했습니다.

"실제로 우리의 본성 속의 모든 감정 중에 교만만큼 억누르기 어려운 것도 없을 것이다. 교만을 감추고, 싸우고, 짓누르고, 억제하고, 억압한다고 해도, 그것이 여전히 살아 있고 때때로 고개를 내밀며 모습을 드러낸다. 아마도 내 인생 이야기 속에서도 자주 보게 될 것이다. 설령 내가 그것을 완전히 극복했다고 믿는 순간조차, 나는 어쩌면 내가 겸손했음에 우쭐거리고 있을지도 모를 일이다."

만일 제가 여기서 들려드린 이야기 속에서 저의 교만이 드러난 부분이 있다고 하더라도 너그러이 이해해 주시길 부탁드립니다. 저의 이 '보글'이라는 이름을 따서 자신들을 '보글헤드'라 부르고, 제 철학과 가치를 열정적으로 지지하며, 이 훌륭한 책을 통해 헌신을 보여준 여러분께 깊은 감사를 드립니다.

이 책의 안내를 따라간다면, 여러분은 분명 투자의 성공을 누리게 될 것입니다.

존 C. 보글

펜실베이니아, 벨리 포지

시작하며

돈은 그것이 지닌 가치 그 이상, 그 이하로도 생각하지 말아야 한다.
돈은 훌륭한 하인이지만, 형편없는 주인이다.

- 알렉상드르 뒤마

흔히 생각하는 것과 달리 보글헤드는 차의 앞유리에서 종종 볼 수 있는 머리가 흔들거리는 인형이 아닙니다. 그건 '보블헤드'입니다.

보글헤드는 전혀 다릅니다. 보블헤드만큼 흔히 찾아볼 수는 없지만, 수백만의 사람이 보글헤드의 이름 아래 있습니다. 그들은 뱅가드 그룹의 창립자인 존 보글이 주창한 투자철학과 투자전략을 따르고 있습니다.

우리의 리더에 대해서

존 보글 덕에 개인투자자들은 더 나은 투자를 할 수 있게 되었습니다. 그가 만든 펀드 덕에 낮은 수수료로 비용을 거의 들이지 않고 세금까지 아낄 수 있는 투자가 가능해졌습니다. 덕분에 수백만 명의 투자자가 훨씬 더 나은 투자 수익을 누릴 수가 있었죠.

존 보글이 개인투자자를 위한 최초의 인덱스 펀드를 소개했을 때, 업계의 많은 이들이 존 보글을 어리석다며 비방했습니다. 하지만 오늘날 뱅가드의 '500 인덱스 펀드'는 세계에서 가장 큰 펀드가 되었습니다. 존 보글 덕분에 브로커, 펀드매니저, 세무사가 가지고 가던 돈이 투자자에게 돌아가고 있습니다. 결국, 많은 투자자들이 가족을 위한 더 좋은 집, 자녀를 위한 대학 교육, 더 행복한 은퇴 생활, 사랑하는 사람과 단체에 더 많은 돈을 물려주는 것이 가능해졌습니다. 몇몇 다른 투자사들이 저비용 혁명에 동참하기도 했지만, 이 혁명을 이끈 것은 존 보글이었으며, 여전히 그 길의 선두에는 뱅가드가 있습니다.

한 개인이 이런 변화를 가능하게 했다는 이야기를 듣고 의아하다고 생각할 수도 있지만, 존 보글은 평범한 사람이 아닙니다. 그가 뱅가드를 설립한 이래, 1996년 심장이식을 위해 뱅가드 그룹 회장직에서 물러난 이후에도 존 보글은 교육 사업에 헌신했습니다. 그는 투자자가 더 많은 수익을 가져갈 방법을 전파했습니다. 그의 가르침은 단순하고 명료합니다. 그래서 금융 지식이 없는 일반인들도 쉽게 이해할 수 있었습니다. 그의 저서인 《보글 온 뮤추얼 펀드Bogle on Mutual Funds》나 《뮤추얼 펀드 상식》 등의 책은 투자의 고전으로 꼽힙니다.

그는 지금도 여전히 사람들에게 효율적이고 효과적인 투자 방법을 알리고 있습니다. 그가 투자 관련 행사에서 연설하는 모습이나 라디오와 TV에서 인터뷰한 모습을 쉽게 찾아볼 수 있습니다.[*] 그의 글은 〈월스트리트 저널〉에도 자주 실립니다. 업계에 보내는 그의 메시지는 일관적입니다. 투자업계 종사자들에게 부디 고객의 돈을 '공정하게' 투자하고, 진실만을 말하며, 좋

---

[*] 존 보글은 2019년 사망하였다.

은 성품을 지니기를 당부합니다. 그는 '업계의 양심'이라는 수식어가 어울리는 인물입니다. 그의 영예는 너무 많아 일일이 나열하기도 어렵지만, 2004년 〈타임〉이 선정한 '우리의 삶을 빛낸 100명의 영웅과 아이콘' 중 한 명으로 뽑힌 것이 대표적입니다. 토머스 제퍼슨이 말했던 "용기를 지닌 한 사람이 곧 다수다"라는 이야기에 부합하는 인물이 존 보글일 것입니다.

보글헤드에 대해서

보글헤드는 모닝스타 웹페이지 안의 보글헤드 포럼에서 1998년 시작되었습니다. 투자연구회사인 모닝스타 덕분에 전 세계의 보글헤드들이 만나 투자 아이디어를 나눌 수 있는 만남의 장이 마련된 것이죠. 이제 보글헤드 포럼은 www.bogleheads.org를 통해 접속할 수 있습니다. 보글헤드 운영자들의 작업 덕분에 별도의 커뮤니티로 독립할 수 있었습니다. 보글헤드는 무료로 운영되며 누구에게나 열려있습니다.

다소 오만하게 들릴 수도 있지만, 우리는 감히 우리 커뮤니티가 온라인에 존재하는 최고의 투자자 커뮤니티라고 생각합니다. 조회수 기준으로 수백만 건에 달할 정도로 활동이 활발합니다. 업계 최고의 투자자, 저술가, 전문가들이 활동하고 있습니다. 덕분에 어떤 질문을 올리더라도 답을 얻을 수 있습니다. 누군가에게 투자상품을 팔기 위해 모인 사람들이 아니다 보니 정직하고 편견 없는 답변을 들을 수 있습니다. 행여라도 상업적 목적으로 커뮤니티를 이용하려는 사람들은 환영받지 못합니다. 그들의 게시물은 즉시 삭제됩니다.

보글헤드의 활동은 온라인 공간에 그치지 않습니다. 2000년부터는 오프라인에서 만나기 시작했습니다. 지역에서 열리는 행사에서는 그 지역의 보글헤드들이 모여 함께 식사하며, 투자에 관한 이야기를 나눕니다. 지역 모임부터 전국 모임에 이르기까지 다양한 오프라인 모임을 통해 많은 이들이 서로 배우고, 자신이 알고 있는 것을 공유합니다. 마치 멋진 이들로 구성된 미국의 축소판 같다고나 할까요?

《보글헤드 투자 가이드》 소개

이 책은 보글헤드의 투자 접근법을 소개하기 위해 만들어졌습니다. 이 책을 통해 더 나은 투자자가 되고 자신의 자산을 관리할 수 있을 것입니다. 우리는 이 책을 읽는 독자가 금융 지식이 없다고 가정하고 이 책을 집필했습니다. 사실 투자에 대해서 아무것도 모르는 것이 오히려 더 좋을 수 있다고 생각합니다. 월스트리트와 미디어가 전파하는 잘못된 통념이 투자에 득이 되기보다는 해가 되는 경우가 더 많기 때문입니다.

이 책을 함께 집필한 우리 셋의 투자 경험을 모두 합치면 한 세기가 훨씬 넘습니다. 우리 셋 모두 셀 수 없이 많은 시행착오를 거쳤습니다. 실수를 만회하기 위해 노력하는 과정에서 보글헤드 투자 방식을 발견하고 받아들였습니다. 우리는 어쩌다가 보글헤드라는 같은 결론으로 모였을까요? 이유는 간단합니다. '투자 위험은 최소화하면서 세후수익률은 최고로 높이고 싶어서'입니다.

다음은 이 책에서 다루는 핵심 주제입니다.

- 투자를 시작하기 전, 건전한 재정적 기반을 마련하는 방법
- 우리가 선택할 수 있는 다양한 투자 유형

· 인플레이션으로부터 우리의 자산을 보호하는 방법

· 얼마나 저축해야 하는지를 결정하는 방법

· 간단하지만 효과적인 투자 포트폴리오를 구축하는 방법

· 자녀의 대학 학자금 마련을 위한 훌륭한 저축 방법

· 뜻하지 않게 큰돈이 들어왔을 때의 대처 방법

· 언제 전문가가 필요한지, 어떻게 적절한 전문가를 찾아내는지

· 언제 포트폴리오의 비중을 재조정해야 하는지

· 투자자가 아닌 월스트리트와 미디어의 이익을 대변하는 '소음'에 흔들리지
않는 방법

· 감정이 어떻게 최악의 적이 될 수 있는지, 그런 감정으로부터 어떻게 벗어
날 수 있는지

· 경제적 재앙을 예방하기 위해 취해야 할 조치

· 돈이 부족하지 않은 편안한 은퇴 생활을 계획하는 방법

· 상속인에게 효율적으로 자산을 물려주는 방법

· 투자 스타일을 단순하게 유지하며 인생을 최대한 즐기는 방법

이 책에 숨겨진 의제 같은 건 없습니다. 다른 목적이 있어서 이 책을 쓴 것이 아닙니다. 저희는 재무설계사나 자산관리자처럼 고객을 찾아 떠돌 필요가 없습니다. 그렇다고 주말 세미나를 통해 부자가 될 수 있다는 식의 강의를 해야 할 필요도 없죠. 우리 셋은 이미 경제적으로 안정적입니다.

서점이나 도서관에서 이 책을 접하거나 친구한테 빌려서 읽더라도 괜찮습니다. 우리의 바람은 평범한 투자자가 장기적으로 최고의 투자 이익을 얻는 방법을 안내함으로써 존 보글의 사명을 지원하는 것입니다.

저희에게 주어진 사명을 하나 더 꼽는다면, 이 책을 통해 여러분이 보글헤드 투자자 대열에 동참해 주시기를 바라는 것입니다. www.bogleheads.org를 방문해 주십시오. 궁금한 점이 있으면 질문하고, 투자에 대해 알고 있는 내용을 공유해 주시기를 바랍니다. 우리는 모두 배우고, 돕고, 우정을 나누기 위해 이곳에 모였습니다. 환영합니다.

테일러 래리모어
멜 린다우어
마이클 르뵈프

Part I

성공적 투자를 위한 필수 요소

01장

건강한
금융 라이프스타일

오늘날 우리는 어디서든 쉽게 은행을 찾아볼 수 있습니다.
대부분의 자동차가 주인을 찾을 수 있도록 말이죠.

- 조셉 그로스먼

오래된 통계가 있습니다. 25세에 커리어를 시작한 젊은 미국인 100명이 있다고 해봅시다. 65세가 되면 1명은 부자가 되고, 4명은 경제적으로 독립할 수 있습니다. 하지만 나머지 95명은 은퇴 후 더 가난해진다고 합니다.

사회보장, 메디케어(노인과 장애인 의료보험), 메디케이드(저소득층 의료보험)와 같은 정부 프로그램의 도움이 없다면 많은 이들이 말 그대로 굶주리게 될 것입니다. 그렇다고 정부가 풍족하고 안락한 노후를 보장해 줄 것이라는 기대는 마십시오. 정부는 여러분이 굶주리지 않도록 최소한을 제공할 뿐입니다. 정부는 여러분의 노년을 황금빛으로 빛나게 해주지 않습니다. 경제적으로 나은 삶을 사는 것은 전적으로 여러분에게 달렸습니다.

미국을 기준으로 7,600만 명의 베이비붐 세대가 은퇴를 앞두고 있습니다. 이러한 상황에서 우리는 조금 더 조심해야만 합니다. 우리는 세계 역사상 가장 부유한 나라에 살고 있고 국가와 기업의 부는 계속 증가하고 있습니다. 근데 왜 65세에 경제적으로 독립할 수 있는 비율은 5%에 불과할까요? 그 답은 우리 삶에 들어오는 돈을 어떻게 쓰느냐에 달려있을지도 모릅니다.

지금, 여러분의 금융 라이프스타일은 어떠한가요?

의식하지 못할 수도 있지만, 여러분의 금융 라이프스타일은 여러분이 내린 선택의 결과입니다. 간단하게 설명하기 위해 세 개의 라이프스타일을 가정해 보겠습니다. 각 라이프스타일에 대해 읽다 보면 당신 주위의 누군가가 떠오를 수도 있습니다. 하지만 중요한 것은 당신의 라이프스타일이 이중 어느 것에 더 가까운지입니다.

빚으로 사는 사람

"내일은 잊고 오늘을 위해 살자."

　　이것은 빌과 베티 보로우어Borrower, 차용자 부부의 신조입니다. 말 그대로 신용카드에 기반을 둔 금융 라이프스타일입니다. 현금으로 결제하는 경우는 거의 없습니다. 그들은 최고급 자동차를 몰고, 값비싼 귀금속과 옷을 즐깁니다. 엄청난 빚을 지고 큰 집에서 살고 있습니다. 그들은 집을 살 때, 계약금 없이 변동금리 주택담보대출로 집값을 조달했습니다. 자동차는 리스를 이용하거나 대출을 이용합니다. 생활비도 대부분 신용카드로 충당합니다. 그들에게 신용카드는 '공짜 돈' 같은 느낌입니다. 매달 미결제 잔액의 2%만 내면 원금은 갚지 않아도 되니 말입니다.

　　최근 빌과 베티는 친구가 극찬한 호화 크루즈에 타고 싶어 안달이 났습니다. 하지만 안타깝게도 호화 크루즈 탑승권 가격은 신용카드의 한도를 훌쩍 넘어버렸죠. 그래서 다른 방도를 찾아봅니다. 다행히 그들의 주택 가격이 최근 들어 상승했습니다. 그래서 그들은 주택담보대출을 추가로 받기로 했습니다. 덕분에 크루즈에 탑승할 수 있었죠. 더 좋은 점은 주택담보대출 이자는 세금공제가 가능하다는 겁니다. 따라서 크루즈 여행에 사용한 돈의 일부는 정부에서 지원하는 셈이 되었습니다. 미국은 정말이지 대단한 나라입니다!

이들에게는 과감한 변화가 필요합니다. 그렇지 않으면 그들의 경제적 미래가 절벽을 향해 전속력으로 돌진할 것이 자명합니다. 부를 축적하고 말고의 문제가 아닙니다. 빚이 너무 빠른 속도로 늘어나고 있기 때문이죠. 여기서 만일 실직하거나, 사고나 질병이 발생한다면 이들의 생활은 끝납니다. 자동차는 압류되고, 집에서 쫓겨나게 될 테니까요. 파산을 선언하고 그들의 소중한 자산 대부분이 채권자의 빚을 갚기 위해 경매에 넘어갈 겁니다. 친구와 이웃들은 충격을 받고 "잘살고 있는 것처럼 보였는데"라고 말하겠죠. (이런 사람을 두고 텍사스에서는 "큰 모자만 있지, 소는 없는 사람"이라고 부릅니다) 빌과 베티는 자신의 불운을 탓할 겁니다. 하지만 실상은 그들이 오늘을 위해 내일을 빌려 쓰고 있었다는 것이죠.

소비하는 사람 ———

다행히 미국 국민 대부분은 강한 책임감을 가지고 있습니다. 무턱대고 빚을 내기보다는 채드와 캐시 컨슈머Consumer, 소비자 커플과 비슷한 라이프스타일을 가지고 있습니다. 빌과 베티 부부가 신용카드를 중심으로 소비하는 반면, 채드와 캐시는 월급을 중심으로 소비합니다. 신용카드 한도가 아닌 월 소득 한도까지만 지출합니다. 그들은 자신의 월급이 얼마인지 알고, 그에 맞춰 소비합니다. 결국, 그것이 그들이 일하는 이유니까요.

대다수 미국인과 마찬가지로 채드와 캐시도 자동차나 대형 TV를 현금으로 구매할 여력은 없습니다. 중요한 구매를 결정할 때, 구매 결정은 대개 다음 같은 '마법 질문'으로 결정됩니다.

'월 할부를 감당할 수 있는가?'

그들은 할부 구매로 추가되는 비용이 얼마이며, 그것을 얼마나 오랫동안 지급해야 하는지를 고려하지 않습니다. 그저 지급 여력만 있다면 상품을 구매하는 것입니다. 이들의 금융 라이프스타일은 돈을 벌어서 소비하는 것에 맞춰져 있습니다.

채드와 캐시는 은퇴를 위해 비과세로 돈을 모을 수 있는 연금저축Roth IRA*에 대해 들어본 적이 있습니다. 그리고 두 사람 모두 고용주가 퇴직연금 401(k)** 플랜을 제공합니다. 이처럼 공짜로 돈을 벌고(고용주의 매칭) 세금을 절약하는(과세 유예) 기회가 있음에도 이를 활용하지 않습니다. 물론 저축하고 싶은 마음이야 크죠. 하지만 새 차, 대형 TV, 최신 스마트폰, 디즈니월드 여행, 기타 생필품 등 지금 당장 지급해야 할 돈이 너무나도 많습니다. 그들의 영혼은 신에게 속해있을지 모르지만, 지갑은 광고주가 쥐고 있는 격입니다.

....

* Roth IRA는 미국의 대표적인 개인 은퇴 계좌. 투자 시점에 세금을 내지만 수익에는 과세하지 않는 상품으로 한국의 연금저축계좌와 유사
** 401(k)는 고용주가 제공하는 은퇴 저축 계좌. 세금 혜택을 받으며 장기적으로 노후자금을 마련할 수 있는 제도로 한국의 퇴직연금과 유사

소비하는 사람의 라이프스타일이 빌려서 삶을 꾸리는 것보다 그나마 낫긴 하지만, 이런 생활 방식도 반드시 개선해야 합니다. 채드와 캐시는 그들의 라이프스타일이 지속될 수 있을 것으로 생각하지만 그렇지 않습니다. 그들 역시 실직, 사고 또는 질병이 발생하면 경제적으로 심각한 위험에 처할 수 있습니다. 완충장치 역할을 할 현금이나 장기적인 계획이 없기 때문입니다. 아마 이들은 은퇴 시점까지는 임대 생활을 이어갈 수 있을지도 모릅니다. 하지만 그 이후부터는 정부의 지원 아래 매우 척박한 재정 상황을 마주할 가능성이 높습니다.

파수꾼

대부분의 미국인이 신용카드나 월급에 의존하는 방식으로 삶을 살아가지만, 매우 현명한 세 번째 커플은 조금 다른 금융적 사고방식을 가지고 있습니다. 켄과 킴 키퍼Keeper, 파수꾼는 다음과 같은 신조를 지니고 살아갑니다.

"빚은 치명적이며, 빚을 내서 소비해서는 아무것도 남는 것이 없다. 경제적 자유에 도달한 사람은 시간이 지남에 따라 축적되는 부를 이루는 데 집중한다."

다른 이들이 소득에 집중하는 반면, 파수꾼은 순자산에 훨씬 더 많은 관심을 가집니다. 그렇다고 파수꾼 커플이 앞선 커플보다 소득이 높은 것은 아닙니다. 오히려 수입이 더 적을 수도 있습니다. 하지만 평생 벌어들이는 돈은 파수꾼 커플이 훨씬 더 많을 것입니다. 은퇴 후 일하지 않고 즐길 수 있는 시간도 더 많을 것이고요.

이런 차이점은 어디서 기인할까요? 그것은 파수꾼이 벌어들인 돈으로 무엇을 하는가에서 시작합니다. 이들은 월급을 받을 때마다 가장 먼저 미래의 경제적 자유를 확보하는데 할당합니다. 급여의 최소 10%를 떼어 저축하고 투자합니다. 이들은 직장에서 제공하는 모든 저축 및 매칭 프로그램에 열심히 참여합니다. 이들은 법이 허용하는 한도 안에서 연금저축 계좌를 활용합니다.

이들도 부채와 신용카드를 사용하나요? 네, 그렇습니다. 그러나 이들의 부채는 감당할 수 있는 수준의 주택담보대출이거나 소득 잠재력을 크게 높이기 위한 학자금 대출일 가능성이 높습니다. 자동차의 경우, 출고된 지 2~3년 정도의 중고차를 장기 보유하기 위한 대출입니다. 이들은 신차가 처음 몇 년 동안 감가상각이 매우 크다는 점을 인지합니다. 신용카드는 편의를 위해 사용하지만, 이용 금액은 매달 빠짐없이 결제합니다.

켄과 킴은 언젠가 부자가 되길 바라며 궁핍한 삶을 버티는 구두쇠에 불과할까요? 아니요, 그렇지 않습니다. 이들은 매달 일정 금액을 저축하고 남은 돈을 소비합니다. 그들은 좋은 옷을 입고, 좋은 집에 살고, 고급 레스토랑에서 식사합니다. 휴가를 떠나고, 돈으로 할 수 있는 많은 것을 즐기고 있습니다. 그들은 그저 앞서 예로 든 커플이 알지 못하거나 무시하기로 한 것을 깨닫고 있을 뿐입니다. 재무계획을 세우고 실천하여 장기적으로 부를 축적하면 항상 필요한 것보다 더 많은 돈을 보유할 수 있다는 사실 말입니다. 파수꾼은 알고 있습니다. 이런 라이프스타일이 결국 그들의 경제적 목표에 도달할 수 있게 해준다는 것을요.

투자를 시작하기 전에 다음 단계를 수행하십시오 ——

여러분이 시간을 들여 이 책을 읽고 있다는 것은 여러분의 경제적 미래에 대해 걱정하고 있다는 뜻입니다. 여러분은 좋은 집에 살기, 자녀의 대학 교육비 마련, 안락한 노후 등 인생의 중요한 목표를 달성하기 위해 건전한 투자의 기본을 배우고 싶을 것입니다. 동시에 현재를 즐길 수 있는 충분한 소비 자금도 갖고 싶을 것입니다. 수백만 명의 사람이 이 목표를 달성했으며 여러분도 그렇게 할 수 있습니다. 더 깊은 이야기를 다루기 전에 다음과 같은 사항을 고려해 보기를 강력히 권장합니다.

1. 월급쟁이 사고방식에서 순자산 중심의 사고방식으로 변화하십시오.

2. 신용카드 및 고금리 부채를 갚으세요.

3. 비상 자금을 마련하세요.

월급쟁이 사고방식에서 순자산 중심의 사고방식으로 전환하기 ——

우리가 사는 사회는 소득과 부를 혼동하도록 만듭니다. 심지어 충분한 식견을 지닌 이들도 이 둘의 개념을 혼동하곤 하죠. 우리는 의사, CEO, 프로 운동선수, 영화배우가 높은 수입을 올리기 때문에 부자라고 믿습니다. 경제적으로 성공을 거둔 친구, 친척, 직장 동료를 볼 때, 그들의 수입에 근거하여 판단하려 합니다. 수십만, 수백만 달러의 연봉은 부의 상징과도 같습니다. 물론 소득과 부의 축적 사이에는 분명한 상관관계가 있습니다. 하지만 그 둘은 제법 분리된 별개의 경제적 척도입니다.

수입이란 주어진 기간 동안 벌어들인 돈의 양입니다. 1년에 백만 달러를 벌어서 모두 소비한다면 재산에 아무것도 추가되지 않습니다. 그냥 호화롭게 사는 것뿐입니다. 경제적 성공의 척도로 소득에만 집중하는 것은 경제적 독립의 가장 중요한 척도를 무시하는 것입니다. 얼마나 많이 버느냐가 아니라, 얼마나 많이 지키느냐가 중요하기 때문이죠.

부의 척도는 순자산으로, 소유하고 있는 자산의 총액에서 부채의 총합을 뺀 금액으로 판단되어야 합니다. 따라서 가장 먼저 해야 할 일은 순자산을 계산하는 것입니다. 순자산을 계산하는 방법은 매우 간단합니다. 먼저, 소유하고 있는 모든 자산의 현재 가치를 합산합니다. 대표적인 항목으로는 다음과 같은 것이 있습니다.

- 예금 및 저축 계좌, 신용조합 또는 머니마켓에 있는 현금성 자산
- 생명보험의 현금 가치
- 주택 및 기타 부동산 보유 자산
- 주식, 채권, 펀드 또는 기타 투자금
- 연금 또는 은퇴 플랜
- 자동차, 보트, 오토바이 또는 기타 차량
- 의류, 보석, 가정용 가구 및 가전제품과 같은 개인 물품
- 예술품 또는 골동품 같은 수집품
- 당신이 사업체를 소유하고 있고 그것을 매각한다고 가정할 경우, 그 사업체의 가치
- 기타 소유하고 있는 가치 있는 모든 것

소유하고 있는 자산의 총 현재 가치를 파악한 뒤에는 현재 갚아야 하는 모든 부채의 총액을 합산합니다. 이를테면 다음과 같은 것들이 있습니다.

- 주택 또는 보유 부동산에 대한 담보 대출금

- 신용카드 잔액

- 자동차 대출

- 개인 대출

- 교육 대출

- 생명보험 대출

- 비즈니스 미지급금

- 기타 부채

소유한 자산에서 빚으로 갚아야 할 금액을 빼면 순자산이 됩니다. 구글에서 '순자산 계산기'를 검색해서 활용하십시오. 어떤 계산기를 이용하더라도 간단하게 빈칸을 채우면 당신의 순자산을 계산해 줄 것입니다.

순자산을 계산한 후에는 자신의 연령 및 소득 범주에 속하는 다른 사람의 순자산과 비교해 보십시오. 연방준비은행은 3년마다 미국 내 가계 순자산을 조사합니다. 가장 최근의 순자산 중간값은 77,300달러였습니다.

이 통계에 따르면 고학력자와 자영업자가 보유한 순자산이 높습니다. 대졸자 가구의 순자산 중간값은 195,200달러로 고등학교 졸업자 가구의 중간값 56,700달러보다 훨씬 높습니다. 자영업자 가구의 순자산 중간값은 285,600달러로 상당히 높았습니다.

다음 표는 연령별 순자산 및 가구 소득 백분위별 순자산을 나타냅니다. 순자산은 연령에 따라 증가하는 경향을 보입니다. 1년에 한 번씩 순자산을 체크하는 습관을 지녀보십시오. 경제적 자유를 향한 여정을 시작하려면 현재 상황을 파악하는 것부터 시작해야 합니다.

표 1.1 연령별 순자산 중간값

나이	순자산 중간값
35세 미만	9,300달러
35~44	42,100달러
45~54	117,900달러
55~64	179,400달러
65~74	206,700달러
75 이상	216,800달러

표 1.2 소득 백분위별 순자산 중간값

소득 백분위	순자산 중간값
20 미만	6,200달러
20-39.9	25,600달러
40-50.9	65,900달러
60-79.9	128,600달러
80-89.9	286,600달러
90-100	1,194,300달러

신용카드 및 고금리 부채 갚기

순자산을 계산할 때, 고금리 부채나 신용카드의 리볼빙 잔액이 없는 것이 바람직합니다. 만약 있다면, 본격적으로 투자를 시작하기 전에 전부 갚아버리십시오.

신용카드와 고금리 부채가 없어야 무위험, 비과세 수익에 가까워질 수 있습니다. 신용카드 잔액은 무척 교활합니다. 사람들은 신용카드를 돌려막으면서 자기가 신용카드사 위에 있다고 착각하기도 합니다. 더 낮은 이자율을 제시한다는 신용카드의 꼬임에 넘어가지 마세요. 사람들은 자기가 신용카드를 이용하는 것으로 생각하지만, 사실은 신용카드가 놓은 덫에 걸린 겁니다. 명심하십시오. 리볼빙 잔액을 유지하는 한 신용카드사는 더 부자가 되고 여러분은 더 가난해질 뿐입니다.

예를 들어, 한 가구의 신용카드 잔액이 다음과 같다고 가정해 보겠습니다. 8,000달러의 신용카드 사용금액이 있고, 월 최소 결제금액이 160달러이며 18.9%의 이자율이 적용됩니다. 잔액에 추가 요금이 부과되지 않는다면 이를 갚는 데는 8년, 이자 비용으로 7,000달러 이상을 지급하게 됩니다. 즉, 신용카드 사용자는 8,000달러 상당의 상품과 서비스를 구매하기 위해 무려 15,000달러 이상을 지출하는 셈입니다. 이 정도 금액이 적당하다고 생각하나요? 여기에 '네'라고 대답한다면 의사의 진료를 받기를 권합니다.

신용카드사가 보내는 계약서의 작은 글씨를 읽어보신 적이 있나요? 그 글을 읽어보면, 신용카드사가 얼마나 막강한 권한을 가졌는지를 알고 충격을 받을 겁니다. 당신이 만일 신용카드를 한 번만 연체해도 6%의 이자율은 25% 또는 30% 이상으로 치솟을 수 있습니다. 게다가 연체 정보는 신용 보고 시스템을 타고 다른 금융기관에도 공유됩니다. 이는 신용카드 연체가 다른 금융기관의 이자를 올리는 결과를 가져온다는 의미가 되죠. 이 일련의 과정에서 당신은 어떠한 이의를 제기할 기회도 얻지 못합니다. 더 놀라운 것은 신용카드사가 당신에게 부과할 수 있는 연체 이자의 제한이 없다는 점입니다. (정부가 이를 규제하지 않기 때문이죠) 당신이 신용카드 약관에 동의한 순간부터 당신의 경제적 미래를 위태롭게 만드는 신용카드의 위협은 시작됩니다.

우리가 평생 벌어들이는 수입이 수백만 달러에 달할 수 있다는 사실을 알고 계십니까? 은행과 카드사는 이 점을 확실히 알고 있습니다. 그리고 그 중에 일부를 자기들 몫으로 돌리려 하죠. 여러분이 갚지 못하는 고금리의 카드값은 당신의 잠재적 순자산의 일부를 카드사의 손에 쥐여주게 만듭니다. 그래서 그들이 대형 고층빌딩을 그렇게나 많이 소유하고 있는지도 모르겠습니다. 이런 이유로 그들은 우리에게 항공사 마일리지, 현금성 포인트 등 온갖 혜택을 내세워 신용카드를 개설하라고 하는 것이겠죠. 초대형 스포츠 이벤트의 후원사로 신용카드사가 빈번히 등장하는 데도 다 이유가 있습니다.

신용카드를 갚으세요. 갚는 것만으로도 12%, 18%, 30% 혹은 그 이상의 투자 이득을 올리는 셈이 됩니다. 신용카드의 회전목마에 올라타고 있다면 당장 내리십시오. 주택을 소유하고 있다면 주택담보대출을 늘려 신용카드를 갚은 방안도 생각해 볼 수 있습니다. 이렇게 하면 부채에 대한 이자율을 낮추고 세금공제 혜택도 받을 수 있습니다.

리볼빙 잔액을 결제한 후에는 매월 만기가 돌아오는 잔액도 빠짐없이 상환하여 이자 비용이 발생하지 않도록 하세요. 신용카드 때문에 소비를 주체하지 못하는 스타일이라면 신용카드를 잘라버리십시오. 계좌도 폐쇄하고요. 현금으로 결제하거나 직불카드를 사용하십시오. 부디 대부업체를 돕지 마세요. 그들은 여러분의 도움 없이도 잘 살아남을 것입니다.

비상 자금 마련하기 ———

투자를 시작하기에 앞서 필요한 마지막 준비는 긴급 상황에 대비해 쉽게 접근할 수 있는 현금을 확보하는 것입니다. 살면서 겪는 사고, 자연재해, 질병, 실직, 사별, 이혼은 우리에게 경제적으로 큰 혼란을 가져옵니다. 더 나쁜 것은 이러한 재정적 비상사태는 예상치 못한 순간에 찾아온다는 것입니다. 이때 피해를 최소화하는 두 가지 방법은 적절한 종류의 보험에 가입하고, 필요할 때를 대비한 현금을 준비해 두는 것입니다. (보험에 대한 자세한 내용은 21장에서 다루겠습니다)

필요한 비상금 규모는 순자산과 직업 안정성에 따라 크게 달라집니다. 대학의 종신교수처럼 매우 안정적인 직업을 가지고 있다면 3개월 정도의 생활비만 준비해도 충분합니다. 반면에 자영업자이거나 해고가 잦은 직종에 종사하는 경우라면 1년 치 생활비를 비축해 두는 것이 좋습니다. 대부분은 6개월 정도의 생활비가 적당합니다.

비상금은 안전하고 입출금이 자유로운 계좌에 보관하세요. 은행의 저축계좌, 신용조합 계좌 또는 머니마켓펀드MMF 모두 괜찮습니다. 비상 자금이 충분하면 밤에 더 편하게 잠들 수 있습니다. 또한, 장기적인 재정 목표를 달성하기 위한 투자금에 손을 댈 가능성이 줄어듭니다.

순자산을 파악하고, 고금리 부채를 갚았으며, 현금을 확보했다면 축하합니다! 이제 보글헤드 투자자가 될 준비가 되었습니다.

02장
일찍 시작하고
정기적으로 투자하십시오

투자에 시간을 더하는 것은 정원에 비료를 주는 것과 같습니다.
모든 것을 자라나게 하죠.

- 맥 그린

2005년 2월, 존 보글과 소수의 보글헤드들이 플로리다의 올랜도에서 비공식 만찬을 가졌습니다. 대화가 무르익던 중 존 보글은 몇 주 전에 한 뱅가드 주주로부터 편지를 받았다며 우리에게 소개했습니다. 편지를 쓴 사람은 1970년대 중반부터 뱅가드의 투자상품에 가입한 사람이었습니다. 그의 현재 포트폴리오 가치는 1,250,000달러에 달했는데, 흥미로운 점은 그의 연간 수입이 25,000달러를 넘지 않았다는 것입니다. 심지어 연수입이 25,000달러를 넘긴 적이 한 번도 없었습니다.

이제 이해가 되셨나요? 어떻게 그럴 수 있느냐고 반문할 수도 있습니다. 그가 주식시장의 고수였을까요? 아니면 훌륭한 조언자가 있었을까요? 어쩌면 복권에 당첨된 것일지도 모릅니다. 은행을 털었거나 유산을 물려받았을 수도 있겠죠. 아니면 그저 운이 좋았던 것일 수도 있고요.

우리는 그 사람이나 그의 투자 내역에 대해서는 아무것도 알지 못합니다. 하지만 분명한 사실은 그가 꾸준히 저축과 투자를 통해 조금씩 재산을 모았다는 것입니다. 누구나 할 수 있지만 이를 실천하는 사람은 극소수입니다. 매월 601달러를 주식형 인덱스 펀드에 투자하고 연평균 10%의 수익률을 얻으면 30년 후에는 총 1,249,655달러를 보유하게 됩니다. 금액으로 환산하면 월 601달러는 연봉 25,000달러의 28.9%에 해당됩니다.

이 계산법은 모든 사람에게 똑같이 적용됩니다.

복리의 마법

연봉 25,000달러를 받는 사람에게 어떻게 백만장자가 될 수 있느냐고 물어보면, 대부분은 복권 당첨이라고 대답할 것입니다. 하지만 복권에 당첨될 확률은 일생에 번개를 두 번 맞을 확률보다 더 낮습니다. 하지만 '복리의 힘'과 '72의 법칙'은 시간이 지남에 따라 적은 금액을 큰 재산으로 만드는 길을 보여줍니다.

72의 법칙은 매우 간단합니다. 투자가치가 두 배가 되는 데 몇 년이 걸리는지를 확인하려면 72를 연간 수익률로 나누기만 하면 됩니다. 예를 들어, 8%의 수익률을 내는 투자자는 9년마다 원금이 두 배로 불어납니다. (72÷8=9). 마찬가지로 9%의 수익을 내는 투자자는 8년마다 원금이 두 배가 되고 12%의 수익률을 가진 투자자는 6년만 지나면 원금을 두 배로 만들 수 있습니다.

원금이 두 배로 늘어난다는 게 그다지 대단한 것이 아니라고 생각할 수도 있습니다. 매번 두 배로 불어나는 원금은 시간이 지남에 따라 4배, 8배, 16배로 늘어난다는 것을 의미합니다. 복리는 놀랍습니다. 단 1센트를 매일 두 배씩 불린다고 생각해보세요. 30일째에는 1센트가 5,338,709.12달러가 되어 있을 겁니다. 이제 복리의 힘을 체감할 수 있겠죠? 아인슈타인이 이를 두고 역사상 가장 위대한 수학적 발견이라고 이야기했던 것이 과언이 아닌 것 같습니다.

오늘 한 아이가 태어났다고 가정해 봅시다. 부모가 아이를 위해 연평균 10% 수익을 내는 주식형 펀드에 일정 금액을 예치한다면, 자녀가 65세에 100만 달러를 갖기 위해 매일 얼마를 예치하면 될까요? 5달러? 10달러? 사실, 매일 54센트만 예치하더라도 65년 후에는 100만 달러가 넘는 돈을 모을 수 있습니다. 일찍 시작하는 것이 정말 도움이 됩니다.

다음은 일찍 시작하는 것의 힘을 보여주는 또 다른 예시입니다. 포트폴리오가 비용과 세금을 제하고 연평균 8%의 수익을 올린다고 가정할 때, 65세에 100만 달러를 모으려면 얼마의 원금이 필요한지를 연령별로 보여주는 표입니다.

나이	투자 금액	나이	투자 금액
15	21,321.23달러	45	214,548.21달러
20	31,327.88달러	50	315,241.70달러
25	46,030.93달러	55	463,193.49달러
30	67,634.54달러	60	680,583.20달러
35	99,377.33달러		출처: 포트폴리오 솔루션, LLC.
40	146,017.90달러		

우리 대부분은 15세에 2천 달러가 넘는 큰돈을 가지고 있지 않습니다. 하지만 그렇다고 해서 방법이 없는 것은 아닙니다. 나이가 조금 들어 25세에 시작하면 됩니다. 매년 초에 연간 4,000달러를 연금저축에 예치하여 연평균 8%의 이익을 얻으십시오. 그러면 65세에 세전 기준 1,119,124달러의 포트폴리오를 보유하게 됩니다. 그러나 같은 방법을 35세에 시작하면, 65세에 489,383달러 정도만 모을 수 있습니다. 이 역시 적지 않은 금액이긴 하지만 100만 달러에는 훨씬 못 미칩니다. 결혼한 젊은 부부가 40년 동안 8,000달러를 8%로 예치하면 수백만 달러에 달하는 연금저축 계좌를 가지게 됩니다.

다음은 일찍 시작하는 것이 얼마나 큰 이점을 가지는지에 대한 또 다른 예입니다. 25세인 에릭 얼리Early는 10년간 매년 4,000달러를 연금저축에 투자하고 투자를 중단했습니다. 그러니까 그의 총투자 금액은 40,000달러에 불과한 것이죠. 반면에 래리라는 사람은 최근 30년에 걸쳐 매년 4,000달러를 연금저축에 적립했습니다. 현재 65세인 그의 총투자 금액은 120,000달러입니다. 두 포트폴리오의 연평균 수익률이 8%로 같다고 가정할 때, 65세가 되면 에릭의 연금저축은 629,741달러의 가치를 가지지만, 래리의 연금저축은 489,383달러에 불과합니다. 10년 더 일찍 시작한 에릭은 1/3의 원금을 가지고 29% 더 많은 이익을 얻게 됩니다.

무척 진부하지만, 우리가 알고 있는 젊음에 관한 격언을 떠올려 봅시다.

- "지금 내가 알고 있는 것을 그때 알았더라면."

- "우리는 너무 빨리 늙고 너무 늦게 똑똑해집니다."

- "젊음을 낭비하기에는 젊음이 너무 소중합니다."

만약 당신이 아직 젊다면, 젊음을 지렛대 삼아 복리의 힘을 활용하시기 바랍니다. 만일 당신이 젊지 않다면 당신에게 복리의 힘은 더 중요합니다. 72의 법칙이 작동하도록 시간을 활용해 보세요.

그 어떤 것보다도 저축은 부의 열쇠

곧 알게 되겠지만, 보글헤드의 투자 방식은 이해하기 쉽고 실천이 간단합니다. 너무 간단해서 자녀에게 가르칠 수도 있습니다. 하지만 대부분의 사람이 시작 단계에서 어려움을 겪는데, 그것은 바로 저축하는 습관을 기르는 것입니다. 이 장애물만 넘기면 나머지는 쉬워집니다.

다른 방법을 이야기하는 사람도 있습니다. 더 빠르게 부자가 될 수 있는 투자 시스템을 활용하라며 말이죠. 자산 가격의 20%만 가지고도 주식을 살 수 있는 레버리지 거래* 같은 것 말입니다. 언뜻 보면 꿈같은 이야기처럼 느껴지기도 합니다. 하지만 만약 주식가치가 하락한다면 어떻게 될까요? 마진 콜**을 감당할 현금이 있으신가요? 1929년 대공황 시기에 많은 투자자가 이 문제로 망했습니다. 심지어 어떤 학자는 이러한 레버리지 거래를 두고 대공황을 더 악화시킨 원인으로 지목하기도 했습니다. 이런 식의 레버리지 거래는 불필요한 위험만 증가시킬 뿐입니다.

보글헤드는 투기꾼이 아니라 투자자입니다. 투자는 자산을 매수하여 장기간 보유하다 몇 년 후 수확하는 것입니다. 물론 위험을 감수하는 투자도

* 원문에서는 마진 거래로 표현
** 마진콜은 투자자의 자산이 계좌에 유지해야 할 최소 증거금 이하로 떨어졌을 경우 증권사가 투자자에게 추가 자금을 입금하라고 통보하는 것.

존재합니다만, 유리한 확률에서만 위험을 집니다. 투기는 도박과 비슷합니다. 그래서 투기꾼은 빨리 팔아서 빠른 수익을 올리려 합니다. 도박처럼 일부 투기꾼이 이기는 경우도 있지만, 확률은 그들에게 절대 유리하지 않습니다.

보글헤드가 되려면 계획, 인내심, 장기적 사고가 필요합니다. 정말 쉽고 빠르게 부자가 되는 비결이 있다면, 지금보다 훨씬 많은 사람이 부자가 되었을 겁니다. 쉽고 빠르게 돈을 벌 수 있다는 약속은 심야 TV 광고에서나 볼 수 있는 허풍쟁이의 이야기입니다. 금융투자서 작가인 제이슨 츠바이크는 "빨리 부자가 되는 것의 문제점은 그걸 너무 자주 해야 한다는 점에 있다"라고 했습니다. 아주 적절한 표현입니다. 더 짧은 시간에 경제적 자유를 이루고 싶은 이들에게 가장 간단한, 최고의 조언은 다음과 같습니다.

"10달러를 벌면 최소 2달러를 저축하세요."

부지런히 저축하는 일부의 사람은 실제로 10달러를 벌 때마다 5달러를 저축하기 위해 노력합니다. 더 많이 저축할수록 경제적 자유를 빨리 달성할 수 있습니다. 검소함을 대신할 수 있는 것은 없습니다. 저축하지 않은 돈은 투자할 수 없습니다. 얼마를 꾸준히 저축해 나갈지를 결정하는 것이 가장 중요합니다.

2000년, 전미경제연구소는 '은퇴하면서 마주하는 선택, 기회 그리고 부의 분산'이라는 제목의 논문을 발표했습니다. 이 논문은 경제학자 스티븐 벤티와 데이비드 와이즈가 미국의 수천 가구를 대상으로 평생 소득과 은퇴 시점의 순자산을 비교한 연구입니다. 이 연구의 목적은 부의 축적에 어떤 것이 영향을 미치는지 알아보는 것이었습니다.

예상대로 벤티와 와이즈는 평생 소득은 높지만, 은퇴 후 순자산이 상대적으로 낮은 가구를 발견했습니다. 반대로 평생 소득은 적고 은퇴 시점의 순자산이 상대적으로 높은 가구도 발견했고요. 연구팀은 왜 어떤 사람은 다른 사람보다 더 많은 부를 축적했는지를 알아보려고 했습니다. 그들이 더 건강해서였을까요? 아니면 더 똑똑하거나 운이 좋아서 그랬던 걸까요? 아니면 막대한 유산을 물려받아서였을 수도 있습니다. 연구팀은 이러한 요인 중 어떤 것도 은퇴 자산에 큰 영향을 미치지 않는다는 사실을 밝혀냈습니다. 단 한 가지 예외가 있었는데, 그것은 저축이었습니다. 즉, 많은 자산을 축적한 사람의 유일한 공통점은 평생에 걸쳐 더 많은 돈을 저축했던 겁니다.

여러분에게 들어오는 돈을 어떻게 쓰는지는 순전히 여러분의 선택입니다. 당신은 오늘 번 돈을 당장 소비하거나, 아니면 투자하여 더 큰돈을 벌 수 있습니다. 성공적인 자금 관리의 핵심은 이 두 가지 사이에서 어떻게 건강한 균형을 유지하는가입니다.

투자할 돈 찾기

고인이 된 배우 조지 래프트는 그가 가진 천만 달러를 어떻게 날렸는지 이렇게 설명했습니다. "돈의 일부는 도박에, 일부는 말에, 일부는 여자에게 썼죠. 나머지는 그저 어디다 썼는지도 모르게 사라지고 말았어요."

모든 훌륭한 부자는 한 가지 공통점이 있습니다. 번 돈보다 쓰는 돈이 적다는 점입니다. 투자할 돈을 만드는 방법은 단순합니다. 돈을 더 많이 벌거나 수입보다 더 적게 지출하는 것이죠. 우리는 당신이 이 두 가지 방법을 모두 사용하기를 추천합니다. 이를 위한 몇 가지 아이디어가 있습니다.

먼저 투자하기 ───

우리는 이 점을 계속 강조할 겁니다. 투자는 여윳돈이 생긴 다음에 하기가 어렵습니다. 여윳돈을 기다리다가 하염없이 시간만 흘러가게 되죠. 저축/투자의 첫 번째 규칙은 월급에서 일정 부분을 무조건 떼어내는 것입니다. 얼마를 저축할지는 본인에게 달려있습니다. 최소 10%는 따로 떼어놓고 저축하시기를 당부합니다. 소득의 1/3 이상을 저축하는 사람은 극소수지만, 그렇게 하는 사람은 조기에 은퇴할 가능성이 가장 높은 사람입니다. 저축을 위한 비법 공식 같은 건 없습니다. 일찍 시작하고 더 많이 투자할수록 경제적 자유에 더 빨리 도달할 수 있습니다.

지출을 줄이는 것이 돈을 더 버는 것보다 경제적으로 더 효율적입니다. 이는 절약하는 것이 수입을 늘리는 것보다 더 쉽기 때문입니다. 소득세를 생각하면, 1달러를 더 벌기 위해서는 실제로는 1.4달러를 더 벌어야 한다는 계산이 나옵니다. 명심하십시오. 지출하지 않는 모든 1달러는 투자할 수 있는 1달러가 됩니다. 다시 한번 말씀드리지만, 검소함이 당신에게 이득을 가져다줍니다.

하루에 단 15달러로 세금 없는 재산 만들기 ───

하루에 15달러씩 지출을 줄일 방법을 찾아보세요. 그러면 당신은 연간 5,500달러(정확히는 5,475달러)를 연금저축에 투자할 수 있게 됩니다. 한 달 동안 지출한 모든 항목의 비용과 설명을 적어보세요. 매일 손가락 사이로 빠져나가는 돈에 놀랄 것입니다. 레스토랑과 카페 방문 횟수를 줄일 수 있나요? 운전이나 택시 대신 걷기나 자전거로 출퇴근할 수 있나요? 도시락을 싸서 출근하면 하루에 5~7달러 이상을 절약할 수 있습니다. 스포츠 경기를 보러 경기장을 찾는 것도 좋은 생각이 아닙니다. 티켓, 주차비, 갖가지 비용을 생각하면 TV로 중계를 시청하는 것이 경제적으로 훨씬 더 현명한 선택이 겠죠.

50세 미만인 경우, 연간 최대 5,500달러까지 연금저축에 적립할 수 있습니다. 50세 이상은 최대 6,600달러까지 가능합니다. 이러한 납입한도는 인플레이션에 따라 조정되므로 현재 시점의 최대 납부 금액을 확인해 보아야 합니다.[***] 납입 금액의 많고 적음과 상관없이 과세 없이 부를 쌓는 기회를 놓치지 마십시오. 25세가 40년 동안 매년 5,000달러를 연금저축에 투자하면 65세가 되어 1,625,149달러의 비과세 자산을 보유하게 됩니다.

향후 급여 인상분을 투자하세요 ———

많은 이들이 현재의 생활 방식을 유지하기 위해 벌어들인 돈을 모두 소비해 버리는 습관을 갖고 있습니다. 이 때문에 저축이 더 어렵게 느껴지는 겁니다. 여러분도 만일 그러한 상황에 해당한다면, 급여 인상분의 절반 이상을 투자에 넣는 것도 고려해 보십시오. 이렇게 하면 생활 수준은 유지하면서 급여 인상의 혜택을 누림과 동시에 투자도 할 수 있습니다.

직장을 옮기면서 큰 폭의 급여 인상이 이루어진다면, 익숙해진 지출 수준에서 계속 생활하면서 증가한 수입을 경제적 자유를 얻는 데 쓸 수 있습니다. 언젠가는 자신에게 크게 감사할 날이 올 것입니다.

[***] 우리나라의 연금저축 납입한도는 2025년 기준 1,800만 원이다. 그중 세액공제는 600만 원까지 가능하고, IRP(개인형 퇴직연금)을 포함하면 총 900만 원까지 세액공제가 가능하다.

중고 물품 쇼핑하기 ————

일부 품목의 경우 중고로 구매하면 새 제품의 절반 가격 이하로 구매할 수 있습니다. 이러한 습관을 들이는 것은 월급을 두 배로 늘리는 것보다 더 큰 이득이 될 수 있습니다. 중고 망치나 드라이버는 새 제품 못지않게 잘 동작합니다. 중고품 가게나 중고 물품 플랫폼에서 제품을 찾아보세요. 중고 의류와 가구 판매장에서는 원래 가격의 일부에 불과한 훌륭한 물건을 찾을 수 있습니다. 새 컴퓨터의 가치는 1년 안에 급락합니다. 1~2년 된 컴퓨터는 적은 비용으로 원하는 모든 기능을 수행할 수 있습니다. 중고차를 구매하십시오. 본인 외에는 아무도 중고차라는 사실을 알 수 없습니다.

카푸어가 되지 마세요 ————

몇 년마다 새 차를 구매하는 습관은 신용카드를 포함한 어떤 구매 습관보다 미래의 순자산에 치명적입니다. 더 큰 문제는 대부분의 사람이 자동차를 할부로 구매한다는 겁니다. 제너럴 모터스가 자동차 판매보다 할부 대출로 더 많은 돈을 번다는 사실을 알고 계신가요?

프로 스포츠 구단주가 어떻게 부를 쌓았는지를 살펴보십시오. 그들 중 상당수가 자동차 딜러 체인을 소유하고 있습니다. 신용카드사와 마찬가지로 자동차 제조사와 판매사도 우리가 어렵게 모은 돈을 가져가려 합니다. 그 결과 NFL, NBA 또는 메이저리그 구단을 소유하게 되는 것이죠. 반면 우리는 매년 25%씩 가치가 떨어지는 고철을 얻게 되는 것이고요.

자동차 구매 비용을 낮추는 가장 좋은 방법은 중고차를 현금으로 구매하는 것입니다. 평균적으로 신차 유지 비용이 중고차 유지 비용보다 연간 2,500달러가량 더 발생한다는 통계도 있습니다. 만일 연비가 좋지 않은 차이거나 고급 자동차의 경우에는 그 격차가 더 벌어지겠죠.

19세 여성이 3년 된 중저가 자동차를 구매하는 습관을 들였다고 가정해 봅시다. 그리고 그러한 습관을 평생 유지한다고 해보죠. 이 여성은 매년 2,500달러를 투자에 더 쓸 수 있습니다. 연 8%의 수익을 내는 포트폴리오에 투자한다면 65세가 될 때, 투자금은 복리로 불어나 1,129,750달러가 됩니다. 차량이 두 대인 가족은 이 금액을 두 배로 늘릴 수 있습니다. 평생 차량 비용을 아끼는 것이 은퇴 시점에 백만장자냐 빈털터리냐를 좌우할 수 있습니다. 전설적인 투자자 워런 버핏은 낡은 픽업트럭을 몰고, 존 보글은 6년 된 볼보를 몰고 다니는데, 우리가 이웃에게 잘 보이려고 비싼 새 차를 사야 할 이유가 있을까요?

생활비가 더 저렴한 곳으로 이사하기 ───────

이사에는 두 가지 전략이 있습니다. 같은 지역의 더 저렴한 주택으로 이사하거나 생활비가 더 저렴한 지역으로 이사하는 것입니다. 둘 중 하나 또는 둘 다 실행하면 투자할 수 있는 돈이 더 많아질 수 있습니다. 더 작은 집으로 이사하면 재산세, 대출 이자, 공과금, 유지보수비 등에서 유리합니다. 혹은 이전에 살던 주택을 매각하여 얻은 수익금으로 투자할 수도 있고요.

만일 여러분이 워싱턴 DC와 보스턴 사이의 동부 해안이나 샌디에이고와 샌프란시스코 사이의 서부 해안에 거주하고 있다면, 생활비가 더 저렴한 지역으로 옮기기만 해도 경제적으로 큰 도움을 받을 수 있습니다. 보스턴에서 피닉스로 이사하면 생활비를 41% 정도 절약할 수 있는 것으로 알려져 있습니다. 만약 당신이 샌프란시스코에 거주하고 있다면 어떤 도시를 가더라도 생활비를 아낄 수 있을 것입니다.

사람의 취향에 따라 가장 살기 좋은 도시는 바뀔 수 있습니다만, 지역 간의 생활비 차이는 엄연한 통계적 사실입니다. 어떤 사람은 맨해튼이 아닌 다른 곳에서 사는 걸 상상도 못 한다고 합니다. 하지만 동시에 맨해튼을 떠나온 사람 중에는 "뉴욕은 다른 곳에 없는 문제에서 벗어나기 위해 더 많은 돈을 벌어야 하는 곳"이라고 이야기하기도 합니다. 이사를 통해 생활비를 낮추고, 투자할 수 있는 돈을 더 많이 확보하여 삶의 질을 높이십시오.

부수입의 창출 ———

추가 수입원을 창출하는 것은 투자할 돈을 찾는 훌륭한 방법입니다. 랄프가 대표적인 예입니다. 올해 28세인 그는 아내와 갓난아이가 있고 대기업에서 정규직으로 일하고 있습니다. 언젠가 경제적으로 독립하기를 희망하는 랄프는 주말에 카펫 청소 사업을 시작했습니다. 또한, 자신이 살고 있는 난방이 훌륭한 임대주택을 머지않아 매입하려 합니다. 겨울철에 이 집의 장점을 톡톡히 누리고 있으며, 가격이 적절해지면 비슷한 종류의 집을 몇 채 더 구매하려고 계획 중입니다. 카펫 청소 사업과 임대 수입에서 얻은 현금흐름 덕에 랄프는 투자할 수 있는 여력이 생겼습니다. 또한, 직장에서 퇴직연금 매칭을 최대한도로 활용하고 있으며, 부부 합산 한도를 꽉 채워 연금저축에 투자하고 있습니다. 덧붙여 랄프는 최근 3년 된 아주 좋은 상태의 패밀리 세단을 정가 대비 절반 가격에 구매했습니다. 랄프가 부자가 되기 위한 올바른 길을 가고 있다는 데 의심의 여지가 있을까요?

부수입은 투자자금을 제공할 뿐만 아니라 해고, 감원, 사내 정치, 성가신

상사에 무심할 수 있게 해줍니다. 투자처를 다변화하는 것이 경제적으로 현명한 판단인 것처럼, 수입원을 다변화하는 것도 합리적입니다.

마지막으로 한 가지 주의할 점이 있습니다. 투자 비법 세미나, 부동산 세미나, 재택 비즈니스 기회에 등록하면 큰 부를 얻을 수 있다는 광고나 주변 사람의 이야기에 무심해지십시오. 네트워크 마케팅도 도움이 되지 못합니다. 대부분은 여러분을 가난하게 만드는 사기일 확률이 높습니다.

모든 부채가 나쁜 부채는 아닙니다 ───────

부채가 눈살을 찌푸리게 하는 것은 사실입니다만, 부채가 본질적으로 나쁜 것은 아니라고 이야기하고 싶습니다. 사실 부채가 훌륭한 투자가 될 때도 있습니다. 주택, 임대 부동산, 소득 잠재력을 높이는 교육, 새로운 사업을 시작하기 위한 저금리 대출은 좋은 대출의 대표적인 예입니다. 돈을 빌리는 것이 불가능하다면 인생에서 누릴 수 있는 일 가운데 많은 것을 포기해야 할지도 모릅니다. 핵심은 이자율을 낮게 유지하고, 이왕이면 세금공제가 가능하며, 예상 수익이 차입 비용보다 높을 때만 자금을 빌리는 것입니다.

예를 들어, 당장 주택담보대출을 갚을 돈이 있어도 주택담보대출을 유지하는 것이 더 나은 선택인 경우가 있습니다. 5% 고정 이자율의 주택담보대출을 가지고 있다고 가정해 봅시다. 동시에 장기적으로 균형 잡힌 포트폴리오로 연평균 8%의 수익을 올릴 수 있습니다. 이때 대출을 갚는 것은 5%의 이익을 얻는 것과 비슷한 효과를 가져옵니다. 하지만 대출을 갚지 않고 그 돈으로 8%의 이익을 거두면 연평균 3%의 추가 수익을 더 올릴 수 있습니다. 유동자산에 투자한 돈은 필요할 때 사용할 수 있으며, 담보대출 유무와 관계

없이 집의 가치는 상승할 가능성이 높습니다. 상속 측면에서도 주택담보대출이 유리하기도 합니다. 대출이 없는 주택을 상속하는 것보다 대출을 갚지 않고 상속하십시오. 여유자금은 노후자금으로 사용하고요. 위험 부담이 없냐고요? 있죠. 하지만 계산된 위험이며, 더 유리한 결과를 가져올 가능성이 높은 위험입니다. 감수할 만한 가치가 있는 위험인지 여러분이 결정할 문제입니다.

가장 중요한 사실

23세의 보글헤드이자 커뮤니티에 정기적으로 글을 남기는 에릭 하반이라는 청년은 이번 장에 부합되는 자신의 아이디어를 다음과 같이 남겼습니다.

"대부분의 청년들이 이해하지 못하는 중요한 사실이 있습니다. 그것은 투자 초기에는 최고의 투자처를 찾아내는 것보다 저축이 훨씬 더 중요하다는 사실입니다. 소비 이전에 먼저 투자하기, 부채를 잘 관리하기 그리고 자신이 이루고 싶은 목표를 분명히 설정하는 것은 경제적 자유에 있어 필수적입니다. 저는 지난주에 미국인의 40%가 자신의 수입이 어디에 쓰이는지 모른다는 기사를 읽었습니다. 제가 저축의 단순함과 복리의 힘을 안다는 사실이 정말 기쁩니다."

우리 세 사람은 모두 투자에 실패한 경험이 있습니다. 하지만 오랜 시간 체득한 저축의 습관과 건전한 투자전략 덕분에 우리는 경제적 자유를 현실로 만들 수 있었습니다.

03장

당신이 무엇에 투자하는지 파악하세요
(I. 주식 및 채권)

시장이 10년 동안 멈추더라도,

편안한 마음으로 보유할 수 있는 종목만 매수하세요.

- 워런 버핏

투자의 여정을 시작하기에 앞서 투자의 주류가 되는 투자 옵션에 대해 알아보겠습니다. 3장과 4장에서는 주식, 채권, 펀드, 펀드 오브 펀드, 상장지수펀드ETF 및 연금에 대해서 다룰 것입니다.

만일 여러분이 개별 주식이나 채권보다 펀드나 ETF에 투자할 의향이 있다고 하더라도 펀드의 기초자산에 대해 이해하고 있어야 합니다. 따라서 우리는 여러분이 직접 투자할 수 있는 여러 투자상품에 관해 설명하고 펀드로 투자하는 것이 적절한 경우를 다루도록 하겠습니다. 다소의 편견이 있을 수 있지만, 우리는 대부분의 상황에서 펀드 투자가 많은 투자자에게 가장 좋은 투자 방법이라고 생각합니다. ('모든 투자자 또는 항상'이라고 이야기하지 않은 점에 유의하세요!)

　채권과 채권형 펀드는 대중의 이해도가 가장 낮은 투자 옵션 중 하나이기 때문에 이 주제에 대해 많은 시간을 할애할 것입니다. 하지만 너무 기술적으로는 설명하지 않으려고 합니다. 그보다는 투자 의사결정에 실질적으로 도움이 될 수 있는 관점에서 다루려고 합니다.

주식

주식은 기업에 대한 소유권을 나타냅니다. 회사가 주식을 발행하는 것은 실제로는 주식을 구매하는 각 개인에게 사업의 지분 일부를 판매하는 것입니다. 구매자에게는 소유한 주식의 수가 표시된 소유권 증서가 발행되며, 주식 발행 수익금은 회사의 사업자금을 조달하는 데 쓰입니다.

　초기 주식 공모가 완료되면 증권거래소에서 주식을 매매할 수 있습니다. 이러한 주식 매매는 증권중개인을 통해 이루어지며, 이때 증권중개인은 거래에 따른 수수료를 가져갑니다. 이러한 주식의 가치는 시간이 지남에 따라 달라질 수 있으며, 주식시장에 상장된 주식의 경우에는 지속적으로 주식의 가치를 평가받습니다. 특정 시점의 주식가치는 다른 구매자가 해당 주식에 대해 얼마를 지불할 의향이 있는지, 이를 판매자가 수용할 것인지에 따라 달라집니다. 회사의 사업전망이 좋거나 개선되고 있다면 구매자는 현재 가치보다 더 많은 금액을 지불할 의향이 있으며, 이때 주식 소유자는 더 비싼 가격에 주식을 팔아 이익을 얻습니다. 반면에 주식 가격이 매입한 가격보다 낮은 시점에 매도한다면 손해를 보겠죠. 주식을 매도하지 않고 보유하기로 한 투자자는 회사가 지급하는 배당이나 주식가치가 상승하여 이익을 얻기를 희망합니다.

이처럼 주식은 회사의 일부 소유권을 의미하므로 투자자가 특정 회사의 주식 비중을 높게 잡으면 전체 투자 포트폴리오의 투자 성과가 특정 회사의 운영에 연동되고 맙니다. 그래서 일반적으로는 모든 투자금을 한 회사에 넣는 것을 권장하지 않습니다. 해당 회사에 문제가 발생하면 주식가치의 하락이 발생할 가능성이 높고, 회사가 파산하면 투자 원금을 전부 잃을 수 있습니다. 이에 대해서는 나중에 펀드와 분산투자에 관해서 설명할 때 자세히 설명하겠습니다.

채권

만일 채권을 최초 발행 시점에 매수한다면, 당신의 돈은 채권발행자가 받게 됩니다. 즉, 당신이 채권발행자에게 돈을 빌려주는 것이죠. 당신이 발행자에게 돈을 빌려준 대가로, 발행자는 당신에게 이자를 약속합니다. 보통 채권의 투자 수익은 채무자가 지급하는 이자에서 나옵니다.

채권에는 만기가 있습니다. 만기일은 미래의 특정 시점에 채권의 액면가(원금)를 상환해 주는 것을 의미합니다. 이 만기일은 다음과 같은 기간으로 나뉩니다. 단기(1년 이하), 중기(2년에서 10년), 장기(10년 이상). 따라서 실제로 채권이란 이자를 일정 간격(보통 반기마다)으로 지급하면서 만기일까지 유지되는 차용증서 또는 약속어음입니다. 미국 재무부, 정부기관, 기업, 지방정부 등이 채권 발행의 주체가 됩니다.

국채

국채는 미국 정부의 신용을 바탕으로 발행되기 때문에 가장 안전한 투자 자산으로 여겨집니다. 국채에는 다음과 같은 종류가 포함됩니다. 단기채[Bills],

중기채Notes, 장기채Bonds, 물가연동국채TIPS입니다. 국채에서 받는 이자는 주 및 지방세 면세 대상입니다.

T-Bill, T-Notes 및 T-Bonds

1년 이하의 재무부 발행물을 재무부 채권 혹은 단기국채T-Bill이라고 합니다. 현재 단기국채는 13주, 26주, 52주 단위로 발행되고 있습니다. 2년, 3년, 5년, 10년 만기를 가진 채권은 중기국채T-Notes라고 합니다. 10년을 초과하는 만기를 가진 채권을 장기국채T-Bond라고 합니다. 이러한 모든 채권을 모두 '국채'라 총칭합니다.

TIPS

1997년 미국 재무부는 국채 인플레이션 지수 증권Treasury Inflation-Indexed Securities을 도입했습니다. 도입 직후 커뮤니티에서는 이를 TIPS로 부르기 시작했습니다. 이름에서 알 수 있듯이 TIPS는 인플레이션의 폐해로부터 투자자를 보호하기 위한 채권입니다. TIPS는 5장에서 인플레이션 보호 채권을 설명하면서 더 자세히 다루겠습니다.

회사채 ———

회사채는 이름에서 알 수 있듯이 다양한 사업 목적(확장, 신규 설비, 신제품 개발 등)으로 추가 자금이 필요한 기업에서 발행하는 채권입니다. 새로 발행되는 회사채의 수익률은 크게 네 가지 요인에 의해서 결정됩니다.

1. 채권을 발행하는 기업의 신용도
2. 비슷한 안전 등급과 만기를 가진 채권의 현재 수익률

3. 채권에 대한 수요

4. 채권의 콜 기능

신용등급은 S&P, 무디스, 피치 등 여러 신용평가기관에서 회사채별로 부여합니다. 일반적으로 신용등급이 높을수록 채권의 수익률은 낮아집니다. 예를 들어, S&P의 투자등급 채권에는 AAA, AA, A, BBB 등이 있습니다. 여기에 플러스와 마이너스를 붙여 등급을 세분화합니다. BBB-는 투자등급 채권 중 가장 낮은 등급입니다. BBB-보다 낮은 등급의 채권은 투기등급 채권입니다. 이 경우 발행 회사가 투자자에게 원금을 상환하지 못할 위험성이 크기 때문에 투자자에게 높은 이자를 지급합니다. 이러한 낮은 등급의 채권을 정크본드, 하이일드 채권, 비투자등급 채권이라고 부릅니다.

지방채 ———

주 정부 및 지방 정부는 정부가 승인한 프로젝트의 자금을 조달하기 위해 채권을 발행합니다. 이러한 지방채는 일반적으로 연방 세금이 면제되며, 채권이 발행된 주의 지방세도 면제되는 것이 일반적입니다.

일부 개별 지방채에는 채권발행자가 재정 문제를 겪을 때 이자와 원금 지급을 보장하는 보험이 포함되어 있습니다. 그러나 이런 지급보증 역시 보험회사의 재무건전성에 영향을 받기에, 100% 보호가 된다고 보기는 어렵습니다. 투자자는 이런 형태의 보증이 항상 완전한 안전을 의미하지는 않는다는 점을 인지해야 합니다. 또한, 일부 채권은 발행자의 과세 권한 전체에 의해 보장되는 반면, 어떤 채권은 해당 채권이 자금을 조달한 특정 프로젝트에서 발생하는 수익의 한도 안에서만 보장되기도 합니다.

요약하자면, 지방채 및 지방채 펀드의 종류는 다양합니다. 다른 채권 투자와 마찬가지로, 더 높은 수익률을 기대한다면 그만큼 더 높은 리스크를 감수해야 한다는 점을 인식하십시오.

만기와 듀레이션 ———

개별 채권은 만기일이 있으며, 이는 채권의 원금이 상환되는 날짜를 의미합니다. 하지만 채권형 펀드는 그렇지 않습니다. 채권형 펀드는 만기가 도래한 채권을 계속해서 신규 채권으로 교체하기 때문에 고정된 만기일이 없습니다. 예를 들어, 중기 채권형 펀드의 경우 장기채, 중기채, 단기채를 혼합하여 보유합니다. 이러한 펀드가 '중기 채권형 펀드'로 분류되는 이유는 펀드가 보유한 채권 만기의 가중 평균이 중기 범위에 해당하기 때문입니다. 시간이 지나면서 장기채는 중기채로, 중기채는 단기채로 이동하고, 단기채는 결국 만기가 되어 새로운 채권으로 교체됩니다.

따라서 채권형 펀드에는 정해진 만기일이 없습니다. 대신 듀레이션이라는 지표를 제공합니다. 이는 투자 기간과 리스크 측면에서 해당 채권형 펀드가 투자하기에 적절한지 판단하는 데 도움을 줍니다. 듀레이션은 보통 4.3년과 같이 소수점 단위로 표현되며, 비전문 투자자의 경우, 듀레이션 값을 통해 금리변동 시 채권 또는 채권형 펀드의 가격이 얼마나 변할지 예측할 수 있습니다. 즉, 듀레이션 수치가 높을수록, 금리가 오르거나 내릴 때 채권이나 채권형 펀드의 가격이 더 크게 출렁일 수 있다는 것을 의미합니다.

채권 및 채권형 펀드의 가치는 금리와 반대 방향으로 움직입니다. 즉, 금리가 오르면 채권과 채권형 펀드의 가치는 하락하고, 금리가 내리면 채권과 채권형 펀드의 가치는 상승합니다. 예를 들어, 듀레이션이 4.3년인 채권 또는 채권형 펀드에 투자했다면, 금리가 1% 상승하면 투자 자산의 가치는 약 4.3% 하락할 것으로 예상할 수 있습니다. 반대로 금리가 1% 하락하면, 해당 자산의 가치는 약 4.3% 상승할 것을 기대할 수 있습니다. 이런 금리와 채권 가격의 관계는 시소와 같습니다. 시소의 한쪽에는 금리, 반대쪽에는 채권 가격이 있다고 보면 됩니다. 한쪽이 올라가면 다른 쪽은 내려가고, 그 반대도 마찬가지겠죠.

만일 당신이 채권형 펀드에 투자하고 싶다면, 다음 사실을 이해해야 합니다. 금리가 상승하면 채권형 펀드의 순자산가치는 하락하지만, 펀드의 수익률은 증가합니다. 그리고 시간이 지나면, 이러한 수익률 증가는 금리 상승으로 인한 손실을 점차 상쇄합니다. 예를 들어, 금리가 1% 상승했다면, 그 손실을 만회하기 위해 펀드의 듀레이션 만큼을 기다려야 합니다. 단, 채권형 펀드의 듀레이션은 시간이 지나면서 변할 수 있기 때문에, 금리 변화와 듀레이션을 정기적으로 확인할 필요가 있습니다.

우리는 앞서 금리가 하락하면 채권가치가 상승하고, 금리가 상승하면 채권가치가 하락한다고 설명했지만, 이러한 변화는 어디까지나 장부상의 평가손익일 뿐입니다. 채권의 실제 손익은 만기 이전에 채권을 시장에서 매도했을 때만 실현됩니다. 반면, 채권을 만기까지 보유한다면, 이자 수익을 계속 받을 수 있고, 만기 시 원금을 돌려받게 되므로 실제 손익은 없습니다. 채권형 펀드도 마찬가지로 펀드 보유 중에는 평가손익일 뿐이며, 펀드의 지분을 환매할 때만 실제 손익이 확정됩니다.

채권 또는 채권형 펀드의 현재 듀레이션은 브로커 또는 펀드회사에 문의하여 확인하십시오. 일부 펀드회사는 온라인에서 채권형 펀드의 듀레이션 수치를 제공하기도 합니다.

적합한 채권형 펀드 선택하기 ──

이제 채권과 채권형 펀드에 대한 기본적인 이해를 갖췄으니, 이 지식을 바탕으로 자신에게 적합한 채권형 펀드를 선택하는 방법을 알아보겠습니다. 다음은 참고할 수 있는 몇 가지 간단한 가이드라인입니다.

1. 투자 기간에 맞는 채권형 펀드를 선택하세요. 예를 들어, 2~3년 안에 자금이 필요하다면, 단기 채권형 펀드를 선택하는 것이 좋습니다. 자신이 예상한 투자 기간보다 듀레이션이 길지 않아야 합니다.

2. 금리 상승 시점을 예측하려 하지 마세요. 그보다는, 자신이 원하는 특성을 가진 펀드에 투자한 뒤, 최소한 펀드의 듀레이션 기간 이상은 보유한다는 계획을 세우는 것이 바람직합니다.

3. 자신의 위험 한도를 고려하여 펀드를 선택해야 합니다. 만일 평가손실에 민감한 투자자라면 듀레이션이 짧은 펀드를 선택하는 것이 좋습니다.

왜 채권에 투자해야 하는가? ──

채권과 채권형 펀드는 주식과의 상관관계가 낮습니다. 채권은 주식과 항상 같은 방향으로 움직이지는 않기 때문에, 채권은 포트폴리오를 어느 정도 안정시키는 역할을 하게 됩니다. 예를 들어, 2008년 약세장에서 주식형 펀드는 30%에서 60%에 이르는 손실을 기록했습니다. 반면, 뱅가드의 채권형 펀드Total Bond Market Index Fund, VBTLX, ETF BND는 같은 기간 5.05%의 수익을 기록했습니다.

얼마나 많은 금액을 채권에 투자해야 할까?

포트폴리오에서 채권과 주식의 비중을 어떻게 나눌지는 투자자 각자의 자산배분 전략의 문제입니다. 자산배분과 관련해서는 8장에서 자세히 다룰 예정이지만, 아래와 같은 간략한 가이드라인을 소개하려 합니다.

1. 존 보글은 "자신의 나이만큼 채권을 보유하라"는 원칙을 제시했습니다. 예를 들어, 20세 투자자는 포트폴리오의 20%를 채권에 투자하고, 50세가 되면 채권 비중이 매년 1%씩 증가하여 전체 포트폴리오의 50%를 차지하게 되는 식입니다.

2. 만약 당신이 보수적인 투자자라면, 채권 비중을 더 높이십시오. 반대로 포트폴리오를 공격적으로 운용하고 싶다면, 채권 비중을 줄이면 됩니다.

개별 채권을 보유하는 것이 나은가, 아니면 채권형 펀드를 보유해야 하나?

우리가 지금까지 살펴본 채권 대부분은 개별 채권을 직접 매입할 수도 있고, 해당 채권을 보유한 채권형 펀드에 투자할 수도 있습니다. 이 두 가지 방식의 장단점을 표로 정리했습니다.

표 3.1 개별 채권을 보유할 때의 장단점

장점	단점
만기 시 원금 수익이 보장되므로 만기 보유시 손실의 가능성이 작습니다.	대부분 채권은 브로커를 통해 구매해야 합니다. 따라서 구매에 따른 수수료가 발생합니다.
채권을 구매한 후 별도의 유지 비용이 없습니다. 반면 채권형 펀드는 유지 비용이 발생합니다.	개별 채권의 최소 금액이 높으므로 다양한 채권 포트폴리오를 구성하기 위해서는 많은 투자금이 필요합니다.
	수령한 이자 수익(쿠폰 이자)을 다른 곳에 재투자할 수 있습니다.
	유통시장에서 채권을 매매하는 경우 숨겨진 마진(Markup)이나 스프레드로 인한 비용이 발생할 가능성도 있습니다.

표 3.2 채권형 펀드를 보유할 때의 장단점

장점	단점
수수료 절약이 가능합니다. 수수료가 없는 채권형 펀드도 있습니다.	펀드 운용수수료를 내야 합니다.
채권형 펀드는 많은 채권으로 구성되는 만큼 즉각적인 분산투자 효과를 누릴 수 있습니다.	채권형 펀드는 만기가 없는 만큼 매도 시 원금을 보장받을 수 있다는 보장이 없습니다.
채권형 펀드 배당금이 자동 재투자 되도록 설정할 수 있습니다.	채권형 펀드의 펀드매니저가 잘못된 채권을 선택하거나 금리 방향에 베팅하는 등의 실수를 저지를 가능성이 있습니다.
대부분의 채권형 펀드는 최소 투자 금액이 적습니다.	유통시장에서 채권을 매매하는 경우 숨겨진 마진(Markup)이나 스프레드로 인한 비용이 발생할 가능성도 있습니다.
전문적인 리서치 및 관리를 제공받을 수 있습니다.	

우리는 지금까지 채권에 대해 정말 다양한 내용을 살펴보았습니다. 이제 여러분이 좀 더 자신감을 가지고 채권투자를 접하기를 기원합니다. 만일 당신이 우량등급의 저비용 단기/중기 채권형 펀드에 투자한다면 큰 실수의 가능성은 작습니다.

04장

당신이 무엇에 투자하는지 파악하세요
(II. 뮤추얼 펀드, 펀드 오브 펀드, 연금 및 ETF)

저는 시장이 하락할 때, 펀드를 매수하는 현명함이
미래의 행복을 가져온다는 사실을 발견했습니다.
"지금이 바로 매수할 때입니다!"라는 식의 문구에 현혹되지 마십시오.

- 피터 린치

뮤추얼 펀드

뮤추얼 펀드는 다수의 투자자로부터 자금을 모아 증권을 매입하는 방식의 투자상품입니다. 이 증권에는 주식, 채권, 머니마켓 상품은 물론 그 외 다양한 투자상품이 포함될 수 있습니다. 따라서 펀드에 투자한다는 것은, 펀드매니저가 매입한 이들 증권의 일부를 간접적으로 소유하는 것을 의미합니다.

펀드의 종류는 매우 다양합니다. 주식형 펀드는 주식에 투자하고, 채권형 펀드는 이름 그대로 채권에 투자하며, 혼합형 펀드는 주식과 채권을 혼합하여 투자합니다. 머니마켓펀드는 1주당 가치를 항상 1달러로 유지하는 안정성을 목표로 합니다. 각 펀드 유형 내에서도 투자 목표에 따라 보다 세분된 종류의 펀드가 존재합니다. 예를 들어, 주식형 펀드에는 다음과 같은 세부 유형이 있습니다.

- 공격적 성장 펀드

- 성장 펀드

- 성장과 소득 펀드*

- 국제 펀드

- 섹터 및 특화 펀드 (REITs, 헬스케어 펀드 등)

주식형 펀드처럼, 채권형 펀드 투자자도 선택할 수 있는 옵션이 매우 다양합니다. 투자등급 채권에만 투자하는 보수적인 채권형 펀드가 있는가 하면, 투기등급(정크본드)에 투자하는 고수익 채권형 펀드도 있습니다. 어떤 펀드는 미국 국채만을 보유하고, 어떤 펀드는 회사채나 지방채에만 투자하기도 합니다.

펀드가 투자하는 채권의 만기 기간에 따라, 다음과 같이 기간으로 채권형 펀드를 구분하기도 합니다.

1. 단기 채권형 펀드: 만기 1~4년

2. 중기 채권형 펀드: 만기 4~10년

3. 장기 채권형 펀드: 만기 10년 이상

유형에 따라 과세 대상이 되는 일반 채권형 펀드와 세금이 면제되는 지방채 펀드도 존재합니다.

....

* 성장과 소득 펀드(Growth and Income Funds)는 배당 펀드(Dividend Fund)와 비슷하나 배당 펀드가 현금흐름을 목표로 하지만 성장과 소득 펀드는 성장주 투자에 더 집중

한편, 어떤 펀드는 하나의 펀드 안에 주식과 채권을 동시에 보유하기도 하는데, 이를 혼합형 펀드Balanced Funds라고 합니다. 하지만 모든 혼합형 펀드가 동일한 비중으로 자산을 나누지는 않습니다. 예를 들어, 어떤 혼합형 펀드는 주식 60%+채권 40% 구조일 수 있고(가장 일반적인 구조), 또 다른 펀드는 주식 40%+채권 60%의 더 보수적인 구조일 수도 있습니다.

뮤추얼 펀드의 운용 방식

뮤추얼 펀드의 운용 방식은 크게 두 가지로 액티브 운용과 인덱스 운용이 있습니다. 인덱스 운용은 S&P500, 윌셔5000Wilshire 5000, 바클레이즈 채권 지수Barclay's Capital Aggregate Bond Index와 같은 특정 벤치마크 지수의 수익률을 최대한 그대로 따라가는 것을 목표로 합니다. 인덱스 펀드의 펀드매니저는 보통 벤치마크에 포함되지 않은 주식이나 채권은 매수하지 않으며, 벤치마크에 포함된 종목들을 비중에 맞춰 그대로 보유합니다.

반면 액티브 운용은 벤치마크 지수를 초과하는 수익(알파)을 내는 것을 목표로 합니다. 액티브 펀드의 펀드매니저는 시장보다 더 나은 성과를 낼 수 있다고 판단한 종목을 선별해 펀드에 담습니다. 때로는 벤치마크와 비슷한 수익률을 추구하되, 위험은 더 낮게 가져가려는 전략을 취하기도 합니다. 하지만 액티브 운용은 비용이 상대적으로 더 높다는 단점이 있습니다. 그래서 저비용의 인덱스 펀드보다 더 나은 성과를 내려면 그만큼 더 큰 수익을 내야 하는 부담이 있습니다. 간혹 일부 액티브 펀드의 펀드매니저가 몇 해에 걸쳐 인덱스 펀드보다 더 나은 성과를 내기도 하지만, 장기적으로 일관되게 인덱스를 능가하는 펀드매니저는 극히 드뭅니다.

펀드 투자자는 장기적으로 인덱스 펀드를 웃도는 액티브 펀드를 선별하려고 합니다. 하지만 이건 결코 쉬운 일이 아닙니다. 만일 뱅가드와 같은 저비용 운용사의 액티브 펀드를 선택한다면 인덱스 펀드를 능가할 가능성이 그나마 높아질 수 있습니다.

펀드의 투자설명서를 읽으세요. 투자설명서를 읽는 것은 생각 외로 무척 중요합니다. 펀드의 투자설명서는 당신이 고려 중인 펀드의 투자 목표, 비용 구조, 과거 수익률, 기타 주요 정보를 담고 있습니다. 이를 읽는 것이 지루하고 눈을 침침하게 만들 수는 있지만, 이 설명서를 읽어야 해당 펀드가 투자 목적(수익률, 리스크 허용 범위 등)에 부합하는지 알 수 있습니다. 장기 투자를 계획하고 있다면(물론 그렇겠죠?), 더더욱 투자설명서를 꼼꼼히 읽고 상품을 이해하는 데 시간을 써야 합니다. 다시 한번 강조합니다. 펀드의 투자설명서를 꼭 읽고, 무엇에 투자하고 있는지를 이해하세요!

펀드는 다음과 같은 장점을 가지고 있습니다.

1. **분산투자**: 당신이 직접 개별 주식이나 채권을 다양하게 매입하여 포트폴리오를 구성하려면 상당한 비용이 들 수 있습니다. 하지만 펀드는 많은 수의 주식, 채권 또는 둘 다에 투자합니다. 따라서 하나의 펀드만 구매해도 즉각적으로 분산투자 효과를 얻을 수 있습니다.

2. **전문적인 운용**: 인덱스 펀드든 액티브 펀드든, 전문 운용인력이 펀드를 관리합니다.

3. **낮은 최소 투자금**: 펀드마다 최소 투자 금액은 다르지만, 최소 월 50달러 정도만 가지고도 투자할 수 있는 펀드도 있습니다.

4. **판매수수료 없음**: 대부분의 펀드는 판매수수료가 없습니다. 이는 당신이 중

개인이나 투자 자문이 없이도 직접 펀드를 구매할 수 있음을 의미합니다.

5. **유동성**: 개방형(Open-end) 펀드는 주식처럼 거래가 자유롭습니다. 언제든지 현재 순자산가치로 펀드를 환매할 수 있습니다. 즉, 언제든지 현금화할 수 있습니다.

6. **자동 재투자**: 원한다면, 펀드에서 발생한 배당금이나 자본이득을 자동으로 재투자할 수 있습니다. 같은 펀드에 재투자하거나, 다른 펀드로 전환하여 투자하는 것도 가능합니다.

7. **편리함**: 대부분의 펀드는 온라인으로 간편하게 매매하는 것이 가능합니다. 펀드환매나 분배금으로 수익이 발생하면 자동으로 은행 계좌에 입금되도록 설정할 수도 있습니다. 은행 계좌나 머니마켓펀드에서 자동으로 펀드를 정기적으로 매수하거나 정기적으로 인출되도록 설정하는 것도 가능합니다. 머니마켓펀드는 투자 대기 자금을 잠시 보관하기에도 적합합니다.

8. **고객서비스**: 궁금한 점이나 문제가 생기면, 펀드회사의 고객서비스 팀에 전화해서 도움을 받을 수 있습니다. 대부분의 펀드운용사는 시장의 정규 거래 시간보다 훨씬 넓은 시간대에 고객서비스를 제공합니다.

9. **기록 관리 및 정보 제공**: 펀드회사는 정기적으로 계좌 내역과 활동을 보여주는 명세서를 고객에게 제공합니다. 연말에는 세금 신고에 필요한 정보도 제공합니다. 많은 펀드회사가 세금 신고에 필요한 계산도 대신 해주고, 반기 및 연간 보고서를 제공하는 펀드도 있습니다. 이처럼 고객은 펀드와 관련한 중요한 정보를 지속적으로 받아볼 수 있습니다.

10. **다양성**: 펀드의 종류는 무척 다양합니다. 따라서 투자자는 자신의 투자 목적에 맞는 펀드를 찾을 수 있습니다.

결론적으로 펀드는 많은 장점을 갖고 있으며, 우리는 펀드가 대부분의 개인투자자들에게 가장 훌륭한 투자 수단이라고 생각합니다.

펀드 오브 펀드 ───

투자를 보다 더 단순화하려는 시도의 하나로, 최근에는 단 하나의 펀드만 선택해도 적절히 분산된 포트폴리오를 구성할 수 있게 되었습니다. 이러한 상품은 대개 같은 회사에서 운용하는 여러 종류의 펀드로 구성됩니다. 주식형, 채권형, 머니마켓펀드 등이 하나의 펀드에 포함되기 때문에 이를 두고 펀드 안의 펀드, 펀드 오브 펀드라고 부릅니다.

일정한 비율의 주식, 채권, 현금을 유지하도록 설계된 펀드의 경우 투자자가 나이가 들거나 은퇴에 가까워질수록, 보다 보수적인 펀드로 갈아타야 할 필요가 생깁니다. 이때 펀드 오브 펀드는 새로운 펀드를 고르는 수고를 줄여줍니다.

뱅가드의 '라이프스트레티지 성장 펀드'는 주식 80%, 채권 20%로 구성되어 비교적 공격적인 자산배분 목표를 가지고 있습니다. 이 펀드 오브 펀드는 다음 네 가지 뱅가드 펀드로 구성되어 있습니다.

1. 전체 주식시장 인덱스 펀드

2. 전체 채권시장 인덱스 펀드

3. 전체 국제주식 인덱스 펀드

4. 전체 국제채권 인덱스 펀드

반면 뱅가드 '라이프스트레티지 보수적 성장 펀드'는 주식 40%, 채권 60%로 구성되어 보다 보수적인 자산배분 목표를 가지고 있습니다. 이 펀드 역시 위와 동일한 네 가지 뱅가드 펀드에 투자하지만 투자 비중만 다릅니다.

이 외에도 뱅가드의 라이프스트레터지 펀드 시리즈에는 다른 자산배분을 제공하는 두 가지 펀드가 더 있습니다. 주식 60%, 채권 40%의 구성을 가진 '라이프스트레터지 중립형 펀드'와 채권 80%, 주식 20% 구성의 '라이프스트레터지 수익형 펀드'가 있습니다. 이 정도 구성이면 당신이 어떤 자산배분 전략을 갖더라도 그에 부합하는 펀드를 찾을 수 있을 것입니다.

일부 펀드운용사들은 최근 시간이 지남에 따라 자동으로 더 보수적인 포트폴리오로 조정되는 라이프사이클 펀드 오브 펀드 상품을 출시하기도 했습니다. 다른 펀드 오브 펀드와 마찬가지로, 투자자는 현재 자신의 목표 자산배분에 맞는 잘 분산된 펀드 하나를 선택하면 됩니다. 하지만 기존의 자산배분 비율(주식, 채권, 현금)을 일정하게 유지하는 일반적인 펀드 오브 펀드와는 달리, 이러한 라이프사이클 펀드는 시간이 지날수록 주식 비중을 줄이고 채권 및 현금 비중을 늘립니다. 이러한 라이프사이클 펀드의 도입은 투자자가 정기적으로 리밸런싱 할 필요를 없애 주어, 투자 과정을 더욱 단순하게 만들어줍니다.

연금

연금은 일종의 보험 성격이 포함된 투자상품입니다. 다양한 형태가 있으며, 대표적인 상품으로는 고정형 연금fixed annuities, 변액 연금variable annuities, 즉시 연금immediate annuities 등이 있습니다.

고정형 연금 ————

고정형 연금은 몇 가지 면에서 은행의 CD[**]와 비슷해 보이지만, 사실은 보험상품입니다. 이 상품은 당신이 계약기간 동안 투자한 원금에 대해 특정한 수익률(연 4~6%)을 특정한 기간(보통 1~5년) 동안 지급할 것을 보험회사가 약속하는 구조입니다. 그 기간이 끝나면, 수익률은 보험회사가 정한 시점의 시장금리에 따라 새롭게 조정됩니다.

대부분의 고정형 연금은 최소 보장 이자율이 있습니다. 보통 고정형 연금은 초기에는 은행의 CD보다 훨씬 높은 이율을 제공하는 경우가 많습니다. 이러한 높은 이자율을 두고 흔히 "티저 금리teaser rates"라고 부릅니다. 하지만 이런 높은 초기 이율 뒤에는 함정이 숨어 있습니다. 초기에는 높은 이자를 주다 이후 이자율이 낮아질 수도 있고, 중도에 해지할 때 많은 수수료를 내야 하는 경우도 있습니다. 해지수수료는 은행 CD의 조기 인출 페널티와 유사하지만, 고정형 연금의 해지수수료는 훨씬 더 클 수 있으며, 일부는 인출 금액의 10% 이상에 달하기도 합니다. 이 수수료는 일반적으로 계약 보유 기간이 늘어날수록 1%씩 감소하며, 이 기간이 최대 10년에 달할 수 있습니다.

이러한 해지수수료는 계약 당시 명확히 설명되지 않는 경우도 많아, 초기의 높은 이자율 기간이 끝난 후에는 보험사가 제시하는 새 금리가 시장금리보다 현저히 낮더라도 높은 해지수수료 때문에 울며 겨자 먹기로 계약을

....

[**] 미국에서 Bank CD(Certificate of Deposit)란 우리나라의 정기 예금과 비슷한 개념. 단, CD는 많은 예치금이 필요하고 중도 인출의 페널티가 있음.

유지해야 하는 경우도 생깁니다. 이러한 이유로 함정이라는 별명으로 불리기도 합니다. 또한, 고정형 연금에 투자한 자금은 보험회사의 일반 운용자금과 함께 관리되기 때문에, 해당 보험사에 재정적 문제가 생기면 투자자도 손해를 볼 위험이 있습니다. 그나마 고정형 연금은 세금이연 혜택이 있어, 과세되지 않은 자금으로 투자하더라도 해당 수익에 대한 세금 납부를 미룰 수 있다는 장점이 있긴 합니다.

변액 연금 ———

변액 연금 역시 보험 계약의 일종으로, 여러 개의 서브 계좌에 투자할 수 있는 구조로 되어 있습니다. 이 서브 계좌는 펀드처럼 작동하며, 여기에 보험 기능이 추가된 형태라고 보시면 됩니다. 여기서는 '서브 계좌'와 '펀드'를 같은 의미로 다루겠습니다.

대부분의 변액 연금에는 해지수수료가 있으며, 이 수수료는 여러 해에 걸쳐 적용되는 경우가 많습니다. 따라서 한 번 연금에 가입하면, 설령 만족스럽지 않더라도 중간에 계약을 해지하기가 어렵습니다. 많은 수수료를 내지 않고는 전부 찾기가 어렵습니다. 게다가, 변액 연금의 서브 계좌는 비연금형 펀드에 비해 운용비용이 훨씬 높습니다. 예를 들어, 모닝스타에 따르면 약 9,500개의 서브 계좌가 연간 운용수수료로 2.5% 이상을 떼갑니다. 2.75%가 넘는 상품은 4,500개, 3.0%가 넘는 상품은 2,000개 정도입니다. 무척 높은 수수료를 떼가는 것이죠. 이와 비교하면, 뱅가드의 '전체 주식시장 인덱스 펀드'와 같은 저비용 인덱스 펀드는 연간 운용수수료가 0.17%에 불과합니다. 그러니까 변액 연금의 운용수수료는 저렴한 인덱스 펀드 대비

무려 15배 이상 비싸다고 볼 수 있습니다.

어떤 보험회사는 변액 연금의 서브 계좌 수에 제한을 두기도 합니다만, 매우 다양한 펀드 리스트를 제공하는 보험사도 있습니다. 변액 연금 안에서 여러 개의 펀드를 동시에 보유하거나, 펀드를 자유롭게 변경할 수 있습니다. 다행히 이 과정에서 세금이 부과되거나 하지는 않습니다. 변액 연금의 가치는 투자자가 선택한 펀드의 운용 성과에 따라 달라집니다.

고정형 연금과 변액 연금은 몇 가지 공통점과 차이점이 있습니다. 두 연금상품 모두 비과세 이연 혜택을 제공합니다. 즉, 세후 자금으로 구매했더라도, 연금 내에서 수익이 발생하면 즉시 과세되지 않습니다. 고정형 연금에서는 투자금이 보험회사의 다른 운영자금과 혼합되어 운용되지만, 변액 연금은 투자금이 보험회사의 운영자금과 분리된 별도 계정에서 관리된다는 점에서 차이를 보입니다. 따라서 변액 연금의 경우, 보험회사의 재무건전성과는 무관하게 비교적 안전하게 자산이 보호됩니다.

변액 연금은 이미 세금이연 기능이 내장되어 있기 때문에, 연금저축, 퇴직연금과 같이 원래부터 세금이연 혜택이 있는 은퇴 계좌의 자금으로 투자할 필요는 없습니다. 그럴 때 추가적인 세금 혜택은 없고, 오히려 비싼 수수료만 부담하게 되는 꼴이 됩니다. 이런 선택은 마치 우비를 하나 입어도 충분한데 두 겹으로 입는 것과 같다는 비유로 설명할 수 있습니다.

즉시 연금 ────

즉시 연금은 투자자와 보험회사 간의 계약입니다. 당신이 일정 금액의 자금을 보험회사에 맡기면, 보험회사는 당신의 여생 동안 일정 금액을 정기적으로 지급하겠다고 약속하는 것이죠. 만일 당신이 수령하는 금액을 다소 줄이는 조건을 받아들인다면, 당신과 배우자 둘 다 생존해 있는 동안, 혹은 사전에 정한 특정 기간에 걸쳐 지급이 보장되기도 합니다. 즉, 100세 이상을 살아도 이 소득 흐름은 절대 끊기지 않습니다.

고정형 연금과 마찬가지로 이러한 지급 보장은 전적으로 보험회사의 재무건전성에 달려있습니다. 따라서 즉시 연금을 구매하기 전에 보험회사의 신용등급과 재무 상태를 반드시 확인해 보십시오. 또한, 모든 즉시 연금이 동일한 금액을 지급하는 것은 아니기 때문에, 지급 조건도 비교해야 합니다. 보험회사의 재무건전성과 지급 조건까지 종합적으로 고려하여 가장 유리한 상품을 선택하도록 하십시오. 고정형이나 변액 연금과는 달리, 즉시 연금은 중도해지 수수료가 없습니다. 하지만 일단 구매를 결정하고 연금 수령을 시작하면, 원금 회수가 불가능합니다. 결정은 신중해야 합니다.

높은 비용과 중도해지 수수료, 그리고 다른 투자상품에 비해 상대적으로 적은 절세 효과 때문에, 대부분의 투자자에게 있어 연금상품은 큰 매력이 없습니다. 그래서 연금을 두고 "스스로 사는 것이 아니라, 판매되는 상품"이라고 말할 정도로, 대부분의 경우 판매자의 권유로 가입하게 됩니다. 예를 들어, 다음과 같은 사례를 보시죠. 세금 혜택이 거의 필요 없는 저소득(또는 무소득) 고령자에게 높은 해지수수료가 붙은 부적절한 연금상품을 판매하는 경우가 있었습니다. 이는 비양심적인 판매자가 고령자의 신뢰를 악용한 것입니다. 사실 투자자에게는 더 저렴하고, 세금이연(혹은 비과세)이 가능한 다양한 대안이 존재합니다. 예를 들어, 퇴직연금이나 연금저축 같은 상품들 말이죠. 이러한 상품들은 변액 연금보다 훨씬 더 낮은 비용으로 세금 혜택을 누릴 수 있습니다.

최근 적격 배당과 장기 자본이득에 대해 세율이 낮아졌기 때문에, 은퇴 계좌를 다 채운 후 남는 자금이 있다면, 굳이 변액 연금에 넣기보다는 과세 계좌에 투자하는 것이 더 유리한 경우가 많습니다. 다만, 모든 변액 연금이 고비용인 것은 아닙니다. 일부 운용사는 판매수수료나 중도해지 수수료가 없는 저비용 연금상품을 제공합니다. 따라서, 이미 고비용 변액 연금을 보유하고 있고 해지수수료가 없거나 거의 없는 경우, 저비용 연금상품으로 갈아타는 것을 고려해 보십시오. 반대로, 아직 연금상품을 보유하고 있지는 않지만, 연금이 포트폴리오에 적절하다고 판단한다면, 처음부터 저비용 상품에 가입하는 것을 고려해 보십시오.

ETF

ETF_{Exchange-Trade Funds, 상장지수펀드}는 주식처럼 거래소에서 매매되는 펀드라고 생각하시면 됩니다. 주식시장이 열려있는 동안에는 계속해서 매매할 수 있습니다. 이러한 ETF의 특성은 장기 보유형 투자자는 물론, 단기 트레이더에게도 매력적입니다. 아마도 ETF의 가장 큰 장점 중 하나는 낮은 비용일 것입니다. 일부 ETF의 운용비용은 동일한 지수를 추종하는 펀드보다 더 낮거나 비슷한 수준입니다.

ETF에는 해외 및 국내 주식 지수를 추종하는 상품뿐 아니라, 채권 지수를 추종하는 ETF도 존재합니다. 나아가 단순 지수 추종이 아닌 능동적으로 운용되는 ETF의 수도 점점 늘어나고 있습니다.

일반적인 펀드는 펀드운용사가 보유한 증권 자산의 가치를 하루에 한 번, 장 마감 후 가격 기준으로 산정하지만, ETF는 주식시장 개장 시간 동안 실시간으로 가격이 형성되며 거래됩니다. 이러한 특성 덕분에, 거래 시점의 정확한 가격으로 매수·매도하고자 하는 투자자에게 ETF는 더욱 매력적인 투자 수단이 됩니다.

ETF에도 몇 가지 단점이 있습니다. 우선, ETF를 매수하거나 매도할 때마다 증권사를 통해 거래해야 하며, 그때마다 거래수수료가 발생합니다. 따라서 보유기간이 짧을수록, ETF의 낮은 운용비용에서 얻는 장점이 거래수수료로 인해 상쇄될 수 있습니다. 때문에 정기적으로 소액을 분산투자하는 '평균 단가법dollar-cost averaging' 전략을 쓰는 투자자에게는 ETF가 적합하지 않습니다. 이런 투자자에게는 저비용의 개방형 인덱스 펀드가 더 나은 선택입니다. 또 다른 잠재적인 단점은, ETF의 시장 가격과 실제 펀드가 보유한 자산의 자산가치 사이에 차이가 발생할 수 있다는 점입니다. ETF는 시장에 상장되어 거래되기 때문에 시장에서 형성되는 ETF의 가격이 기초자산의 가치와 차이를 보일 수 있습니다. 약간의 프리미엄이 붙거나 할인되는 식이죠. 일반적으로 그 차이는 크지 않지만, 투자자는 이를 인지하고 있어야 합니다.

ETF는 다음과 같은 경우에 투자하면 좋습니다.

- 한 번에 큰 금액을 투자하고 장기간 보유할 투자자는 일회성 거래비용을 오랜 기간에 걸쳐 절감되는 운용비용으로 충분히 보상받을 수 있습니다.
- 특정 시장 부문에 투자하고자 하지만, 해당 부문을 추종하는 저비용 인덱스

펀드가 존재하지 않을 때는 ETF가 적절한 대안이 될 수 있습니다.

ETF를 올바르게 활용한다면, '매수 후 보유buy-and-hold' 전략을 구사하는 장기투자자의 포트폴리오에서 중요한 역할을 할 수 있습니다. 하지만 ETF를 데이트레이딩이나 단타 거래의 수단으로 사용하는 투자자는 주의해야 합니다. 결국, 자기 발등을 찍는 결과를 낳을 수 있습니다.

우리가 배운 것

이제 우리는 다양한 투자 수단에 대해 잘 이해하게 되었습니다. 우리가 살펴본 투자상품들이 여러분의 투자 계획에 부합하는지 판단할 수 있는 기준이 생겼기를 바랍니다. 이러한 투자 수단에 대해 더 깊이 배우기 위해서는 추가로 책을 보거나, 인터넷에 있는 풍부한 무료 정보를 활용해 보십시오. 추가적인 공부는 보글헤드 커뮤니티에서 시작해 보시면 좋습니다.

우리 셋 모두 투자 초기에 여러 실수를 경험했고, 그 실수들로부터 많은 것을 배웠습니다. 수많은 투자 경험과 투자 공부를 통해 우리는 시간이 흐를수록 점점 더 다양한 지식을 쌓았습니다. 그 여정의 끝에서 우리가 내린 결론은 이것입니다.

"대부분의 개인투자자에게 있어 가장 현명한 투자 수단은 저비용의 인덱스 펀드다."

05장

인플레이션 보호 채권으로
구매력을 보존하자

당신의 운명을 스스로 통제하지 않으면
다른 누군가가 통제할 것이다.

- 잭 웰치

인플레이션은 늦은 밤 몰래 다가와 우리의 귀중한 것을 훔쳐 가는 도둑과도 같습니다. 눈에 띄게 자산을 대놓고 훔쳐 가는 강도와는 다릅니다. 인플레이션은 훨씬 더 교묘한 방식으로 부지불식간에 미래의 구매력을 훔쳐 갑니다.

예를 들어, 지금 1,000달러가 있고 10년 후에도 1,000달러를 그대로 가지고 있다고 가정해 봅시다. 어떤 투자자는 이렇게 말할 수도 있습니다. "나는 손해 본 게 없잖아. 여전히 1,000달러를 갖고 있으니까." 그러나 완전히 잘못된 생각입니다! 1,000달러라는 것은 단지 교환 수단일 뿐이며, 그 가치란 다른 사람이 그 돈과 맞바꿔줄 수 있는 상품이나 서비스의 양에 비례합니다. 그러므로 정말 중요한 것은 금액이 아니라, 그 돈으로 실제 무엇을 살 수 있는지입니다.

인플레이션은 우리가 가진 현재의 화폐 가치를 부식시킵니다. 그래서 같은 양의 상품이나 서비스를 구매하기 위해 미래에는 더 많은 돈이 필요하게 됩니다. 이처럼 우리는 인플레이션의 영향을 상쇄하기 위해 더 많은 자금을 준비해 두어야 합니다.

2장에서 우리는 복리의 힘이 어떻게 우리를 이롭게 하는지를 배웠습니다. 하지만 인플레이션 측면에서는 같은 복리의 힘이 우리에게 불리하게 작용합니다. 예를 들어, 연 3%의 인플레이션이 지속된다고 가정해 봅시다. 25세의 투자자가 40년 뒤 은퇴할 때, 오늘날 1,000달러로 살 수 있는 물건이나 서비스를 구매하려면 3,262달러가 필요하게 됩니다. 만약 인플레이션이 연 4%였다면, 그 금액은 4,801달러까지 올라갑니다. 인플레이션율이 더 높다면, 같은 물건을 사는 데 필요한 금액은 그에 비례해 증가할 것입니다.

은퇴 이후에도 20~30년을 더 살 것이라는 가정을 하면, 현재 25세인 투자자는 최대 60~70년 동안 자신의 자산이 인플레이션에 의해 감소하는 상황에 직면하게 될 수도 있다는걸 뜻합니다. 우리는 노동통계국의 공식 인플레이션 수치와 연방준비은행이 제공한 온라인 계산기를 활용해 표 5-1을 만들었습니다. 이 표는 다양한 기간에 걸친 인플레이션의 영향과 각 기간 말에 1,000달러의 구매력을 유지하는 데 필요한 금액이 정리되어 있습니다.

이러한 인플레이션 수치는 정신이 번쩍 들 만큼 충격적이며, 조금은 두렵기까지 합니다. 인플레이션이 미래 구매력에 얼마나 파괴적인 영향을 줄 수 있는지를 생각하십시오! 이제 여러분도 우리가 직면한 위협이 무엇인지 알게 되었습니다. 단순히 원금을 지키는 것이 아니라, 미래의 구매력을 지키고 나아가 늘리는 방향으로 투자하는 것이 얼마나 중요한지 이해하게 되었기를 바랍니다.

표 5.1 다양한 기간에 걸친 인플레이션 영향

기간	기간	2005년의 1,000달러에 해당하는 금액
1935-2005	70	14,255달러
1940-2005	65	13,950달러
1945-2005	60	10,850달러
1950-2005	55	8,103달러
1955-2005	50	7,287달러
1960-2005	45	6,597달러
1965-2005	40	6,200달러
1970-2005	35	5,033달러
1975-2005	30	3,630달러
1980-2005	25	2,370달러
1985-2005	20	1,815달러
1990-2005	15	1,494달러
1995-2005	10	1,281달러
2000-2005	5	1,134달러

그렇다면 과연 우리는 어떻게 투자해야 할까요? 통념적으로는 인플레이션을 능가하기 위한 가장 적절한 투자 수단은 주식이라고 알려져 있습니다. 하지만 사실 이러한 통념은 어떤 확실한 근거에 기반한 것이 아닙니다. 소형주나 대형주S&P500조차도 인플레이션을 능가하지 못한 시기가 있었기 때문입니다.

채권은 어떨까요? 초안전 자산으로 여겨지는 1개월 만기 국채T-Bill나 장기국채조차도 오랫동안 실질수익률이 마이너스였던 적이 있습니다. (실질수익률이란 인플레이션을 고려한 순수 수익률을 의미합니다) 만약 우리가

그림 5-1의 상단 그래프를 보면, 단기국채의 명목 연간수익률(인플레이션 반영 전)이 꽤 괜찮아 보일 수 있습니다. 그 수치는 마치 단기국채가 지난 수십 년간 좋은 투자처였다는 듯한 인상을 줄 수도 있습니다. 그러나 짙은 색 하단 그래프의 인플레이션을 고려한 실질수익률을 보면, 단기국채는 많은 해 동안 손해를 봤습니다. 더군다나 이는 세금을 제하기 전의 수치입니다.

그림 5.1 T-Bill 수익률

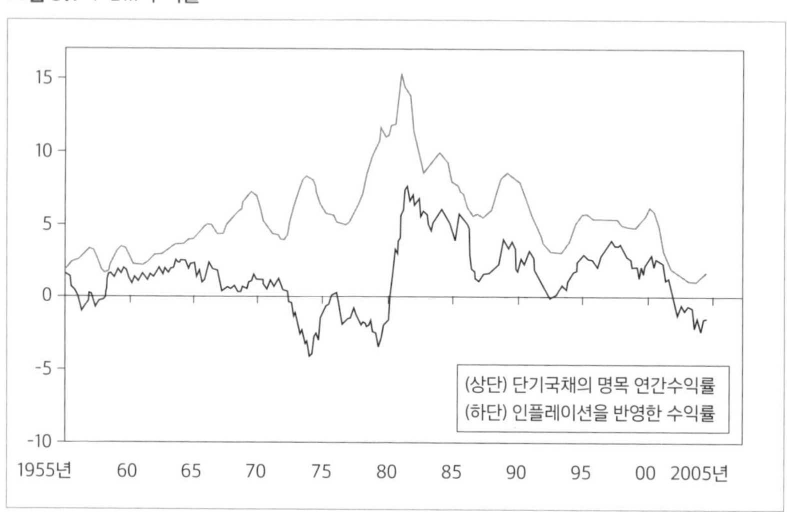

그렇다면 확실하게 실질수익률이 플러스가 되는 투자처는 어디일까요? 현재 미국 재무부는 이 요구를 충족시켜 줄 수 있는 선택지를 제공합니다. 바로 TIPS입니다.

TIPS

TIPS는 미국 재무부가 발행하는 인플레이션 방어 수단입니다. TIPS의 보장 수익률은 재무부의 TIPS 입찰 시장에서 결정됩니다. TIPS는 시장성이 있는 증권이기 때문에 뱅가드의 VIPSX와 같은 펀드나 TIP, SPIP, TIPX와 같은 TIPS ETF 등 다양한 투자 방식이 가능합니다.

만약 원금 손실 없이 인플레이션으로부터 확실한 보호를 원한다면, 재무부가 여는 입찰 시장에서 TIPS를 구매한 후 만기까지 보유하는 것이 가장 좋은 선택입니다. 하지만 대부분은, 다른 채권형 펀드와 마찬가지로 일부 원금 손실 위험이 있더라도, TIPS 펀드나 ETF가 제공하는 유연성과 혜택이 그 위험을 상쇄할 것으로 생각합니다.

06장

얼마나
모아야 하나요?

60세가 되기 전에 은퇴를 위한 저축을 시작할 필요는 없습니다.

그 시점부터 연 소득의 250%를 저축하면

70세에 편하게 은퇴할 수 있기 때문이죠.

— 조너선 폰드

은퇴 계획을 세우려는 투자자 대부분은 은퇴를 위해 "얼마나 모아야 하나요?"라는 질문에 대한 답이 궁금할 것입니다. 일부(혹은 대부분의) 투자자는 어디서부터 시작해야 할지 전혀 감을 잡지 못합니다. 그저 모든 일이 잘 풀리기를 바라며, 어떻게든 편안한 은퇴 생활을 할 수 있기를 기도할 뿐입니다. 하지만 막상 얼마나 있어야 편안하게 은퇴할 수 있을지 확신할 수 없어, 마음 한편에는 늘 '내가 지금 충분히 저축하고 있는 걸까?' 하는 불안감이 따라다닙니다. 당연히 이는 자신이 은퇴 목표에 맞게 제대로 준비하고 있는지에 대한 걱정으로 이어집니다. 이 장에서는 은퇴 계획을 세울 때 활용할 수 있는 유용한 가이드라인과 도구를 소개하겠습니다. 그렇다고 이 가이드라인과 도구가 당신의 은퇴 계획을 위한 완벽한 안내서가 된다는 뜻은 아닙니다. 하지만 경제적으로 안정된 은퇴를 위해 얼마가 필요한지에 대한 감을 잡는 데에는 분명 도움이 될 것입니다.

우리가 꿈꾸는 은퇴를 실현하기 위해 얼마를 모아야 하는지를 결정하는 데 도움이 되는 여러 가지 요소가 있습니다.

1. 저축하는 금액: 당연히 저축을 많이 할수록 더 유리

2. 현재 나이: 얼마나 오랫동안 저축하고 투자할 수 있는지, 그리고 은퇴 자산이 얼마나 오랫동안 우리를 위해 일할 수 있는지를 결정하는 데 도움이 됨(물론, 저축과 투자를 일찍 시작할수록 복리 효과가 오래 작용하기 때문에 목표를 달성할 가능성도 높아짐)

3. 계획하고 있는 은퇴 나이

4. 예상 수명을 기준으로, 은퇴 후 얼마 동안 은퇴 자산으로 살아가야 하는지

5. 유산을 남길 계획이 있는지, 아니면 단지 생을 마감할 때까지 돈이 떨어지지 않도록 하는 것이 목표인지

6. 기대 투자수익률

7. 자산 축적 기간의 예상 인플레이션

8. 은퇴 전에 상속을 받을 가능성

9. 은퇴 후의 다른 소득원: 여기에는 연금, 사회보장연금, 주택연금, 파트타임 일자리 등이 포함

이 중 일부 요소(현재 나이, 현재 저축액 등)는 비교적 쉽게 파악할 수 있지만, 많은 요소 등을 정확히 예측하거나 확정하기 어렵습니다.

은퇴 시점 ———

어떤 사람에게는 은퇴라는 것이 '실제로 은퇴할 수 있을 만큼의 자금이 준비

되는 시기'를 의미하기도 합니다. 반면에 자기 일이나 직업을 충분히 즐기는 사람은 가능한 오래 일하고 싶어 할 수도 있습니다. 만약 정확히 언제 은퇴할지 확신이 없다면, 사회보장연금을 전액 받을 수 있는 최초의 나이를 기준으로 삼는 것이 현명할 수 있습니다(물론 사회보장제도가 계속 유지될 것이라고 믿는다면). 또는 연금을 받을 자격이 있다면, 그 연금을 수령할 수 있는 나이를 기준으로 정하는 것도 한 방법입니다.

은퇴 기간

은퇴 후 은퇴 생활은 얼마나 지속될까요? 일반적으로 많은 투자자들이 은퇴 계획을 세울 때 65세를 은퇴 시점으로 설정하고, 이후 약 25년간 은퇴 생활을 하게 될 것으로 예상합니다. 그러나 의학의 지속적인 발전과 수명 연장 추세를 생각해 봤을 때, 보다 보수적으로 은퇴를 계획할 필요가 있습니다. 이때 은퇴 후 30년간의 생활 자금을 준비하는 것이 더 신중한 접근일 수 있다는 것이죠. 너무 적게 저축하는 것보다는 조금 더 넉넉히 저축하는 것이 좋습니다. 결국에는 각 투자자가 자신의 유전적 요인과 중요하다고 여기는 다른 요소 등을 고려하여 가장 편안하게 느끼는 기준을 스스로 선택해야 하겠지만요.

유산을 남길 것인가?

유산을 남길 것인지는 매우 개인적인 결정입니다. 이 질문을 고민할 때 반드시 기억해야 할 점은 당신과 당신의 배우자가 남은 일생을 안정적으로 살아갈 수 있을 만큼의 자산을 마련해야 한다는 점입니다. 이 기준을 충족한 후에야 비로소 유산을 남기는 문제를 고려할 수 있습니다. 자녀의 대학 자금,

자신의 은퇴자금 그리고 유산까지 모두 충당할 만큼의 자산이 있다면 걱정할 게 없겠죠. 하지만 그렇지 않다면, 우선 은퇴자금을 확보하는 데 집중하십시오. 왜냐하면 은퇴를 위한 자금은 빌릴 수 없기 때문입니다.

부모가 자신을 위해 얼마나 열심히 일하고 희생했는지를 알고 있는 자녀 대부분은, 부모가 은퇴 후의 삶을 즐기기를 바랍니다. 부모가 자신의 노후를 희생하면서 마련한 유산이라면, 자녀도 그것을 마음 편히 받을 수 없을 것입니다. 기억하세요. 자녀에게 줄 수 있는 가장 큰 선물 중 하나는, 노후에 경제적으로 독립적인 삶을 살아가며 자녀에게 재정적인 부담을 지우지 않는 것입니다.

미래 수익률 추정하기 ───

자신의 포트폴리오에서 미래의 수익률을 추정하는 일은 대부분의 투자자에게 거의 불가능한 과제처럼 느껴질 겁니다. 은퇴자금을 얼마나 마련해야 할지, 또 이를 계산하기 위해 어떤 변수를 고려해야 할지 고민이 됩니다. 그래서 이 주제에 대해 조금 더 지면을 할애해 볼까 합니다.

만약 우리가 선명한 수정구슬을 가지고 있다면, 그걸로 투자수익률이 앞으로 어떻게 될지 쉽게 (그리고 정확하게) 예측할 수 있을 것입니다. 하지만 대부분의 수정구슬은 뿌옇습니다. 그래서 우리는 실용적인 추정치를 구하기 위해 다른 방법을 찾아야 합니다. 그런데 그 '다른 방법'을 찾는 것 자체가 여간 어려운 것이 아니죠. 특히 어디서부터 시작해야 할지 모른다면 더욱 막막할 겁니다. 그럼에도 불구하고 자신의 포트폴리오에 대해 가장 적절한 예상 수익률을 도출해내는 데 시간과 노력을 들이는 것은 충분히 가치 있는 일입니다. 그 수익률은 은퇴 계획 전체를 설계하는 데 큰 영향을 미치기 때문입니다. 우리가 자주 듣는 말, "입력값이 엉터리면, 결과도 엉터리다"라는 표현이 여기에도 그대로 적용됩니다.

다행히도, 흐릿한 수정구슬을 들여다보려고 용쓰거나 다트를 던지는 것보다 훨씬 더 합리적으로 포트폴리오의 예상 수익률을 추정할 방법이 있습니다. 보글헤드 커뮤니티의 활동가이자 포트폴리오 솔루션에서 근무하는 공인회계사 리처드 페리는 30년의 시장 전망치를 우리에게 제공해 주었습니다. 나아가 그 내용을 여러분과 공유할 수 있도록 허락해 주었습니다.

리처드는 연방준비제도Federal Reserve*의 예측, 인플레이션 연동 채권에서 파생된 인플레이션 전망, 자산군 및 스타일, 카테고리의 변동성 등 다양한 경제 및 시장 리스크를 분석하여 이러한 추정 수익률을 도출했습니다.

여러분은 이 전망치를 참고하여, 자기 포트폴리오의 자산 비율을 기반으로 전체 예상 수익률을 추정할 수 있습니다. 물론 이 수치가 절대적으로 맞다고 이야기할 수는 없습니다. 하지만 상당한 분석과 노력이 들어간 자료이므로 훌륭한 출발점이 될 수 있습니다. 물론, 실제 수익률을 정기적으로 모니터링하고, 추정치와 비교하여 필요에 따라 자산배분이나 저축액을 조정해야 할 수도 있습니다. 하지만 적어도 계획의 출발점으로 삼을만한 합리적인 수치로써는 의미가 있습니다.

표 6.1은 포트폴리오의 예상 수익률의 예시입니다. 이 표에는 예상되는 총수익률과 실질수익률(총수익률에서 인플레이션을 뺀 수익률)이 모두 나

---

* Federal Reserve는 연방준비이사회, 연방준비은행, FOMC를 포괄하는 시스템을 의미.

와 있습니다. 표에서 가정한 인플레이션은 2%입니다. 이러한 예상 수익률 수치를 활용해, 각각의 자산군이 포트폴리오에서 차지하는 비율에 해당 수익률을 적용하면 됩니다.

표 6.1 예상 수익률

자산 유형 및 구분	예상 총수익률	예상 인플레이션	예상 실질수익률
단기 국채(T-Bills)	2.10%	2%	0.10%
중기 국채(T-Notes)	3.90%	2%	1.90%
중기 우량 회사채	4.60%	2%	2.60%
미국 대형주	7.00%	2%	5.00%
미국 소형주	7.30%	2%	5.30%
미국 소형 가치주	8.00%	2%	6.00%
리츠(REITs)	7.00%	2%	5.00%
선진국 해외주식	7.40%	2%	5.40%

출처: 포트폴리오 솔루션, LLC.

예를 들어, 다음과 같은 구성의 포트폴리오를 가정해 봅시다. 미국 대형주 30%, 미국 소형 가치주 10%, 선진국 해외주식 20%, 리츠REITs 10%, 중기 우량 회사채 30%. 이때 예상 수익률을 계산하는 방식은 다음과 같습니다. 각 자산군의 예상 수익률에 해당 비중을 곱해 합산하면, 전체 포트폴리오의 예상 수익률을 구할 수 있습니다.

1. 미국 대형주 예상 수익률 = 2.1%(30%×7%)

2. 미국 소형주 예상 수익률 = 0.73%(10%×7.3%)

3. 해외주식 예상 수익률 = 1.48% (20%×7.4%)

4. 리츠 예상 수익률 = 0.7%(10%×7%)

5. 중기 회사채 예상 수익률 = 1.38%(30%×4.6%)

따라서 포트폴리오의 총 예상 수익률은 6.39%(2.1%+0.73%+1.48%+0.7%+1.38%)입니다.

만약 이 예상 수익률 수치가 너무 낮게 느껴진다면, 특히 이전 강세장에서 매우 높은 수익률을 경험했다면, 여러분은 아마도 최신 편향(최근 사건을 미래에 투영하는 것)의 영향을 받고 있을 가능성이 큽니다. 이러한 최신 편향을 극복하려면, 평균 회귀라는 강력한 시장의 힘을 인식하고 이해해야 합니다.

평균 회귀가 절대적인 법칙은 아닙니다. 하지만 일반적으로는 일정 기간 시장수익률을 초과한 자산군은 이후 시장수익률을 밑돌 가능성이 높습니다. 예를 들어, 1993년부터 2012년까지의 기간 동안, 변동성이 큰 이머징 마켓의 자산은 11년 동안은 최상위에 다른 8년 동안은 최하위에 머물렀습니다. 이제 다음 주제인 인플레이션으로 넘어가겠습니다.

인플레이션 ———

앞서 5장에서 인플레이션에 대해 다루었듯이, 인플레이션은 현재 자산의 미래 구매력을 갉아먹기 때문에, 은퇴자금 계산 시 반드시 이를 반영해야 합니다. 그렇지 않으면 은퇴 시점에 필요한 금액보다 한참 부족한 상황에 부닥칠 가능성이 큽니다. 어떤 인플레이션 수치를 사용할지는 본인이 편안하게 느끼는 값을 사용하면 되지만, 참고가 될 만한 수치를 알아두면 도움이 될 수 있습니다.

1914년부터 2013년까지 미국의 평균 인플레이션율은 연 3.22%였습니다. 1964년부터 2013년까지는 평균 4.18%, 2004년부터 2013년까지는 평균 2.47%였습니다. 물론 특정 시기에는 평균보다 인플레이션이 더 높거나 낮았던 적도 있었지만, 위 수치는 은퇴 계획을 세울 때 출발점으로 삼기에 좋은 참고 자료가 될 수 있습니다.

상속

만약 당신이 은퇴자금 대부분을 상속에 기대고 있다면, 이는 상당히 위험한 전략이 될 수 있습니다. 기대했던 상속 자산은 부모 중 한 분 또는 두 분 모두가 요양시설에 오랜 기간 머무르게 될 경우, 의료비로 쉽게 소진되고 맙니다. 어쩌면 당신이 은퇴할 나이가 되었음에도 부모님이 여전히 건강하고 즐겁게 삶을 누리고 계실 수도 있습니다. 세상을 떠날 계획이 전혀 없는 것처럼 말이죠.

그래서 은퇴 계획을 세울 때 상속은 고려 대상에서 제외하기를 권장합니다. 실제로 시간이 지나 상속을 받게 된다면, 그때 가서 그것을 뜻밖의 행운 정도로 받아들이면 됩니다. 그리고 만약 그렇게 상속받은 자금을 은퇴자금의 일부 또는 전부로 활용할 계획이라면, 그 시점에 은퇴 계획을 다시 계산하면 됩니다.

기타 소득

기타 소득에는 사회보장연금, 연금, 파트타임 일자리, 주택 다운사이징 대금, 주택연금 등이 포함됩니다. 만일 사업체나 농장이 있다면 이를 매각하고 할부 형태로 받는 대금도 여기에 포함됩니다. 이러한 다양한 소득원은 은퇴 후의 생활비를 충당하는 데 유용할 수 있습니다. 이러한 소득이 있으면, 포트폴리오에서 찾아야 할 금액이 줄어들게 되며, 그 덕에 저축해야 할 금액도 줄어들 수도 있습니다.

지금까지 배운 내용을 실제로 적용하기 ────────────

이제 고려해야 할 입력 변수에 대해 살펴보았으니, 배운 내용을 바탕으로 "얼마나 저축해야 할까?"라는 질문에 답해볼 차례입니다.

인터넷에는 무료로 사용할 수 있는 다양한 재무 계산기가 많이 있습니다. 일부 계산기는 사용자가 예상 포트폴리오 수익률을 직접 입력해야 하고, 어떤 계산기는 고정된 수익률을 기반으로 계산합니다. 그래서 우리가 앞서 다룬 방식으로 자신의 포트폴리오 예상 수익률을 파악해 두는 것이 매우 중요합니다. 왜냐하면, 사용하는 계산기가 내장한 수익률 가정이 실제 본인의 예상 수익률과 완전히 다를 수 있기 때문입니다. 따라서 직접 수익률을 입력할 수 있는 계산기, 혹은 자신의 수익률 기대치와 유사한 가정을 사용하는 계산기를 선택해 사용하는 것이 중요합니다.

일부 계산기는 예상 인플레이션율을 직접 입력할 수 있도록 허용하는 반면, 다른 계산기는 고정된 값을 사용하는데, 이 수치가 사용자에게 편안하지 않은 수치일 수도 있습니다. 어떤 계산기는 결과를 인플레이션 조정 금액(실질 가치)으로 보여주고, 또 어떤 계산기는 현재 기준 금액(명목 가치)으로만 보여주기 때문에, 이 경우에는 사용자가 직접 인플레이션을 고려해야 할 수도 있습니다.

우리는 여러 가지 예상 수익률(5%, 6%, 7%, 8%)을 사용해 수차례 계산을 진행했고, '은퇴까지 남은 연수'는 5년 단위로 변경해 가며 실험해 봤습니다. '필요한 연간소득(오늘날의 달러 기준)'은 항상 1,000달러 단위로 고정했고, '연간 인플레이션율'은 3%로, 그리고 '은퇴 후 필요한 연수'는 30년으로 고정했습니다. (참고로 은퇴 후 25년을 대비하는 것으로 설정하면, 당연히도 30년을 설정하고 산출한 금액보다 줄어듭니다) 우리는 이러한 수치가 절대적인 기준으로 받아들여져서는 안 되며, 은퇴 계획의 출발점으로만 삼을 수 있는 대략적인 수치임을 한 번 더 강조하고 싶습니다.

실제로 온라인 계산기의 결과는 다음과 같은 주의 문구가 함께 표시되며, 이는 모든 사용자가 반드시 인지해야 할 내용입니다. "이 계산기는 단지 예시용입니다. 결과의 정확성은 보장되지 않습니다. 재정과 관련된 중요한 결정을 내리기 전에는 반드시 회계사나 전문가와 상담하십시오."

이러한 경고를 고려해 계산한 다양한 결과를 표로 정리하였습니다. (표 6.2~표 6.7) 이 표는 우리가 은퇴할 때 필요한 1,000달러의 연간소득에 해당하는 금액을 나타냅니다. 자신이 실제로 얼마나 저축해야 하는지 총액을 계산하려면 다음을 진행하십시오.

먼저, 자신의 은퇴까지 남은 연수에 해당하는 표를 찾습니다. 그런 다음, 기대하는 연간 수익률에 해당하는 수치를 확인합니다. 마지막으로, 은퇴 후 매년 사용해야 할 금액에 이 수치를 곱하면 됩니다. 예를 들어, 은퇴 후 매년 60,000달러가 필요하고, 당신의 수익률 기대치가 6%이며, 은퇴까지 20년 남았다면, 표에서 해당 수치를 찾은 뒤 그 숫자에 60을 곱하면 필요한 총 저축액이 나옵니다.

표 6.2 은퇴까지 5년

항목	금액 (달러)
필요 소득 (현재 가치)	1,000달러
필요 소득 (미래 가치)	1,159달러

연 5% 수익률일 때 필요 금액 (1,000달러당)	26,681달러
연 6% 수익률일 때 필요 금액 (1,000달러당)	23,650달러
연 7% 수익률일 때 필요 금액 (1,000달러당)	21,122달러
연 8% 수익률일 때 필요 금액 (1,000달러당)	19,000달러

좀 더 구체적인 예를 들어보겠습니다. 은퇴까지 5년 남았고 예상 포트폴리오 수익률이 연 7%인 사람이 있다고 가정해 보겠습니다. '은퇴까지 5년'에 해당하는 표 6.2를 보면 은퇴 후 매년 필요한 1,000달러를 확보하기 위해 21,122달러를 미리 저축해 두어야 함을 알 수 있습니다. 이는 연금, 사회보장연금, 기타 예상되는 소득원을 제외한 순수 인출 금액을 기준으로 한 것입니다. 만일, 같은 사람이 은퇴 후 매년 30,000달러를 쓰고자 한다면, 은퇴 시점까지 약 633,660달러(21,122달러×30)를 모아야 합니다.

표 6.3 은퇴까지 10년

항목	금액 (달러)
필요 소득 (현재 가치)	1,000달러
필요 소득 (미래 가치)	1,344달러
연 5% 수익률일 때 필요 금액 (1,000달러당)	30,931달러
연 6% 수익률일 때 필요 금액 (1,000달러당)	27,417달러
연 7% 수익률일 때 필요 금액 (1,000달러당)	24,487달러
연 8% 수익률일 때 필요 금액 (1,000달러당)	22,027달러

표 6.4 은퇴까지 15년

항목	금액 (달러)
필요 소득 (현재 가치)	1,000달러
필요 소득 (미래 가치)	1,558달러
연 5% 수익률일 때 필요 금액 (1,000달러당)	35,857달러
연 6% 수익률일 때 필요 금액 (1,000달러당)	31,784달러
연 7% 수익률일 때 필요 금액 (1,000달러당)	28,387달러

| 연 8% 수익률일 때 필요 금액 (1,000달러당) | 25,535달러 |

표 6.5 은퇴까지 20년

항목	금액 (달러)
필요 소득 (현재 가치)	1,000달러
필요 소득 (미래 가치)	1,806달러
연 5% 수익률일 때 필요 금액 (1,000달러당)	41,568달러
연 6% 수익률일 때 필요 금액 (1,000달러당)	36,847달러
연 7% 수익률일 때 필요 금액 (1,000달러당)	32,908달러
연 8% 수익률일 때 필요 금액 (1,000달러당)	29,602달러

표 6.6 은퇴까지 25년

항목	금액 (달러)
필요 소득 (현재 가치)	1,000달러
필요 소득 (미래 가치)	2,094달러
연 5% 수익률일 때 필요 금액 (1,000달러당)	48,189달러
연 6% 수익률일 때 필요 금액 (1,000달러당)	42,715달러
연 7% 수익률일 때 필요 금액 (1,000달러당)	38,150달러
연 8% 수익률일 때 필요 금액 (1,000달러당)	34,317달러

표 6.7 은퇴까지 30년

항목	금액 (달러)
필요 소득 (현재 가치)	1,000달러
필요 소득 (미래 가치)	2,427달러
연 5% 수익률일 때 필요 금액 (1,000달러당)	55,864달러
연 6% 수익률일 때 필요 금액 (1,000달러당)	49,519달러
연 7% 수익률일 때 필요 금액 (1,000달러당)	44,226달러
연 8% 수익률일 때 필요 금액 (1,000달러당)	39,782달러

표 6.7을 보시죠. 은퇴까지 30년 남았고, 예상 수익률이 8%인 경우를

가정해 봅시다. 만일 이 사람이 은퇴 후 매년 30,000달러를 쓰고자 한다면, 은퇴 시점까지 약 1,193,460달러(39,782달러×30)를 저축해야 한다는 계산이 나옵니다.

이 표들에서 알 수 있듯이, 예상 수익률이 높을수록 필요한 저축액은 줄어듭니다. 하지만, 이 수치는 수익률이 일정하게 유지된다는 가정을 전제로 합니다. 실제로는 다음과 같은 점을 고려해야 합니다. 젊은 투자자일수록 포트폴리오에 주식 비중이 높아 더 높은 수익률을 기대할 수 있습니다. 이는 더 큰 위험을 감수한 대가입니다. 반면 나이가 들어 은퇴가 가까워질수록, 보다 보수적인 투자전략이 요구됩니다. 즉, 주식 비중은 줄이고, 채권 비중을 늘리게 되므로 기대수익률도 낮아집니다. 이는 결국 우리가 정기적으로 계산기를 사용하여, 변화된 상황에 맞게 입력 변수를 재조정해야 함을 의미합니다. 이 과정을 통해 "얼마를 저축해야 하는가?"라는 질문에 대해 더 현실적인 답을 구할 수 있습니다.

07장
늘 단순하게 인덱스 펀드를
포트폴리오의 핵심으로 만들기

투자라는 게임은 다른 것들과 결정적인 차이가 있습니다.

대부분 분야에서는 수많은 시간을 들여 연습하고 기술을 갈고닦아도

평균 수준에 도달하기조차 어렵습니다.

하지만 주식시장에서는 아무런 연습 없이도

평균적인 투자자가 될 수 있습니다.

- 제러미 시겔

윌리엄 번스타인은 그의 훌륭한 저서 《투자의 네 기둥》에서 이렇게 말했습니다. "주식중개인은 보니와 클라이드가 은행을 '서비스'했던 방식으로 고객을 '서비스'한다." 대부분은 공개적으로 인정하지 않지만, 대다수의 주식중개인, 펀드매니저, 투자상품 판매자, 자산운용사 매니저는 자신이 받은 보수만큼의 가치를 제공하지 못합니다. 하지만 그들 중 다수는 고객의 돈으로 막대한 부를 쌓습니다. 어느 중개인은 이렇게 말했다고 전해집니다.

"우리는 백만장자를 만들어냅니다. 원래 수백만장자였던 사람들을요."

뭐라고요? 당신의 투자전문가는 당신에게 큰돈을 벌어다 주고 있다고

요? 그렇다면 정말 다행입니다. 하지만 앞으로 설명할 '패시브 투자'라는 아주 단순한 전략만으로도, 장기투자에 있어 웬만한 금융전문가보다 더 좋은 성과를 거둘 확률은 최소 70%입니다. 만일 투자 기간이 20년 이상이라면, 패시브 펀드의 90%가 액티브 펀드보다 성적이 더 좋습니다. 그 이유는 간단합니다. 패시브 펀드라는 시스템은 당신의 돈이 당신을 위해 더 많이 일하게 되어 있기 때문입니다. 굳이 중개인이나 투자회사, 펀드매니저, 자산운용사, 정부 등에게 투자 성과를 나누어주지 않아도 됩니다. 너무 좋은 이야기라 믿기 어려울 수도 있지만, 사실입니다. 풍부한 실증적 데이터가 이를 뒷받침합니다.

우리는 교육과 경험을 통해 인생을 살아가는 데 유용한 원칙들을 익혔습니다. 예를 들면 다음과 같은 것들이죠.

- 평균에 안주하지 마라. 최고를 목표로 하라.
- 직감에 귀를 기울여라. 마음속에서 느껴지는 것이 보통은 옳다.
- 무언가를 잘 모를 때는 물어라. 전문가에게 조언을 구하거나 그 일을 맡겨라. 그러면 시간과 스트레스를 크게 줄일 수 있다.
- 싼 게 비지떡이다. 좋은 건 값이 싸지 않고, 값싼 건 대체로 좋지 않다.
- 위기가 닥치면 행동하라! 뭐라도 해서 고쳐야 한다.
- 역사는 반복된다. 미래의 성과를 가장 잘 예측하는 것은 과거의 성과다.

자, 그런데 말입니다. 이러한 인생의 원칙들을 투자에 적용하면 오히려 가난해질 가능성이 높습니다. 예를 들어, 시장수익률보다 약간 낮은 수익에 만족하기만 해도 평균 이상의 투자자가 될 수 있습니다. 직감을 따르는 것은 최악의 선택이 될 수 있으며, 전문가를 고용한다고 항상 이득을 보는 것도 아닙니다. 투자에서 위기를 느끼고 '무언가를 해야겠다'라고 결심하는 순간 수익률은 떨어집니다. 과거의 성과를 보고 미래의 고수익을 기대하며 상품이나 전문가를 고른다면, 그것은 현명치 못한 행동입니다. 투자에는 완전히 다른 원칙들이 존재하며, 우리가 성공하고자 한다면 그 규칙에 따라 움직여야 합니다.

미국 보스턴의 달바Dalbar, Inc.라는 회사의 조사에 따르면, 1993년부터 2012년까지 20년 동안 S&P500 지수는 연평균 8.21%의 수익률을 기록했습니다. 하지만 같은 기간 동안 주식형 펀드 투자자는 연평균 단 4.25%의 수익률에 그쳤습니다. 다시 말해, 투자자가 단순히 저비용 S&P500 인덱스 펀드를 사서 보유만 했더라도, 수익률이 거의 두 배에 달했을 겁니다. 특히, 이 연구가 지목한 낮은 수익률의 원인을 눈여겨봐야 합니다. 이 연구는 투자자가 시장의 타이밍 잡기나 유행에 따른 투자를 하면서 수익률이 망가진다고 봤습니다. 만약 이들이 장기 보유 전략만 취했어도 시장 평균을 웃도는 수익률을 올릴 수 있었을 것입니다.

평균의 투자자가 거두는 수익이 지수의 절반 수준이라면, 대부분의 투자자가 잘못된 원칙으로 움직이고 있거나, 아예 기준 없이 투자하고 있는 것일 수도 있습니다. 참고로 10,000달러를 연 8% 수익률로 20년간 복리 투자했다면 46,610달러가 됩니다. 하지만 4.25% 수익률로 같은 기간 투자했다면 단 22,989달러에 불과합니다.

앞에서 나열했던, 이른바 '인생의 원칙들'이 투자의 세계에서 통하지 않는 이유는 아주 간단합니다. 주식시장의 단기 성과는 무작위적이며 예측할 수 없습니다. 그래서 대부분의 사람에게는 스트레스를 유발하기 마련이죠. 만일 누군가가 주식시장이나 특정 주식이 앞으로 몇 주, 몇 달, 몇 년 안에 어떻게 될지 안다고 말한다면, 그 사람은 거짓말쟁이거나 자기기만에 빠진 사람이라고 보면 됩니다.

지난 200년 동안의 미국 주식시장의 역사를 보면 장기적으로는 상승세를 보여왔고, 장기 추세는 꽤 일관적이었습니다. 조금 더 짧게 50년 기간을 보더라도, 연평균 실질수익률(물가상승률 제외)은 5~7% 수준이었습니다. 이는 당신이 잘 분산된 주식 포트폴리오에 투자하고 아무것도 하지 않고 놔뒀을 경우, 투자 자산의 구매력은 약 12년마다 두 배가 되었다는 뜻입니다.

장기 수익률은 비교적 안정적이지만, 단기 수익률은 예측하기 어렵습니다. 장기적으로 주식은 모든 투자 자산 중 가장 높은 잠재 수익률을 제공하지만, 단기적으로는 롤러코스터처럼 움직입니다. 이 때문에 시장에 대한 이해나 탄탄한 투자 계획이 없는 사람에게는 주식이 악몽이 될 수 있습니다. 예를 들어, 1990년대는 주식투자자에게 황금기였지만, 1930년대는 재앙이었습니다.

인덱스 투자: 게으를수록 유리

인덱스 투자는 아마 월터 미티*가 사랑할 만한 투자전략일 것입니다. 이 전략은 거의 아무런 투자 지식도, 기술도, 시간이나 노력도 필요하지 않지만,

---

* 영화 '월터의 상상은 현실이 된다'의 주인공. 대부분의 시간을 공상하며 보낸다.

상위 20%의 투자자로 만들어줍니다. 덕분에 당신은 일을 하거나, 놀거나, 원하는 다른 무엇을 하든, 당신의 노후 자산을 복리로 불릴 수 있습니다. 숨 쉬는 것만큼이나 쉽습니다. 기껏해야 1년에 한 번 정도 패스트푸드점을 가는 정도의 노력만 들이면 됩니다.

이 전략의 핵심은 이렇습니다. 당신은 어떤 전문가를 고용해야 하는지, 어떤 주식이나 펀드가 최고의 성과를 낼지 찾아내지 않아도 됩니다. 그냥 인덱스 펀드에 투자하고 잊어버리십시오! 4장에서 설명했듯, 인덱스 펀드는 복잡한 운용 없이, 특정 시장 지수의 수익률을 그대로 따라가는 방식입니다. 운용수수료는 아주 소액만 차감됩니다.

예를 들어보죠. 뱅가드의 '500 인덱스 펀드'는 S&P500 지수의 수익률을 그대로 추종합니다. '전체 주식시장 인덱스 펀드'는 주식시장 전체를 폭넓게 추종합니다. '전체 국제주식 인덱스 펀드'는 전 세계 주요 국가의 주식을 넓게 담아 추종합니다. 주식형 인덱스 펀드 외에도 각종 채권 지수의 수익률을 추종하는 채권형 인덱스 펀드도 있습니다. 주식과 채권 인덱스 펀드를 조합한 '인덱스 펀드 오브 펀드' 같은 상품도 존재합니다.

인덱스 투자가 효과적인 이유

인덱스 펀드는 장기적으로 전체 액티브 펀드의 약 80%보다 더 나은 성과를 냅니다. 그건 인덱스 펀드가 가진 압도적으로 낮은 비용 구조가 있기에 가능한 것입니다. 시장이 무작위적으로 움직이는 환경에서는, 미래 수익률이 어떻게 될지 예측할 수는 없습니다. 그러나 한 가지 확실한 것은, 비용을 적게 지출한 투자자가 그렇지 않은 투자자보다 더 높은 수익률을 얻는다는 사실입니다. 이것이 바로 '인덱스 투자자의 우위indexer's edge'입니다. 보다 구체적으로 살펴봅시다. 인덱스 투자에는 다음과 같은 비용 및 구조적 장점이 있습니다.

1. 판매수수료 없음

2. 운용비용이 매우 낮음

3. 많은 인덱스 펀드가 세금 효율적임

4. 별도로 자산운용 매니저를 고용할 필요가 없음

5. 매우 분산된 자산을 담는 인덱스 펀드는 리스크가 낮음

6. 누가 펀드를 운용하든 성과에 큰 차이가 없음

7. 스타일 드리프트나 추적 오차 문제가 없음

판매수수료 없음

브로커를 통해 수수료가 있는 펀드를 구매하면 보통 4~6%의 판매수수료를 부담하게 됩니다. 이 돈은 당신의 계좌에 투자되는 것이 아니라, 곧장 증권사의 주머니로 들어갑니다. 즉, 당신의 돈은 실제 투자되기 전에 예쁘게 '이발' 당하는 셈입니다. 반면에 수수료가 없는no-load 인덱스 펀드를 이용하면 당신의 돈 전부가 온전히 투자에 들어갑니다.

물론 브로커는 수수료를 두고 이렇게 말할 것입니다. "저희 펀드는 업계 최고의 전문가가 운용하고 있습니다. 당신은 그들의 탁월한 조언과 통찰에 돈을 지급하는 셈입니다." 하지만 연구 결과는 수수료가 있는 펀드가 인덱스 펀드보다 더 좋은 성과를 내지 못한다는 사실을 보여줍니다. 오히려 판매수수료를 고려하면 성과는 더 나빠지는 셈이 됩니다. 결국, 당신은 그저 브로

커가 타는 고급 자동차의 할부금을 대신 내고 있는 것일지도 모릅니다.

운용비용이 매우 낮음 ———

액티브 펀드의 운용보수는 연간 1~2% 수준입니다. 이는 당신의 투자 잔액의 1~2%가 매년 펀드매니저의 보수나 운용비용으로 빠져나간다는 의미입니다. 반면, 인덱스 펀드는 운용이 훨씬 단순합니다. 어떤 종목을 사고팔지 결정할 필요도 없고, 단지 지수를 그대로 따라가기만 하면 되므로 컴퓨터로 손쉽게 운용할 수 있습니다. 그 결과, 대부분의 인덱스 펀드는 운용보수가 0.5% 이하이며, 그중 많은 수가 0.2% 이하입니다.

　'그 정도 미미한 비용 차이가 무슨 차이가 있겠어?'라고 생각할 수도 있습니다. 하지만 이렇게 생각해봅시다. 만일 어떤 사람이 1만 달러를 펀드에 투자해서 20년간 그대로 유지한다고 가정했을 때, 연평균 수익률이 10%이며 운용보수가 1.5%인 펀드는 20년 후에 49,725달러가 됩니다. 반면에 운용보수가 0.5%인 펀드는 60,858달러가 되죠. 단 1%의 수수료 차이만으로도, 20년 복리 결과는 18%나 차이가 납니다. 결코 무시할 수 없는 차이죠. 아주 작은 운용비용의 차이도 장기적으로는 투자 성과에 매우 큰 영향을 미칩니다.

세금 효율성 ———

액티브 펀드의 수익은 과세 대상이 됩니다. 즉, 수익 실현에 따른 세금 부담이 고스란히 투자자에게 전가되게 되죠. 당신은 그 매매로 인해 세금고지서를 받게 되고, 이는 결국 당신의 투자수익률을 깎아 먹게 됩니다. 해당 펀드가 세금이연 계좌나 비과세되는 계좌(연금저축, 퇴직연금 등)에 있다면 다행이지만, 이런 세금은 시간이 지날수록 점점 커지며, 결국 어느 순간에는 정부에게 많은 돈을 지급할 수밖에 없습니다. 그리고 당신의 돈이 줄어들겠죠.

반면, 광범위하게 시장을 추종하는 인덱스 펀드는 매매가 거의 없습니다. 인덱스 펀드는 시장을 복제하는 구조이기 때문에 액티브 펀드처럼 빈번한 거래가 일어나지 않습니다. 그래서 세금 폭탄을 맞을 가능성이 훨씬 작습니다. 즉, 인덱스 펀드는 세금 측면에서도 훨씬 유리한 구조로 되어 있습니다.

자산운용 매니저를 고용할 필요 없음

인덱스 투자는 너무나도 단순해서, 특별한 경우가 아니면 포트폴리오를 관리해 줄 자산운용 매니저를 고용할 필요가 없습니다. 보통의 자산운용 매니저는 당신의 자산을 운용해주는 대가로 연 0.75%에서 많게는 3.0%까지의 수수료를 받습니다. 다시 한번 말하지만, 그 수수료는 결국 당신의 계좌에서 빠져나가는 것입니다. 당신의 계좌에서 복리로 불어나야 할 돈이 줄어드는 것이죠.

더 높은 분산투자, 더 낮은 리스크

12장에서 더 자세히 다루겠지만, 분산투자는 투자의 리스크를 줄이는 핵심 전략입니다. 주식시장에서 가장 빨리 부자가 되는 방법은 구글 같은 회사를 찾는 것입니다. 반대로 가장 빨리 전 재산을 잃는 방법은 엔론 같은 회사를 보유하는 것이겠죠. 문제는 이 둘을 사전에 구분하는 것이 불가능에 가깝다는 점입니다. 하지만 다행히, 이 둘을 미리 알아맞히지 못하더라도 건전한 투자 이익을 얻는 것은 충분히 가능합니다.

예를 들어, S&P500 인덱스 펀드를 매수하면 당신의 자산은 미국을 대표하는 500개 대기업의 주식으로 넓게 분산되며, 펀드의 성과는 이 500개 기업 전체의 평균 성과와 일치합니다. 물론, 전액 손실을 볼 가능성이 아예 없는 것은 아닙니다. 하지만 그 확률은 사실상 존재하지 않습니다. 만약 미국의 500대 기업 주가가 모두 '0'이 된다면, 그때는 포트폴리오를 걱정할 때가 아닐 겁니다. 그 정도의 경제붕괴라면, 대공황도 부자들의 파티처럼 보일 정도일 테니까요.

SEC 위원장이 된 게리 겐슬러와 그렉 베어는 액티브 펀드와 미국 전체 주식시장을 광범위하게 반영하는 윌셔5000 지수를 비교하는 연구를 수행했습니다. 그 결과, 2001년 12월 31일까지의 10년간 데이터에서 액티브 펀드의 표준편차(리스크 지표)는 19.4%였고, 시장 지수의 표준편차는 16.2%에 불과했습니다. 즉, 더 분산된 인덱스 펀드가 더 낮은 리스크의 투자 수단임이 수치로도 입증된 것입니다.

누가 펀드를 운용하는지 중요하지 않음 ─────

다른 전문직과 마찬가지로, 액티브 펀드 펀드매니저들 사이에도 능력 차가 있습니다. 모두가 워런 버핏이나 피터 린치 같은 사람이 아니라는 이야기죠. 예를 들어, 피터 린치는 1978년부터 1990년까지 피델리티 마젤란 펀드를 운용하며, 연평균 29%라는 놀라운 수익률을 기록했습니다. 하지만 시간을 최근으로 돌려보시죠. S&P의 자료에 따르면 2002년 1월 1일부터 2012년 12월 31일까지의 10년 동안, 모든 투자 카테고리에서 액티브 펀드가 인덱스 펀드보다 성과가 낮았습니다.

무엇보다, 꾸준히 높은 성과를 내는 펀드매니저는 매우 드뭅니다. 간혹 높은 성과를 내더라도 이를 두고 투자 연구자들은 단순히 '운' 때문이라고 봅니다. 어제의 슈퍼스타가 오늘은 시장수익률을 밑도는 부진한 실적을 내는 경우도 많고, 반대로 과거에 성적이 좋지 않았던 펀드가 나중에 뛰어난 성과를 내는 경우도 있습니다. 말하자면, 이들을 사전에 정확히 알아내고, 언제 성과를 낼지를 예측하는 것은 불가능합니다. 하지만 인덱스 펀드의 경우, 예측할 필요가 없습니다. 누가 그 펀드를 운용하는지는 전혀 중요하지 않습니다. 정해진 지수를 그대로 추종하는 인덱스 펀드에서 펀드매니저의 역할은 거의 없으니깐요.

스타일 드리프트와 추적 오차 문제 없음 ———

액티브 펀드에서는 펀드에 포함된 주식 일부가 원래의 분류에서 다른 분류로 이동하는 일이 종종 발생합니다. 예를 들어, 내가 가입한 대형 성장주 펀드가 어느새 중소형 가치주에 투자하고 있는 등의 상황 말입니다. 하지만 인덱스 펀드는 시장 내 특정 세그먼트, 예를 들어 대형 성장주, 소형 가치주 등을 정확히 추종하도록 설계되어 있습니다. 그래서 나의 의도와 상관없이 투자 카테고리가 다른 쪽으로 '흘러가는style drift' 일은 발생하지 않습니다.

인덱스 펀드에 투자하는 것은 거의 모든 투자자에게 훌륭한 선택입니다. 그 이유는 단순함, 낮은 비용, 관리의 용이성 때문입니다. 반대로 액티브 펀드 펀드매니저들은 더 높은 비용을 상쇄하기 위해 벤치마크 지수보다 연평균 2% 이상의 추가 수익을 올려야 합니다. 하지만 이는 대부분의 펀드매니저에게 매우 어려운 일이죠. 수많은 능력자들이 매일 엄청난 시간과 노력을 들여 시장을 분석하고, 타이밍을 맞추고, 시장을 이기려 애쓰지만, 장기적으로 성공하는 사람은 극소수에 불과합니다. 그리고 누가 '내일의 슈퍼스타 매니저'가 될지 알아맞히는 것은 불가능에 가깝습니다. 운 좋게 이를 맞히는 소수의 투자자도 있지만, 대부분의 사람은 그렇지 않죠. 결국, 인덱스 펀드보다 못한 수익을 마주할 수밖에 없습니다.

학교에서는 보통 A를 받으려면 큰 노력이 필요하고, B는 조금 덜한 노력, C, D는 그보다 더 적은 노력이 필요하죠. 하지만 투자에서는 완전히 반대입니다. 시장을 연구하는 데 많은 시간과 노력을 들이거나, 전문가를 고용해서 자산을 맡겨도 'A급 투자자'가 될 확률은 20%도 안 됩니다. 반면, 투자에 대해 아무것도 모른 채, 시간도 거의 들이지 않고, 인덱스 펀드만 매수해도, 당신은 100% 확률로 'B급 투자자'가 될 수 있습니다. B급이 성에 차지 않을 수도 있겠지만, 대부분의 투자자들이 D 이하 성적을 받는 현실에서, B는 충분히 아름다운 결과입니다.

 **다른 사람들은 이렇게 말합니다.**

세계적인 투자 연구자, 학자, 작가 그리고 당신에게 투자상품을 팔려는 의도가 없는 사람의 대부분은 저비용 패시브 상품을 추천합니다. 이 상품들로 당신의 포트폴리오 대부분 혹은 전부를 구성하는 것이 매우 우수한 전략이라고 이야기합니다. 다음은 패시브 투자 vs 액티브 투자에 대해 이들이 남긴 주요 발언들입니다.

프랭크 암스트롱, 《정보에 입각한 투자자》 저자

"올바른 선택을 하세요. 만일 당신이 보유한 자산 중에 인덱스 펀드를 구매할 수 있는 자산이 있다면 전부 인덱스 펀드에 투자하세요. 액티브 펀드 다섯 중 넷은 인덱스 펀드를 이기지 못할 겁니다."

그레고리 베어 & 게리 겐슬러, 《위대한 펀드의 함정》 공동 저자

"생존 편향을 보정한** 수익률 기준으로 보면, 평균적으로 액티브 펀드는 시장수익률보다 연간 약 3%포인트 낮은 성과를 냅니다."

윌리엄 번스타인, 《투자의 네 기둥》 저자

"인덱스 펀드에 투자하면 평범함에 갇히게 된다고요? 전혀 아닙니다. 인덱스 펀드는 오히려 대부분의 상황에서 우수한 성과를 보장해 줍니다."

존 보글, 뱅가드 그룹 창립자

"1970년으로 거슬러 올라가 보면, 당시 주식형 펀드는 355개에 불과했습니다. 그중 지금까지 살아남은 건 169개뿐이에요. 실패해서 사라진 많은 수의 펀드는 통계에서 빠졌다는 점을 간과하면 안 됩니다. 살아남은 169개의 펀드를 봅시다. 그중 1999년까지 S&P500을 이긴 펀드는 단 9개뿐입니다. S&P500과 비교해서 연간 1~2% 초과 이익을 거둔 펀드는 3개, 연간 2~3%의 초과 이익을 거둔 펀드는 4개입니다. 3% 이상의 초과 이익을 거둔 펀드는 단 2개에 불과했어요. 연 2% 차이는 통계적으로도 유의미하지 않지만, 일단 그건 제쳐두더라도, 여기에

** 일반적으로 펀드 통계에서 망해서 사라진 펀드는 집계되지 않는데, 이런 펀드까지 통계에 포함함을 뜻함

세금까지 고려하면 실제로 시장을 이긴 건 상위 두 펀드뿐일 겁니다. 결론은? 단순한 확률 게임이라고 쳐도 너무 어려운 확률 게임입니다."

존 브레넌, 뱅가드 그룹 회장

"인덱스 펀드는 시장수익률을 따라가는 '확실성'을 제공합니다. 이 '확실성'이라는 것은 시장을 이길지도 모른다는 '가능성'과 바꿀 만한 충분한 가치가 있습니다."

워런 버핏, 버크셔 해서웨이 회장

"기관투자자를 포함한 대부분의 투자자에게 가장 좋은 일반주 투자전략은 저비용 인덱스 펀드에 투자하는 것입니다. 이 길을 따르는 투자자는 대부분의 투자전문가가 수수료와 비용을 제하고 올리는 실적보다 더 나은 성과를 얻게 될 겁니다."

조너선 클레멘츠, 〈월스트리트 저널〉 칼럼니스트

"저는 인덱스 펀드의 열렬한 팬입니다. 인덱스 펀드는 투자자에게는 최고의 친구이며, 월스트리트에는 최악의 악몽이죠."

더글라스 다이얼, 미국 교직연금 펀드매니저

"인덱스 투자는 경이로운 전략입니다. 처음엔 저도 회의적이었고 무지했습니다. 이제는 완전히 신봉자가 되었어요. 인덱스 투자는 놀라울 만큼 정교한 투자 방식입니다."

폴 패럴, CBS 마켓워치 칼럼니스트

"많은 사람들이 현시점 최고의 펀드를 찾아내는 데 집착합니다. 그래서 장기적으로는 인덱스 펀드가 대부분의 액티브 펀드보다 더 좋은 성과를 낸다는 사실을 잊어버리고 말죠."

리처드 페리, 《불황 속에서 자산을 지키는 법》 저자

"채권 인덱스 펀드, 미국 전체 주식시장 인덱스 펀드, 그리고 광범위한 국제주식 인덱스 펀드를 고르면 단순하지만, 완벽한 포트폴리오를 완성할 수 있습니다."

월터 굿 & 로이 헤르만센, 《인덱스, 투자 성공으로 가는 길》 저자

"인덱스 펀드는 운용비용이나 마케팅 비용이 들지 않습니다. 거래비용도 거의 들지 않고 자본이득세를 이연시키며, 리스크를 통제합니다. 그 과정에서 대부분의 액티브 펀드를 능가하는 성과를 냅니다!"

아서 레빗, 미국 증권거래위원회(SEC) 위원장

"펀드 산업의 숨겨진 진실은 대부분의 액티브 펀드가 벤치마크 지수만큼도 수익을 내지 못한다는 사실입니다."

버튼 멜킬, 《랜덤워크 투자수업》 저자

"지난 30년간, 전문 포트폴리오 매니저의 3분의 2 이상이 S&P500 지수보다도 낮은 성과를 기록했습니다."

모셰 밀렙스키, 《행운의 확률》 저자

"누군가가 시장을 지속적으로 이길 수 있다는 주장에 저는 다소 회의적입니다."

제인 브라이언트 퀸, 《당신의 돈을 제대로 활용하는 법》 저자

"인덱스 투자는 이기는 사람들을 위한 것입니다."

론 로스, 《이길 수 없는 시장》 저자

"1962년부터 1993년까지 1,892개의 주식형 펀드, 총 16,109개의 연도별 성과를 분석한 결론은 이러했습니다. '숙련되거나 정보 우위에 있는 펀드매니저는 존재하지 않는다.'"

폴 새뮤얼슨, 노벨 경제학상을 수상한 첫 미국인

"주식 포트폴리오를 효율적으로 분산투자하는 가장 좋은 방법은 수수료가 낮은 인덱스 펀드를 활용하는 것입니다. 통계적으로, 광범위하게 구성된 인덱스 펀드가 대부분의 액티브 포트폴리오를 능가합니다."

빌 슐타이스, 《커피하우스 투자자》 저자

"주식시장을 이기려는 월가의 집착에서 벗어나, 시장 평균수익률을 따라가는 것도 충분히 정교한 전략이라는 사실을 인정해야 합니다. 그러기만 해도 성공적인 주식 포트폴리오를 구축할 수 있습니다."

찰스 슈왑, 찰스슈왑증권 창립자

"주식형 펀드 4개 중 단 1개만 시장수익률을 이깁니다. 그러므로 저는 인덱스 투자야말로 강력한 전략이라고 굳게 믿습니다."

더글라스 시스, 〈월스트리트 저널〉 금융 편집장

"S&P500 인덱스 펀드가 〈월스트리트 저널〉의 최고 수익률 차트 상단에 오르는 일은 절대 없을 겁니다. 하지만, 바로 이게 핵심인데, 당신이 인덱스 펀드를 5년 이상 보유할 경우, 대다수 액티브 펀드보다 더 큰 이익을 거둘 것입니다. 그리고 S&P500 인덱스 펀드가 차트의 최하단에 등장하는 일도 없을 겁니다."

찬단 센굽타, 《투자 성공의 유일하게 검증된 길》 저자

"세금 문제를 잘 고려한 뒤, 당신의 모든 주식 투자를 인덱스 펀드로 옮기는 것이 좋습니다. 가능한 한 빨리요."

윌리엄 샤프, 노벨 경제학상 수상자

"나는 인덱스 펀드를 사랑합니다."

렉스 싱크필드. DFA 공동 회장

"일관되게 뛰어난 성과를 내는 건 시장 자체뿐이며, 그런 안정된 우수함을 확보하는 유일한 방법은 제대로 분산된 인덱스 펀드 포트폴리오로 투자하는 것입니다."

래리 스웨드로, 《오늘의 성공적인 투자자》 저자

"패시브 펀드들이 더 나은 수익률을 내고 있음에도 불구하고, 금융 매체들은 여전히 자칭 전문가의 예측이나 요즘 '핫'한 펀드매니저에 집중합니다. 저는 그 이유가 단순하다고 봅니다. 액티브 매니저들이 실패하고 있다는 사실을 투자자에게 알리는 것이 월가나 금융 언론의 이익에 부합하지 않는다고 생각하기 때문입니다."

앤드류 토바이어스, 《투자 지침서, 이것 하나면 충분하다》 저자

"전문가가 다트 던지기보다 나은 성과를 내지 못한다면, (실제로 대부분 그렇습니다) 그들에게 당신의 돈을 맡길 가치가 과연 있을까요?"

제리 트웨델 & 잭 피어스, 《인덱스 펀드로 승리하라》 공동 저자

"인덱스 펀드에 성공적으로 투자하기 위해 전문가를 고용할 필요는 없습니다. 그저 인덱스 펀드에 대한 아주 기본적인 이해만 가지고도 전체 펀드의 70~80%를 꾸준히 이길 수 있습니다."

에릭 타이슨, 《투자 무작정 따라 하기》 저자

"개별 주식 포트폴리오를 고르고 관리하는 데 시간을 낭비할 필요가 없습니다. 대신, 과소평가되고 저평가된 인덱스 펀드를 통해 시장 평균수익률을 그대로 얻으십시오. 그러면 대부분의 전문가보다 더 나은 성과를 낼 수 있습니다."

제이슨 츠바이크, 〈월스트리트 저널〉 금융 칼럼니스트
"주식시장 전체를 아우르는 인덱스 펀드를 매수한 후 그대로 보유하기만 해도, 장기적으로는 거의 모든 투자자보다 더 나은 성과를 낼 수 있습니다. 이는 수학적으로 증명되었습니다. 벤저민 그레이엄은 인덱스 펀드를 개인투자자에게 가장 적합한 선택이라며 칭찬했고, 워런 버핏 역시 같은 의견을 피력한 바 있습니다."

어떤 투자상품 판매원이 당신에게 "지금 시장에서는 종목을 잘 고르는 사람이 돈을 벌기 마련이죠"라든지, "인덱스 펀드는 그저 평범한 수익밖에 내지 못합니다"라고 말한다면, 앞서 소개한 투자 분야의 저명한 전문가들이 남긴 인용문 목록을 보여주십시오. 그리고 만약 그 판매원이 "이 사람들은 진짜 투자에 대해 잘 모르는군요"라고 반박한다면, 그때는 영화 '어 퓨 굿 맨'에서 잭 니콜슨이 한 유명한 대사를 인용해 보는 것도 좋겠습니다.

"진실을 원해? 넌 그 진실을 감당할 수 없어!"

인덱스 펀드를 어떻게 살 수 있을까?

모든 인덱스 펀드가 똑같은 방식으로 운용되는 것은 아닙니다. 인덱스 펀드를 판매하는 펀드회사들도 여러 군데죠. 그중 일부는 높은 판매수수료와 연간 운용보수를 부과하기도 합니다. 그런 펀드는 절대 사지 마세요. 다시 말합니다. 판매수수료가 붙고 연간수수료가 높은 인덱스 펀드는 절대로 사지 마세요. 인덱스 펀드는 어디까지나 지수를 그대로 따라가는 것일 뿐입니다. 종목 선정 능력이나 고도의 자산운용 역량 따위는 필요하지 않습니다. '저렴함이 곧 미덕'입니다. 연간 운용보수가 0.5% 이하인 저비용 인덱스 펀드만 고려하세요. 낮으면 낮을수록 더 좋습니다.

펀드 선택의 폭을 좁히고 나면, 기본적으로 선택할 수 있는 인덱스 펀드 유형은 두 가지입니다. 일반 인덱스 펀드와 상장지수펀드ETF입니다. 4장에서 언급했듯, 우리는 대부분의 투자자들에게 ETF보다 일반 인덱스 펀드가 더 적합하다고 믿습니다.

짐작하시겠지만 우리는 보글헤드로서 뱅가드를 특히 선호합니다. 그 이유는 압도적으로 낮은 비용 구조 때문입니다. 하지만 뱅가드 외에도, 판매수수료가 없거나 저비용인 인덱스 펀드를 제공하는 신뢰할 만한 회사들이 있습니다. 고려해 볼 만한 운용사로는 피델리티, USAA, 찰스슈왑 등이 있습니다.

보글헤드와 액티브 펀드

지금까지 이 장을 읽어본 분이라면 우리가 마치 인덱스 펀드 광신도처럼 보일 수도 있겠습니다. 마치 모든 액티브 펀드는 돈 낭비일 뿐이라고 생각하는 사람인 것처럼요. 하지만 실상은 다릅니다. 우리 셋 모두 인덱스 투자가 훌륭한 투자전략이라는 점에는 전적으로 동의하지만, 동시에 액티브 펀드도 일부 보유하고 있습니다. 특히 뱅가드의 액티브 펀드를요. 뱅가드는 인덱스 펀드의 개척자로 유명하지만, 사실은 다양한 액티브 펀드 라인업도 함께 보유하고 있습니다. 그중에는 탁월한 성과를 낸 펀드들도 존재합니다.

예를 들어, '뱅가드 헬스케어 펀드'는 1984년부터 2004년까지 20년 동안 전 세계 펀드 중 가장 높은 연평균 수익률을 기록했습니다. 뱅가드의 액티브 펀드 포트폴리오는 지난 25년간 미국 전체 주식시장 지수인 윌셔5000을 연평균 0.9% 초과하는 성과를 거뒀습니다. 이 뛰어난 성과는 우수한 운용전략과 낮은 비용 구조의 결합 덕분입니다. 참고로 뱅가드의 액티브 펀드 평균 운용보수는 현재 0.28%에 불과합니다.

그렇다면 이제 패시브 투자를 포기하고 저비용 액티브 펀드로 갈아타야 할까요? 절대 아닙니다! 예를 들어, '뱅가드 헬스케어 펀드'가 눈부신 성과를 낼 때, 같은 시기 '뱅가드 미국 성장형 펀드'는 형편없는 수익률을 기록하며 1990년대 대세 상승장에서조차 부끄러운 성적을 기록한 바 있습니다. 게다가 헬스케어 펀드에 투자한다는 것은 특정 산업 섹터에 집중적으로 베팅하는 것을 의미합니다. 만약 예기치 못한 악재로 헬스케어 주식들이 급락한다면? 당신의 자산 대부분이 그 바구니 안에 있기 때문에 리스크를 피하지 못할 겁니다. 그렇게 되길 원하시나요?

또 하나 기억해야 할 중요한 점이 있습니다. 액티브 펀드가 세전수익률은 높아 보이지만, 세후수익률은 그다지 높지 않은 경우가 많습니다. 그 이유는 펀드 내에서 활발하게 매매가 이루어지면서 과세 이벤트가 자주 발생하기 때문입니다. 그래서 우리는 액티브 펀드를 보유하더라도, 반드시 연금저축, 퇴직연금 등과 같은 세금이 이연되거나 비과세되는 계좌에 보관할 것을 권장합니다.

운용보수가 낮은 액티브 펀드에 투자한다면, 더 큰 이익을 얻을 가능성도 존재합니다. 하지만 동시에 더 큰 손실이 발생할 위험도 함께 존재한다는 사실을 잊지 말아야 합니다. 세상에 공짜 점심은 없습니다. 그래서 우리는 전체 투자 자산 또는 자산 대부분을 인덱스 펀드에 넣을 것을 권합니다.

도 존재합니다. 하지만 동시에 더 큰 손실이 발생할 위험도 함께 존재한다는 사실을 잊지 말아야 합니다. 세상에 공짜 점심은 없습니다. 그래서 우리는 전체 투자 자산 또는 자산 대부분을 인덱스 펀드에 넣을 것을 권합니다.

08장

자산배분
성공적인 투자를 위한 초석

투자에 있어 가장 근본이 되는 결정은 자산의 배분이다.

주식은 얼마나 가져가야 할까? 채권은 얼마나 보유해야 할까?

현금성 자산은 얼마나 확보해야 할까?

- 존 보글

당신의 포트폴리오에서 가장 중요한 결정은 한 단어로 요약할 수 있습니다. "자산배분". 이 장에서는 당신의 목표, 투자 기간, 리스크 감내 수준, 재정 상황에 기반해 자산배분 계획을 어떻게 설계할 수 있을지 설명할 예정입니다. 더불어 이 주제에 대한 방대한 학술 연구들이 어떤 공통된 결론에 도달했는지도 함께 살펴보겠습니다.

《돈키호테》에 나오는 산초 판자는 이렇게 말합니다. "현명한 자는 내일을 위해 오늘을 준비하고, 절대로 모든 달걀을 한 바구니에 담지 않는다." 자산배분이란 바로 이것입니다. 즉, 리스크를 줄이고, 학계에서 이야기하는 '효율적 포트폴리오'를 달성하기 위한 배분 전략인 것이죠. 자산을 다양한 자산군(바구니)에 나누어 배분하는 과정입니다.

그렇다면 어떻게 해야 할까요? 우리는 스스로에게 두 가지 질문을 던지는 것부터 시작합니다. 어떤 자산에 투자할 것인가? 각 자산에 얼마만큼을 배분할 것인가? 학계에서는 이 두 질문에 대한 답을 찾기 위해 막대한 시간과 노력을 쏟아부어 왔습니다. 그 결과, 우리는 정교한 이론들을 통해 투자 대상을 고르고, 그들을 조합해 최대 수익과 최소 변동성을 추구하는 방법을 배울 수 있게 되었습니다.

효율적 시장 가설

효율적 시장 가설^{EMT}을 이해하기 위해, 우리는 1900년으로 거슬러 올라가야 합니다. 그해, 프랑스의 젊은 수학자 루이 바슐리에는 박사 논문을 통해 EMT의 씨앗이 되는 개념을 제시했습니다. EMT를 요약하면 다음과 같습니다.

"시장의 주가는 이미 모든 관련 정보를 반영하고 있기 때문에, 시장을 이기는 것은 불가능하다."

20년이 지나 주식시장을 연구한 또 다른 인물 알프레드 콜스가 등장합니다. 그는 1920년대 미국의 거대한 주식 강세장—1929년 8월에 정점을 찍고, 1932년 여름에 바닥을 친—동안 수많은 '전문가'와 주식시장 예언자의 예측을 면밀히 추적하였습니다. 콜스는 이렇게 의문을 품습니다.

"만약 전문가조차 시장을 제대로 예측하지 못한다면, 그럴 만한 이유가 있는 것이 아닐까?"

그는 1903년부터 1929년까지 금융기관이 제시한 7,500개의 주식시장 전망을 수집하여, 그 예측과 실제 주식시장 성과를 비교 분석했습니다. 그 결과는 1933년, '주식시장 예측가는 정말 예측할 수 있을까?'라는 제목의 논문으로 발표되었죠. 그 결론은 한 문장으로 요약되었습니다. "의심스럽다."

콜스의 여정은 거기서 끝나지 않았습니다. 1938년, 그는 '콜스 경제연구 위원회'를 설립합니다. 위원회는 뉴욕증권거래소NYSE에서 거래된 모든 주식에 대한 데이터를 1871년까지 소급하여 수집하기 시작했는데, 컴퓨터가 없던 1938년에 이런 작업을 해냈다는 것이 놀라울 따름입니다. 이때 수집된 데이터베이스는 오늘날까지도 귀중한 연구 자료로 활용되고 있습니다.

1944년, 콜스는 1929년부터 1943년까지 투자전문가들이 제시한 6,904건의 시장 예측을 분석한 새로운 연구를 발표했습니다. 이 연구에서도 역시, 주식시장의 방향을 성공적으로 예측할 수 있는 능력이 존재한다는 증거는 발견되지 않았습니다.

1960년대에는 시카고대학교의 교수 유진 파마가 점점 더 방대해지고 있는 주가 데이터를 정밀 분석했습니다. 그는 다음과 같은 결론에 도달합니다.

"주가는 매우 효율적으로 움직이며, 수수료 등 거래비용까지 고려할 경우, 수익이 나는 종목을 선별하는 것은 극도로 어렵다."

그리고 1973년, 프린스턴대학교의 교수 버튼 멜킬도 광범위한 연구 끝에 바슐리에, 콜스, 파마와 같은 결론에 도달합니다. 멜킬 교수는 《랜덤워크 투자수업》이라는 제목의 책을 출간했으며, 이 책은 오늘날까지도 투자 고전으로 손꼽히며 정기적으로 개정판이 출간되고 있습니다. 우리는 이 책이 진지하게 투자를 대하는 모든 이들의 책장에 반드시 있어야 할 책이라 생각합니다. 멜킬 교수는 '랜덤워크'를 다음과 같이 설명합니다.

"랜덤워크란, 과거의 움직임만으로는 앞으로의 방향이나 변화를 예측할 수 없는 과정을 말한다. 이 개념을 주식시장에 적용하면, 단기적인 주가의 변동은 예측 불가능하다는 뜻이 된다."

랜덤워크에 대한 또 다른, 훨씬 더 생생한 묘사도 있습니다.

"도로 한가운데 서 있는 술 취한 사람. 그가 앞으로 어떻게 움직일지는 그저 짐작만 할 수 있다."

주식시장이 완전히 효율적이라고 주장하는 학자는 거의 없습니다. 그런데도 주식과 채권은 가격이 워낙 효율적으로 형성되어 있기 때문에, 펀드매니저를 포함한 대부분의 투자자들이 인덱스 펀드를 이기지 못합니다. 특히 거래비용을 생각하면 그 가능성이 더욱 낮아집니다.

존 보글은 "나는 지금껏 어떤 진지한 학자, 자산운용가, 훈련된 증권분석가, 또는 지적 수준이 높은 개인투자자 중에서 EMT의 핵심 주장에 반대하는 사람을 본 적이 없습니다. 주식시장은 매우 냉정한 심판자입니다. 시장은 투자자에게 높은 기준을 제시하는데, 그 기준을 넘기는 사람이 거의 없습니다"라고 이야기했습니다.

하지만 '효율적 시장'과 '랜덤워크'라는 개념은 월가에서 금기어입니다. 왜냐하면 월가는 투자자에게 항상 "우리는 시장을 이길 수 있는 특별한 지식을 갖고 있습니다. 다만, 그 혜택을 받으시려면 수수료를 내셔야 합니다"라고 이야기하기 때문이죠. 이런 주장에 대해, 거의 모든 학계 연구진은 반대 의견을 가지고 있지만, 그들의 연구에는 광고비가 붙지 않기 때문에, 대중에게는 거의 알려지지 않았습니다.

현대 포트폴리오 이론

해리 마코위츠는 현대 포트폴리오 이론MPT의 창시자로 알려져 있습니다. 이 이론은 투자자의 포트폴리오 구성 방식을 근본적으로 변화시키는 중대한 전환점을 제공했습니다. 마코위츠는 '리스크'의 중요성을 인식했고, 이를 예상 수익률의 표준편차로 정의했습니다. 그는 리스크와 수익은 서로 밀접한 관계에 있으며, 효율적인 포트폴리오—즉, 최소한의 리스크로 최대 이익을 얻는 포트폴리오—를 만들기 위해서는 이 관계를 이해하는 것이 핵심이라고 주장했습니다.

예를 들어, 기대수익률이 동일한 두 가지 투자상품이 있다고 가정해 봅시다. A라는 종목은 꾸준히 상승하며 하락이 없습니다. 반면 B 종목은 오르락내리락 큰 변동성을 보이지만, 결국 A와 동일한 수익률을 냅니다. 당신이라면 어떤 투자를 선택하겠습니까? 대부분은 당연히 더 부드럽게 움직이는 A 종목을 선택할 것입니다. 이 개념이 바로 금융 분야에서 말하는 위험 회피 성향입니다. 결과가 같다면, 투자자는 언제나 리스크가 더 낮은 쪽을 선택하기 마련이죠.

그렇다면 투자자에게 변동성이 큰 B 종목을 사게 하려면 어떻게 해야 할까요? 더 높은 기대수익률을 제시하는 것 말고는 방법이 없을 겁니다. 이것이 바로 모든 투자자가 반드시 이해해야 할 중요한 원칙입니다. 손실 위험이 클수록, 기대수익률도 커야 한다는 사실 말이죠. 다시 말해 공짜 점심은 없다는 겁니다.

마코위츠의 가장 위대한 공헌 중 하나는, 서로 상관관계가 낮은 변동성

자산들을 섞어 포트폴리오로 구성하면, 변동성을 줄이면서 수익률은 높일 수 있다는 점을 밝혀낸 것입니다. 그는 이 연구 결과를 1952년 〈저널 오브 파이낸스〉에 발표했으며, 그로부터 38년 후인 1990년 노벨 경제학상을 수상하게 됩니다.

브린슨, 후드, 비보워 연구

1986년, 세 명의 연구자 게리 브린슨, 랜돌프 후드, 길버트 비보워는 1974년부터 1983년까지 10년 동안 91개의 대형 연금 펀드의 성과를 분석하는 공동 연구를 진행했습니다. 이들은 연금 펀드의 수익률이 다음 네 가지 요인에 의해 좌우된다고 보았습니다.

1. 투자 정책, 즉 주식, 채권, 현금 간의 자산배분

2. 개별 종목 선택

3. 시장 타이밍

4. 비용

연구 결과 주식, 채권, 현금 간의 자산배분만으로도 펀드 수익률 변동의 93.6%를 설명할 수 있다는 사실이 드러났습니다. 또한, 포트폴리오 매니저가 펀드를 액티브하게 운용하려는 시도는 오히려 수익률을 낮춘다는 것을 발견했습니다. 능동적으로 포트폴리오를 구성하면 단순히 S&P500 지수나 채권 지수, 30일 만기 국채(현금)를 보유하는 것보다 평균적으로 연 1.10% 정도 더 수익이 낮았습니다.

말할 것도 없이, 이 연구는 종목 선정과 시장 예측 능력을 내세워 막대한 이익을 얻던 금융 업계의 반발을 샀습니다. 그런데도 이 이론의 등장은 이후

자산배분의 중요성을 전문가와 일반 투자자 모두에게 인식시키는 계기가 되었습니다.

2003년, 뱅가드 그룹은 40년에 걸친 420개의 혼합형 펀드 데이터베이스를 활용하여 유사한 연구를 수행했습니다. 이 연구에서 뱅가드는 다음과 같은 사실을 밝혀냈습니다.

- 펀드 수익률의 변동성 중 77%가 전략적 자산배분 정책에 의해 결정된다.
- 시장 타이밍과 종목 선택은 상대적으로 영향이 미미하다.
- 시장 지수의 수익률이 대부분의 펀드보다 성과가 좋다.
- 높은 비용의 펀드는 낮은 비용의 펀드보다 성과가 떨어진다.

오늘날의 연구자들은 바슐리에, 마코위츠, 콜스, 파마, 보글의 연구 결과와 지난 100년간의 금융 혁신을 바탕으로 현대 포트폴리오 이론을 발전시키고 있습니다. 이론의 목표는 낮은 리스크로 높은 수익을 추구하는 '효율적 포트폴리오'를 설계하고, 투자자가 흔들리지 않고 포트폴리오를 유지할 수 있도록 지식과 확신을 제공하는 것입니다.

그럼, 이제 투자자 개인의 자산배분 계획을 함께 설계해 봅시다. 우선 우리는 다음의 네 가지 질문에 답할 수 있어야 합니다.

1. 당신의 투자 목표는 무엇인가?
2. 당신의 투자 기간은 얼마나 되는가?
3. 당신의 위험 감내 수준은 어느 정도인가?
4. 당신의 현재 재정 상황은 어떠한가?

당신의 투자 목표는 무엇인가? ─────

당신은 지금 첫 주택을 구매하기 위해 저축하고 있나요? 아니면 자녀의 대학 교육비, 또는 자신과 배우자의 안정적인 은퇴 소득을 위해 투자를 결심했나요? 어쩌면 이 셋 모두이거나, 아니면 다른 목표를 가지고 있을 수도 있습니다. 목표가 무엇이든지 간에 우리는 우리가 무엇을 위해 저축하는지, 그리고 대략 얼마가 필요한지를 명확히 아는 것이 필요합니다. 목표가 구체적이어야, 투자 계획도 그에 맞게 설계할 수 있습니다.

당신의 투자 기간은 얼마나 되는가? ─────

주식은 일반적으로 5년 미만의 단기 투자에 적합하지 않습니다. 예를 들어, 3년 후에 자녀의 대학 등록금을 내기 위해 투자하고 있다고 가정해 봅시다. 그리고 당신이 2008년 5월 강세장의 정점에서 자녀의 학자금 전액을 S&P500 인덱스 펀드에 투자했다면, 안타깝게도 9개월 뒤 그 금액은 절반 이하로 줄어들었을 것입니다. 이 같은 주식의 예측 불가능성과 높은 변동성 때문에, 투자 기간을 짧게 가져가려는 투자자에게 주식은 적합하지 않습니다. 표 8.1은 투자 기간이 길어질수록 주식시장의 손실(또는 이익) 폭이 점점 줄어드는 현상을 보여줍니다.

예를 들어, 1929년부터 2013년까지의 85년 동안 데이터를 봅시다. 최악의 1년 동안 대형 미국주식에 투자했을 경우 손실은 43%에 달했습니다. 그러나 어느 시점이든지 간에 10년의 투자 기간에는 같은 자산에 투자했더라도 손실은 최대 1%에 불과했습니다. 이러한 이유로 주식은 단기 목표를 위한 투자 수단으로는 위험하지만, 장기적인 목표를 위한 수단으로는 매우 훌륭할 수 있다는 점을 알 수 있습니다.

표 8.1 미국 대형주의 기간별 연평균 수익률 (1935-2013)

기간	최악의 수익률	최고의 수익률
1년	-43%	54%
5년	-12%	29%
10년	-1%	20%

당신의 위험 감내 수준은 어느 정도인가?

"자산배분 계획을 세울 때 가장 먼저 해야 할 일은 자신의 위험 성향을 파악하는 것이다."

- 에롤드 무디

자신의 위험 감수 성향을 아는 것은 투자에서 매우 중요한 부분입니다. 이 점은 학계에서도 깊이 있게 연구됐습니다. 연구에 따르면, 대부분의 투자자가 이익을 얻을 때의 기쁨보다 손실에 대한 두려움이 더 크다는 것이 밝혀졌습니다.

주위에 이런 사람이 있을 겁니다. 주식시장에서 손해를 볼까 두려워 아예 투자를 꺼리는 이들 말이죠. 그들은 낮은 이자에도 불구하고 정기 예금이나 은행 저축에 수십억 달러를 예치해 둡니다. 반면에 도널드 트럼프처럼 고위험 투자를 두려워하지 않는 사람도 있습니다. 그런 사람은 수억 달러를 투기성 자산에 투자하고, 심지어 파산 위험 앞에서도 태연하기까지 하죠. 투자자 대부분은 이 두 극단 사이 어딘가에 위치합니다.

자신의 포트폴리오가 본인의 위험 감수 성향에 맞는지를 판단하려면, 아래의 질문에 정직하게 답해봐야 합니다. "다음번 약세장 때 나는 매도할 것인가?" 쉽게 대답하기 어려울 겁니다. 다음 사례를 한번 봅시다.

2000년 3월 10일, 나스닥 종합 지수는 사상 최고치인 5,049포인트를 기록했습니다. 그러나 32개월 후 2002년 10월 9일, 나스닥은 1,224포인트로 폭락했습니다. 이는 고점 대비 75% 이상의 손실에 해당하는 수치였습니다. 만약 이 시기, 공포에 질려 손절매했다면 큰 손실을 확정하고 만 셈이죠. 그 후 시간이 흘러 2006년 말, 나스닥은 2,415포인트까지 회복되었지만, 여전히 이전 고점의 절반 수준에 불과했습니다.

시장이 폭락장에 진입하기 전까지는 당신이 얼마나 큰 손실을 감수할 수 있는지를 알기 어렵습니다. 일이 벌어지기 전에는 제법 큰 손실을 감내할 수 있을 것으로 생각하지만, 막상 그 상황에 놓이면 마음이 바뀔 수도 있습니다. 시장이 하락할 때, 당신도 어느 시점에서는 버티지 못하고 팔아버리고 싶다는 생각이 들 수 있습니다.

한번 상상해 봅시다. 심각한 하락장이 시작됐습니다. 당신은 지난 일주일, 한 달, 1년 또는 그 이상 당신이 힘들게 모은 돈이 점점 사라지는 것을 지켜보고 있습니다. 당신은 낙담할 겁니다. 주변에는 온통 비관적인 분위기뿐이죠. 앞으로 주가가 얼마나 더 내려갈지 전혀 감을 잡을 수 없습니다. 지금이라도 팔아야 할까요? 아니면 시장이 반등하길 믿고 계속 버텨야 할까요?

이때 TV에 나오는 이른바 전문가가 이렇게 말합니다. "시장은 더 떨어질 것이다." 신문과 잡지의 칼럼니스트도 "진짜 바닥은 아직 오지 않았다"라고 이야기합니다. 주변 친구 여럿이 주식을 처분하기 시작했습니다. 그들은 당신에게 지금이라도 팔아버리라고 충고합니다. 가족은 당신이 돈을 벌 때는 기뻐했지만, 이제는 당신의 투자 계획에 의심을 품습니다. 가족도 "더 늦기 전에 파는 게 낫지 않을까?”라며 의구심을 나타냅니다. 이것이 바로 심각한 약세장에서 흔히 겪는 상황입니다. 자, 이제 스스로에게 질문해 보세요. “나는 과연 어떻게 행동할까?” “믿음을 잃고 팔아버릴까? 아니면 꿋꿋하게 버틸 수 있을까?”

이런 상황에서 가장 큰 적은 당신의 감정입니다. 바로 이럴 때 자산배분 원칙이 중심을 잡아줄 수 있습니다. 자산배분 계획은 수익이 나지 않는 자산을 팔고 싶은 유혹, 반대로 최근 급등한 인기 펀드에 새롭게 뛰어들고 싶은 유혹을 억제해 줍니다.

만약 시장 하락에 대한 공포 때문에 팔아버릴 것 같다면, 당신의 포트폴리오는 당신의 위험 감수 성향에 부합하지 않습니다. 반대로 당신이 “아니, 나는 팔지 않을 거야. 미국 시장은 항상 약세장을 회복하고 더 높이 올랐다는 것을 알고 있으니까!”라고 자신 있게 말할 수 있다면, 당신의 포트폴리오는 당신의 위험 감수 성향에 적합할 가능성이 높습니다.

수면 테스트는 당신의 자산배분이 정말로 자신에게 적합한지 판단하는 데 매우 유용한 방법입니다. 자산배분 계획을 세울 때, 투자자는 스스로에게 다음과 같은 질문을 던져야 합니다. “이런 자산배분 상태에서, 나는 걱정 없이 편히 잠들 수 있는가?” 그 질문에 대한 답이 ‘그렇다’여야 합니다. 어떤 투자도 걱정하면서 잠을 설칠 만큼의 가치가 있지는 않습니다. 당신은 다음과 같은 사실을 분명히 이해하고 있어야 합니다. 주식과 채권은 오르기도 하고 내리기도 합니다. 이런 변동성은 시장에서 정상적인 현상이며, 감내해야 할 일입니다. 경험이 풍부한 투자자는 이런 시장 변동성을 받아들이고, 하락장에도 흔들리지 않습니다. 그리고 우리는 잘 알고 있습니다. 단지 주식과 채권의 비중을 조절하는 것만으로도 포트폴리오의 변동성을 줄일 수 있다는 사실을요. 이렇게 해서 우리는 편히 잘 수 있는 수준의 안정성까지 도달할 수 있습니다.

책에 나온 표 8.2는 1926년부터 2012년까지 다양한 비율의 주식/채권 조합에서 최대 연간 손실과 평균 연간수익률이 어떻게 달라지는지를 보여 줍니다. 공식적으로 발표되는 연간수익률 수치만 봐서는, 약세장이 오래 지속되었을 때 투자자가 실제로 겪는 복리 손실의 심각성을 알기 어렵습니다.

예를 들어, 1929년부터 1931년까지 다우 지수의 폭락을 봅시다. 1929년 -17%, 1930년 -34%, 1931년 -53%. 이와 같은 연속된 폭락을 견딜 수 있는 투자자는 거의 없습니다. (언제 하락이 끝날지 알 수 없기 때문입니다) 이러한 이유로 우리는 투자 포트폴리오에 일정 비중의 채권을 반드시 포함해야 한다고 주장합니다.

표 8.2 주식/채권 비중에 따른 최악의 연간 손실 (1926-2012)

자산배분 비율	최악의 연간 손실	평균 수익률
100% 주식	-43.1%	10.00%
80% 주식 / 20% 채권	-34.9%	9.40%
60% 주식 / 40% 채권	-26.6%	8.70%
40% 주식 / 60% 채권	-18.4%	7.80%
20% 주식 / 80% 채권	-10.1%	6.70%
100% 채권	-8.1%	5.50%

당신이 만약 2000년부터 2002년까지의 약세장이나 2007년부터 2009년까지의 약세장에서 주식을 들고 있었다면, 당신은 자신의 리스크 감

내 수준에 대해 잘 알고 있을 것입니다. 만약 당신이 손실 중인 펀드를 팔았거나 걱정 때문에 잠을 이루지 못했다면, 당신은 포트폴리오 안의 채권 비중을 더 높여야 했습니다. 반대로 만약 당신이 침착하게 대응할 수 있었다면, 아마도 당신의 포트폴리오는 적절하게 구성되었다고 볼 수 있습니다. 나아가 당신의 투자 기간이 5년 이상 남았다면, 주식의 비중을 더 높이는 것도 고려해 볼 수 있겠네요.

만약 당신이 이제 막 투자를 시작한 사람이라면, 포트폴리오가 숫자상으로 하락하는 것과 실제로 어렵게 모은 자산이 천천히 녹아내리는 것이 다르다는 것을 이해해야 합니다. 아직 당신이 약세장을 경험해 보지 못한 투자자라면, 우리는 다음과 같이 조언합니다.

당신이 생각하는 것보다 10%에서 20% 더 많은 채권을 보유하세요. 이것은 걱정에 대한 보험 역할을 하며, 잘못된 시점에 주식을 파는 실수를 방지하는 데 도움이 될 수 있습니다.

당신의 재정 상황은 어떠한가?

당신의 재정 상황은 당신이 어떤 종류의 주식을 선택할지, 또 자산배분에 있어 얼마만큼의 비중을 어떤 자산에 배분할지에 직접적인 영향을 미칩니다. 예를 들어, 연금과 향후 사회보장 수입이 확정된 투자자는 이런 자산이 없는 사람보다 은퇴 후를 위해 더 큰 자산 포트폴리오를 구성할 필요가 없습니다. 만일 당신이 이미 상당한 수준의 자산이나 큰 규모의 포트폴리오를 가진 사람이라면 더 높은 수익률을 추구하기 위해 고위험 투자에 굳이 나설 필요가 없습니다.

우리가 아는 사람 중에는 은퇴 후 모든 자산을 우량한 지방채에 분산투자한 아주 성공적인 투자자가 있습니다. 그의 말에 따르면 채권 수입만으로도 가족이 살아가는 데 충분하고도 남는다고 합니다. 이 은퇴한 전직 임원은 여행과 골프에 시간을 쓰고 싶어 하지, 복잡한 자산 포트폴리오를 관리하고 싶어 하지 않습니다. 이 정도로 단순하게 포트폴리오를 꾸미는 경우가 일반적이진 않지만, 그에게는 매우 적절한 투자 방식이라고 생각합니다. 하지만 대부분의 사람들은 예금, 적금, 채권만으로 기대한 수익률을 충족시키지 못할 겁니다. 그래서 우리는 목표를 달성하기 위해 성장성과 추가 수익을 제공하는 '주식'에 투자하는 것입니다.

개인 자산배분 계획을 설계하기

우리는 지금까지 효율적 시장 가설과 현대 포트폴리오 이론에 대해 살펴보았습니다. 아울러 효율적인 포트폴리오를 설계하는 데 필요한 네 가지 요소를 알아봤습니다. (당신의 목표, 투자 기간, 위험 감내 수준, 개인 재정 상황) 이제 이 모든 요소를 종합하여 당신만의 자산배분 계획을 직접 설계해 봅시다.

투자 자산 선택하기

주식, 채권, 현금의 구성은 성공적인 포트폴리오를 위한 입증된 조합입니다. 때때로 누군가는 파트너십, 헤지펀드, 원자재, 금괴, 선물, 옵션 등과 같은 더욱 이색적인 투자로 큰 이익을 거뒀다고 주장하기도 합니다. 하지만 우리는 그런 투자에 신경 쓰지 말라고 이야기합니다. 이러한 투자 대부분은 매우 복잡하고, 정작 투자자조차 그에 수반되는 위험을 잘 모른 채 투자하는 경우가 많습니다.

앞서 설명한 브린슨, 후드, 비보워의 연구를 기억하시나요? 그 연구에 따르면 포트폴리오의 수익률과 위험을 결정하는 주요 요소는 바로 주식, 채권, 현금 간의 비중입니다. 이 비중이 포트폴리오 수익의 무려 93.6%를 결정합니다. 따라서 우리는 이 세 가지 주요 자산군에 집중해야 합니다. 이들 간의 배분을 결정할 때 아래 세 가지 지침을 활용할 것입니다.

1. 존 보글의 간단한 가이드라인: 채권 비중=나이

2. 표 8.2에서 살펴본 주식/채권 비율에 따른 손실 가능성 및 수익률

3. 뱅가드의 온라인 설문지와 부록 IV의 자산배분 제안

이 세 가지 도구와 본인의 경험을 활용하면 장기적인 자산배분 계획에 맞는 주식/채권/현금 비중을 충분히 결정할 수 있을 것입니다. 그리고 이것이 포트폴리오를 위한 가장 중요한 결정입니다.

비율을 정확히 맞추지 못할까 봐 너무 걱정하지 않아도 됩니다. 한 자산군의 비중이 10% 더 많거나 적다고 해서 포트폴리오 수익률에 큰 영향을 주지는 않습니다. 투자는 정확도의 과학이 아니라 유연함의 과학이니깐요. 공학처럼 과거 성과가 그대로 반복되는 분야도 아닙니다. 투자에서 우리가 확실하게 이야기할 수 있는 유일한 사실은, 과거 수익률이 미래에 반복되지 않는다는 것입니다.

이제 당신의 목표가 은퇴자금 마련이라고 가정해 보겠습니다. 지금까지 논의한 모든 요소를 고려한 끝에, 당신과 배우자는 주식과 채권의 비중에 대해 서로 동의할 수 있는 적절한 포트폴리오 배분을 결정했습니다. 축

하합니다! 당신은 방금 포트폴리오 구성을 위한 가장 중요한 결정을 내린 것입니다.

주식 비중 세분화하기 ———

분산투자의 효과를 극대화하기 위해서 우리는 주식 자산의 세분화를 제안합니다. 즉, 주식 자산이 다양한 하위 범주로 구성되어 있어야 한다는 이야기입니다. 그 이유는 주식은 유형에 따라 서로 다른 시기에 서로 다른 방향으로 성과를 내기 때문입니다. 어떤 투자자도 자신의 전체 주식 포트폴리오가 부진한 자산군 하나에만 몰려 있는 상황을 원하지 않을 것입니다. 따라서 우리는 가능한 한 다양한 영역에 걸쳐 주식 자산이 구성되기를 추천합니다.

이때 유용하게 활용할 수 있는 도구가 모닝스타의 스타일 박스입니다. 표 8.3은 스타일 박스의 예시입니다. 이는 포트폴리오 내의 주식이 어떤 스타일과 규모로 구성되어 있는지를 보여줍니다. 우리는 '뱅가드 전체 주식시장 인덱스 펀드VTSAX, ETF VTI'라는 펀드를 예시로 사용하여 이 스타일 박스를 구성해 봤습니다. 이 펀드를 예시로 고른 이유는 해당 펀드가 미국 전체 주식시장을 시가총액 기준으로 거의 그대로 반영했기 때문입니다. 그래서 많은 투자자가 주식 투자 포트폴리오를 이 펀드 하나로 구성하기도 합니다.

표 8.3 뱅가드 전체 주식시장 인덱스 펀드 구성

가치주	코어주	성장주	
24%	24%	25%	대형주
6%	6%	6%	중형주
3%	3%	3%	소형주

스타일 박스는 특히 여러 개의 주식 펀드에 투자 중인 사람에게 유용합

니다. 전체 포트폴리오 내에서 어떤 스타일(가치주, 코어주, 성장주) 또는 특정 규모(대형주, 중형주, 소형주)에 과도하게 편중되거나 과소 배분되는 것을 막을 수 있습니다.

표 8.3을 자세히 보면, 미국 주식시장은 대형주가 상당 부분을 차지하고 있다는 점을 확인할 수 있습니다. 포트폴리오에서 가치주나 소형주의 비중을 다소 높이는 것이 변동성을 줄이고, 장기적으로 더 높은 수익을 가져오는 전략이 될 수 있습니다. 이러한 방식은, 전체 주식시장 인덱스 펀드에 가치주 펀드나 소형주 펀드를 추가함으로써 실현할 수 있습니다.

최근 몇 년간, 펀드운용사는 다양한 전문 섹터 펀드를 잇달아 출시했습니다. 이 펀드들은 보통 특정 시기에 인기 있는 투자 트렌드를 노리고 만들어진 경우가 많습니다. 금, 기술, 헬스케어, 에너지 등이 대표적인 전문 섹터입니다. 그러나 유념하십시오. 이런 섹터 펀드는 변동성이 매우 클 수 있습니다. 이들은 상대적으로 소수의 특정 산업에 집중되어 있고, 이 산업들은 시장 트렌드에 따라 급격히 주목받거나 외면받을 수 있기 때문입니다.

특정 산업 분야에 집중적으로 투자하는 기술 펀드는 섹터 펀드의 위험성을 보여주는 좋은 사례입니다. 1990년대 후반 강세장 동안 기술 펀드는 연간수익률이 100%를 넘는 경우도 많았고, 이는 수백만 명의 투자자를 끌어들여 그들의 포트폴리오를 기술주 및 기술 펀드 위주로 구성하게끔 했습니다. 하지만 안타깝게도 이들은 2000년부터 2002년 사이의 약세장 동안 기술주가 70% 이상 폭락하거나 파산하면서 막대한 손실을 보고 말았습니다. 주식시장에는 종종 이런 말이 돌곤 합니다.

"황소도 돈을 벌고, 곰도 돈을 번다. 하지만 탐욕스러운 돼지는 도살당한다."

만약 한두 개의 섹터 펀드를 추가하고자 한다면, 포트폴리오의 주식 투자 부분에서 섹터 펀드의 비중이 전체의 10%를 넘지 않도록 하는 것이 좋습니다. 존 보글은 이에 대해 이렇게 말했습니다.

"섹터 펀드를 한 번도 보유하지 않고 평생을 살아도, 그것이 전혀 아쉽지 않을 수 있다."

부동산투자신탁REITs은 특별한 유형의 주식입니다. 리츠 펀드는 다른 주식형 펀드와는 다른 방식으로 움직이는 경향이 있어, 상관관계가 낮다는 특성 덕분에 포트폴리오의 분산 효과를 높일 수 있습니다. 하지만 리츠 펀드 또한 주식 투자 비중의 10%를 넘지 않도록 구성하는 것이 좋습니다.

국제주식 ———

미국 주식시장은 세계 주식시총의 약 절반을 차지하고 있으며, 나머지 절반은 해외주식이 차지하고 있습니다. 해외주식은 분산투자 효과와 함께 더 높은 수익률의 가능성을 제공하지만, 동시에 정치적 불안정성, 약한 규제, 높은 거래비용, 회계 기준의 차이 등 더 많은 위험을 내포합니다. 아울러 해외주식 투자는 주식 투자임과 동시에 사실상 통화 투자의 성격을 지니고 있다는 점을 인식해야 합니다. 이 두 요소 모두 미국 시장 중심 포트폴리오에 추가적인 분산 효과를 제공합니다.

일본 주식시장의 역사는 글로벌 분산투자가 얼마나 중요한지를 보여주는 가장 명확한 사례일 수 있습니다. 1989년 말, 일본 주식시장의 시가총액은 세계 최대였고 닛케이225 지수는 39,916포인트로 사상 최고치를 기록했습니다. 그러나 22년 후, 닛케이는 8,500포인트 이하로 떨어졌고, 현재까지도 1989년의 고점을 회복하지 못하고 있습니다.* 해외주식에 투자하지 않았던 일본 투자자는 매우 안타까운 상황에 부닥쳤을 것입니다. 미국의 주식 투자자에게도 이런 일이 절대 일어나지 않을 것이라고 누가 단언할 수 있을까요? 금융투자서 작가 래리 스웨드로는 다음과 같은 현명한 조언을 남겼습니다.

"매우 가능성이 높은 일을 확실하다고 생각하지 말고, 가능성이 낮은 일을 불가능하다고 여기지 마라."

표 8.4에는 1998년부터 2013년까지 S&P500 지수와 MSCI EAFE 지수(유럽, 오스트랄라시아, 극동 아시아)의 수익률이 나와 있습니다.

표 8.4 국내지수와 해외지수 수익률 비교 (1998-2013)

연도	국내지수 수익률	해외지수 수익률	더 나은 성과
1998	28.60%	20.00%	국내
1999	21.00%	27.00%	해외
2000	-9.1%	-14.2%	국내
2001	-11.9%	-21.4%	국내
2002	-22.1%	-15.9%	해외
2003	28.70%	38.60%	해외
2004	10.90%	20.30%	해외
2005	4.90%	13.50%	해외
2006	15.80%	26.30%	해외
2007	5.50%	11.20%	해외
2008	-37.0%	-43.4%	국내
2009	26.50%	31.80%	해외
2010	15.00%	7.70%	국내

* 일본의 닛케이 지수는 2024년 7월 1989년의 전 고점을 돌파하였다.

2011	2.10%	-12.1%	국내
2012	16.00%	17.30%	해외
2013	32.40%	22.80%	국내

우리는 국내주식과 해외주식이 시기에 따라 서로 다르게 움직인다는 것을 알 수 있습니다. 하지만 매우 긴 시간으로 보면 이들의 수익률은 상당히 유사했습니다. 그렇다면 우리는 어떻게 해야 할까요? 존 보글은 《뮤추얼 펀드 상식》에서 다음과 같이 말합니다.

"해외 투자는 잘 분산된 포트폴리오에 필수적이지도, 꼭 필요한 것도 아니다. 물론 여전히 글로벌 투자에 대해 정당한 이유를 제시하는 투자자도 있다. 그러한 투자자에게는, 해외 투자 비중을 주식 투자 비중의 최대 20% 내로 제한할 것을 권한다."

우리는 투자자가 자신의 주식 투자 비중 중 20%에서 40%를 해외주식에 할당하면 분산 효과 측면에서 충분한 이익을 얻을 수 있다고 믿습니다.

채권 비중 세분화하기 ───────

3장에서 채권에 대해 자세히 다루었습니다만, 여기서는 채권투자에 있어서 어떻게 비중을 세분화할 것인지에 대해서 구체적인 제안을 하려고 합니다.

채권형 펀드

채권형 펀드에 소액을 투자할 때는 저비용의 단기 또는 중기, 양질의 채권형 펀드 한 개만으로도 충분할 수 있습니다. 이때 펀드의 듀레이션(기간 민감도)은 투자 목표까지 남은 기간과 같거나 더 짧게 설정하는 것이 좋습니다. 이렇게 하면 펀드 수익률이 마이너스로 전환될 가능성을 줄일 수 있습니다.

또한, 전반적으로 분산된 광범위한 채권형 펀드를 추천합니다. 예를 들어, 뱅가드의 '전체 채권시장 인덱스 펀드_{VBTLX, ETF BND}'는 중기 채권 펀드로, 미국 투자등급 채권시장의 대표 지수 중 하나인 '바클레이 채권 지수'의 수익률을 추종합니다. 이 펀드는 약 6,000개의 개별 채권으로 구성되어 있으며, 평균 듀레이션은 약 5년, 운용수수료는 0.10%에 불과합니다. 1986년 운용을 시작한 이래 가장 큰 연간 손실은 1994년에 기록한 -2.7%에 불과할 정도로 안정적인 실적을 보였습니다. 투자 기간이 짧거나 변동성이 걱정되는 투자자는 단기 채권 펀드를 선택하는 것이 좋습니다. 단, 이런 경우 변동성은 낮아지지만 기대수익률도 낮아진다는 점을 유념해야 합니다.

채권투자에도 공짜 점심은 없습니다. 그도 그럴 것이, 전 세계 수천 명의 숙련된 전문 채권매니저들이 채권 가격의 작은 왜곡까지도 포착하려 모니터 앞에서 실시간으로 가격을 추적하기 때문입니다. 그들은 가격이 조금이라도 왜곡되면 즉각적으로 매수 또는 매도에 나섭니다. 그 결과 채권 가격은 항상 '적정 가치'에 근접하게 됩니다.

하이일드 채권

하이일드 채권은 정크본드라고도 불리며, 안정적인 채권보다 수익률이 높습니다. 우량한 채권보다 더 높은 수익을 제공하는 것처럼 보이기 때문에, 많은 투자자들이 매력적으로 생각하기도 합니다. 그러나 우리는 다음과 같은 여러 이유로 이들을 포트폴리오에 포함하지 않습니다.

1. 채권은 기본적으로 안전성을 위한 자산입니다. 대부분의 포트폴리오가 더 높은 수익(과 위험)을 추구하는 주식을 포함합니다. 정크본드 펀드는 전통적인 고품질 채권과 주식의 중간 정도의 성격을 갖기 때문에, 포트폴리오

에서 의미가 모호합니다. 오히려 채권과 주식의 중요한 구분을 흐리게 하여 위험 관리가 더 어려워지고 맙니다.

2. 과세 대상 하이일드 채권은 모든 증권 중에서도 가장 세금 효율성이 떨어지는 자산 중 하나입니다. 면세를 위해 하이일드 채권 펀드를 은퇴 계좌(세금이 이연되거나 면제되는 계좌)에 넣는 방법도 있겠지만, 그렇게 되면 다른 자산의 절세를 위한 계좌 한도가 줄어들게 됩니다.

3. 하이일드 채권 펀드는 종종 다른 채권형 펀드보다 수익률(및 위험)이 높지만, 고품질 채권의 안전성을 포기할 의향이 있는 투자자라면, 우리는 차라리 하이일드 채권보다는 주식에 투자하라고 이야기하고 싶습니다. 즉, 같은 수준의 위험을 감수할 때 기대수익이 더 높은 자산은 주식입니다.

4. 하이일드 채권 펀드는 주식과의 상관관계가 높으므로, 전통적인 채권형 펀드보다 분산투자 효과가 작습니다. 예를 들어, 2008년 약세장에서 뱅가드의 하이일드 채권 펀드는 21.3% 하락했습니다. 이러한 이유로, 우리가 제시하는 포트폴리오 가이드에는 하이일드 채권 펀드를 포함하지 않습니다.

물가연동국채

포트폴리오 규모가 커질수록 다른 유형의 채권, 특히 물가연동국채TIPS를 고려할 것을 권하고 싶습니다. TIPS는 예상치 못한 인플레이션으로부터 보호해 주고, 분산투자 효과도 제공합니다.

뱅가드는 중기 TIPS 펀드 VIPSX와 단기 TIPS 펀드 VTAPX를 제공합니다. 만약 당신이 이러한 펀드들을 포트폴리오에 포함하기로 했다면, 구체적으로 다음과 같은 선택이 가능합니다.

- VIPSX: 더 높은 기대수익과 더 높은 위험
- VTAPX: 더 낮은 기대수익과 더 낮은 위험

다시 말하지만, 공짜 점심은 없습니다. 더 높은 수익을 원하면 더 큰 리스크를 감수해야 합니다.

표 8.5는 뱅가드의 '전체 채권시장 인덱스 펀드VBTLX'와 뱅가드 '물가연동국채 펀드VIPSX'의 연간 수익률을 보여줍니다.

2001년, 2002년, 2008년은 주식시장이 매우 나빴던 약세장 시기입니다. S&P500 지수가 2001년 -12.2%, 2002년 -22.15%, 2008년 -37% 하락했던 점을 떠올려 보십시오. 이처럼 어려운 시기에는 채권이 포트폴리오의 변동성을 완화하는 데 큰 도움이 됩니다.

표 8.5 VBTLX와 VIPSX의 연간 수익률 비교

연도	VBTLX	VIPSX
2001	8.43%	7.61%
2002	8.26%	16.61%
2003	3.97%	8.00%
2004	4.24%	8.27%
2005	2.40%	2.59%
2006	4.27%	0.43%
2007	6.92%	11.49%
2008	5.05%	-2.85%
2009	5.93%	10.80%
2010	6.42%	6.17%
2011	7.56%	13.24%
2012	4.05%	6.78%
2013	-2.26%	-8.92%

주석: 2001년, 2002년, 2008년은 주식시장에 불황이었던 해였다.
채권은 이러한 어려운 시기에 투자자들의 변동성을 완화하는 데 도움이 되었다.

포트폴리오 가이드라인

각자가 처한 상황은 투자자마다 다르기 마련입니다. 따라서 모든 상황을 아우르는 만능 포트폴리오 전략은 없습니다. 앞서 살펴본 바와 같이, 사람마다 투자 목표, 투자 기간, 위험 감수 성향, 개인 재정 상황이 다릅니다. 어떤 투자자는 본인의 퇴직연금 계좌에 제공되는 펀드에만 투자해야 하는 제약이 있기도 합니다.

이에 따라 우리는 인생의 시기별로 적용할 수 있는 8가지 간단한 포트폴리오 가이드라인을 소개합니다. 이 중 4개의 시나리오에서는 특정 펀드가 아닌 자산군으로 추천합니다. 굳이 뱅가드의 펀드에 가입하지 않더라도 참고할 수 있습니다. 나머지 4개 포트폴리오는 뱅가드 펀드를 사용한다는 가정하에 작성되었습니다. 이 포트폴리오는 다음과 같은 전제를 기반으로 합니다. 투자자는 3~12개월 치 소득에 해당하는 긴급 자금을 다른 형태로 따로 보유하고 있어야 합니다. 고소득 투자자는 세금 혜택이 있는 계좌가 가득 찼을 경우, 세금 면제 채권도 고려해야 합니다.

시나리오

청년 투자자의 자산배분

대형주	55%
중소형주	25%
중기 채권	20%

청년 투자자가 뱅가드 펀드를 사용할 경우

전체 주식시장 인덱스 펀드	80%
전채 채권시장 인덱스 펀드	20%

중년 투자자의 자산배분

대형주 펀드	30%
중소형주 펀드	15%
국제주식 펀드	10%
리츠	5%

중년 투자자가 뱅가드 펀드를 사용할 경우

전체 주식시장 인덱스 펀드	45%
전체 국제주식 인덱스 펀드	10%
리츠	5%
전체 채권시장 인덱스 펀드	20%

중기 채권	20%	인플레이션 방어 증권	20%
인플레이션 방어 증권	20%		

조기 은퇴 투자자의 자산배분

다각화된 미국주식	30%
다각화된 국제주식	10%
중기 채권	30%
인플레이션 방어 증권	30%

조기 은퇴 투자자가 뱅가드 펀드를 사용할 경우

전체 주식시장 인덱스 펀드	30%
전체 국제주식 인덱스 펀드	10%
전체 채권시장 인덱스 펀드	30%
인플레이션 방어 증권	30%

정년 은퇴 투자자의 자산배분

다각화된 미국주식	20%
중단기 채권	40%
인플레이션 방어 증권	40%

정년 은퇴 투자자가 뱅가드 펀드를 사용할 경우

전체 주식시장 인덱스 펀드	20%
단기 또는 전체 채권시장 인덱스 펀드	40%
인플레이션 방어 증권	40%

 **다른 사람들은 이렇게 말합니다.**

존 보글, 《뮤추얼 펀드 상식》 저자

"자산배분은 매우 중요합니다. 하지만 비용도 그에 못지않게 중요하죠. 이외의 요소는 상대적으로 중요하지 않습니다."

프랭크 암스트롱, 《정보에 입각한 투자자》 저자

"투자자가 가진 자산배분 전략과 기조는 다른 모든 투자 결정을 압도할 만큼 중요합니다."

윌리엄 번스타인, 《투자의 네 기둥》 저자

"자산배분에 진정으로 능숙해지고 싶다면, 인터넷을 끄고 컴퓨터를 닫으세요. 대신, 서점이나 도서관으로 당장 달려가십시오. 몇십 시간 동안 책에 빠지고 나면 비로소 자산배분에 능숙해질 것입니다."

조너선 클레멘츠, 〈월스트리트 저널〉 칼럼니스트

"월스트리트의 복잡한 쓰레기는 잊으세요. 대신, 주식과 채권, 머니마켓펀드에 충실하세요."

게리 긴슬러, 미국 증권거래위원회(SEC) 위원장

"본인의 자산배분 계획을 살펴보십시오. 만일 당신이 각 자산군에 어느 정도 투자했는지, 왜 그렇게 투자했는지 모른다면, 당신은 투자에 있어 뭔가 큰 실수를 하고 있는 게 분명합니다."

AAII 뮤추얼 펀드 가이드

"주식시장은 오르내리지만, 언제 급락하거나 급등할지는 알 수 없습니다. 하지만 자산을 올바르게 배분했고 충분한 비상 자금을 보유했다면, 크게 걱정할 필요는 없습니다."

월터 굿, 《인덱스, 투자 성공으로 가는 길》 저자

"장기투자 계획의 수립은 아마도 당신이 내릴 수 있는 가장 중요한 투자 결정 중 하나일 것입니다."

버튼 멜킬, 《랜덤워크 투자수업》 저자

"당신이 투자하면서 내려야 할 가장 중요한 결정은 인생의 각 단계에 맞춰 주식, 채권, 부동산, 머니마켓 등의 비중을 어떻게 가져갈 것인가입니다."

존 메릴, 《시장을 이기는 투자법》 저자

"포트폴리오 수익률을 결정짓는 가장 중요한 요소는 자산군을 어떻게 조합하는가에 달려있습니다. 이는 어떤 주식이나 펀드를 선택하는지

보다 훨씬 더 중요합니다."

빌 슐타이스, 《커피하우스 투자자》 저자

"분산투자에서 가장 중요한 것은 자산배분 전략을 고수하는 것입니다. 확고한 전략은 당신이 연말에 자산을 리밸런싱하면서 임의로 자산을 매수하거나 매도하는 것을 막아줍니다."

찰스 슈왑, 찰스슈왑증권 창립자

"자산배분 모델을 신중하게 선택하세요. 자산배분은 당신의 전체 수익률을 결정짓는 가장 큰 요소입니다."

09장
비용의 중요성
늘 낮게 유지하기

상위 25% 성과를 달성하는 가장 빠른 길은
하위 25% 수준의 비용을 유지하는 것이다.

- 존 보글

우리는 보통 무언가에 더 많은 돈을 지급하면 더 많은 것을 얻을 것이라고 믿습니다. 하지만 투자를 할 때는 그렇지 않습니다. 수수료, 비용, 각종 지출 등으로 우리가 지급하는 1달러는 곧 투자 수익에서 빠져나가는 1달러입니다. 따라서 투자 비용을 최대한 낮게 유지하는 것이 무척 중요합니다.

투자자 대부분은 투자에 수반되는 다양한 종류의 비용에 대해 거의 알지 못합니다. 미국 주식시장 전체에서 발생하는 연간 총 투자 비용은 약 3,000억 달러에 이르는 것으로 추정됩니다. 이 금액에는 자문수수료, 중개수수료, 고객수수료, 판매수수료, 법률 비용, 마케팅 비용, 증권처리 비용, 거래비용 등이 포함됩니다. 여기서 말하는 3,000억 달러에 세금은 포함되지 않습니다. 세금에 대해서는 10장과 11장에서 다룰 예정입니다.

간이 상품설명서에 명시된 수수료

모든 펀드의 간이 상품설명서에는 다양한 수수료와 비용이 명시되어 있습니다. 우선 이를 정확히 이해해 보도록 하겠습니다. 그리고서 거의 알려지지 않고 거의 공개되지도 않는, 펀드의 거래비용에 대해서도 살펴보겠습니다. 더스트리트닷컴의 수석 에디터 스티븐 슈어는 이렇게 말합니다.

"수수료 때문에 발생하는 죽음(손해)은 생각보다 많다. 하지만 이는 분기별 펀드 보고서에 절대 드러나지 않는다."

그래서 우리는 여기서 수수료 항목을 하나하나 짚어보려 합니다. 이는 우리가 어떤 수수료를 살펴봐야 하는지, 어떤 것을 줄여야 하는지, 무엇을 피해야 하는지를 설명하기 위함입니다.

구매 시 부과되는 판매수수료

많은 투자자가 펀드를 구매하면서 선취수수료, 즉 판매수수료를 지급합니다. 이런 종류의 수수료는 투자 금액이 많을수록 낮아질 수 있습니다. 예를 들어, 많은 펀드회사가 13개월 이내에 10만 달러 이상을 투자하는 경우 판매수수료를 1% 낮춰줍니다. 투자 금액이 많을수록 더 큰 감면을 받을 수 있고, 아주 큰 금액을 투자하는 경우 판매수수료가 아예 면제되기도 합니다.

선취수수료의 심각한 단점은 이 수수료가 실제로 투자되는 금액을 줄인다는 것입니다. 예를 들어, 투자자가 10,000달러로 펀드에 가입했고, 그 펀드의 선취수수료가 5%라면 실제로 투자되는 금액은 9,500달러가 됩니다. 그 후 신문에서 펀드가 10% 수익률을 올렸다는 기사를 보고, 투자자는 '좋아, 작년에 1,000달러를 벌었군'이라고 생각할 수 있습니다. 하지만 실제 수익은 950달러(9,500달러×10%)입니다. 즉, 실제로는 10% 수익이 아닌 9.5% 수익인 셈입니다. 앞으로 선취수수료가 붙은 펀드의 수익률 목록을 볼 때는, 그 수익률 수치가 판매수수료를 반영하지 않아 과대평가되었다는 사실을 기억하십시오.

이연 판매수수료 ─────

이연 판매수수료는 흔히 후취수수료라고 불립니다. 조건부 이연 판매수수료가 일반적인데, 이 수수료의 총액은 투자자가 펀드를 보유하는 기간에 따라 달라집니다. 일반적으로 보유 기간이 길수록 수수료는 감소하다가, 일정 기간 이상 보유하면 0%가 되는 식이죠. 선취수수료와 달리 후취수수료에서는 투자금 전액이 즉시 투자됩니다. 하지만 이연 판매수수료가 부과되는 펀드에는 일반적으로 연 단위의 마케팅 및 판매 관련 수수료[12b-1]가 함께 붙습니다.

예를 들어, 5%의 후취수수료가 있다고 해봅시다. 투자자가 펀드 지분을 1년 미만 보유하면 수수료는 5%입니다. 1년 이상 2년 미만 보유하면 수수료는 4%로 줄어듭니다. 이렇게 해마다 수수료가 줄어들며, 일정 기간이 지나면 사라지게 됩니다. 이를 두고 투자자는 시간이 지나면 수수료가 완전히 사라진다고 생각합니다. 하지만 사실은 그렇지 않습니다. 이런 종류의 펀드에서는 마케팅 및 판매 관련 수수료가 이미 지급됐기 때문입니다.

이연 수수료는 일반적으로 원래의 투자 금액 또는 환매 시점의 펀드 가치 중 더 낮은 금액에 대해 부과됩니다. 그러나 일부 펀드회사는 단순히 환매 시점의 금액에 대해서만 수수료를 부과하기도 하는데, 이는 일반적으로 최초의 투자 금액보다 큽니다. 따라서 자신이 투자하려는 펀드에서 이연 수수료가 어떻게 계산되는지 정확히 파악하십시오. 간이설명서를 주의 깊게 읽어야 합니다.

무수수료 펀드 ———

무수수료 펀드No-Load Funds는 커미션이나 판매수수료를 부과하지 않습니다. 그러나 어떤 종류의 펀드라도 운용을 위한 비용은 발생하기 마련입니다. 그래서 비용 충당을 위해 다음처럼 다양한 방법으로 수수료를 부과합니다. 다음은 펀드가 부과할 수 있는 수수료에 대한 간략한 설명입니다.

구매수수료

일부 펀드는 펀드가 주식을 구매하는 시점에 구매수수료를 부과합니다. 이러한 수수료는 주식 또는 펀드의 지분을 구매할 때 투자자 본인이 구매에 따른 비용을 부담해야 한다는 논리에 기반합니다. 한 연구에 따르면 평균적으로 펀드 지분 구매 시 발생하는 비용은 1%를 초과하는 것으로 추정됩니다. 이렇게 들어온 구매수수료는 장기투자자의 이익을 위해 사용됩니다.

전환수수료

일부 펀드는 동일한 펀드 그룹 내의 다른 펀드로 전환하는 것에 수수료를 부과합니다. 이러한 전환수수료는 빈번한 거래로 인한 비용 발생 및 단기투자를 억제하는 효과가 있습니다. 전환수수료 역시 장기투자자의 펀드 운영비용을 낮추는 데 활용됩니다.

계좌수수료

일부 펀드는 투자자에게 계좌 유지 비용을 부과하기도 합니다. 예를 들어,

펀드의 잔고가 운영사가 설정한 최소 금액 밑으로 떨어지면, 그 계좌를 유지하는 데 발생하는 비용을 보전하기 위해 소액 계좌 수수료를 부과합니다.

환매수수료

환매수수료는 투자자가 펀드 지분을 환매할 때 부과되는 수수료입니다. 이수수료는 단기차익을 노리는 마켓 타이머들을 억제하기 위해 사용됩니다. 반면, 장기투자자에게는 유익합니다. 환매수수료, 매입수수료, 전환수수료는 모두 브로커가 아닌 펀드 자체로 귀속되며, 단기투자자에게 불리하고, 장기투자자에게 유리하도록 설계되어 있습니다.

운용수수료

운용수수료는 펀드의 자산 규모에 비례해서 투자자문사 또는 운용사에게지급됩니다. 펀드 자산에서 빠져나가는 이 수수료에는 구매수수료, 전환수수료, 계좌수수료, 환매수수료 등이 포함되지 않습니다.

마케팅 및 판매 관련 수수료

마케팅 및 판매 관련 수수료[12b-1]는 펀드 자산에서 마케팅 및 판매 촉진 그리고 때에 따라 주주 서비스 비용을 충당하기 위해 청구됩니다. 이 수수료는 미국 증권거래위원회[SEC]의 규정 Rule 12b-1에 따라 허용되어 12b-1 수수료라 불립니다. 종종 이 수수료는 판매수수료를 숨기기 위한 꼼수라는 비판을받기도 합니다. 증권거래위원회는 12b-1 수수료가 0.25% 미만인 경우, 해당펀드를 무수수료 펀드로 인정합니다.

기타 비용

이 항목은 운용수수료나 12b-1 수수료에는 포함되지 않는 연간 운용비용으로, 여기에는 수탁 비용, 법률 비용, 회계 비용, 이관 대행수수료 및 기타 행정 비용 등이 포함됩니다.

운용수수료, 12b-1 수수료, 기타 비용을 합한 것을 펀드의 총 연간 운용비용이라고 합니다. 이 비용을 펀드의 평균 순자산 대비 비율로 표시하기도 하는데, 이를 총 연간 운용비용 비율이라고 합니다. 이런 운용비용 비율은 펀드 운용사나 모닝스타, 금융정보 사이트 등에서 확인할 수 있습니다. 모든 펀드는 투자설명서에 이 비율을 의무적으로 공개해야 합니다.

펀드의 투자설명서 읽기 ———

상기의 수수료를 전부 부과하는 펀드는 없습니다. 하지만 어떤 수수료가 어느 비중으로 적용되는지는 반드시 알아야 합니다. 이를 알 수 있는 유일한 방법은 펀드의 투자설명서를 읽는 것입니다. 증권거래위원회는 수수료 및 비용 정보가 투자설명서의 앞부분 몇 페이지 안에 명시되도록 규정하고 있습니다.

투자설명서에 명시되지 않은 수수료 ————————

이제부터는 펀드의 투자설명서에서 거의 찾아볼 수 없는 펀드 비용을 살펴보겠습니다.

숨겨진 거래비용 ———

펀드는 증권을 매수하거나 매도할 때마다 비용이 발생합니다. 이러한 거래

비용은 펀드의 회전률에 비례하여 발생하며, 브로커 수수료, 매도/매수 가격 차이, 시장 충격 비용 등으로 구성됩니다. 이들 비용을 모두 합치면, 투자설명서에 공개된 운용보수나 기타 수수료보다 훨씬 클 수 있습니다.

브로커 수수료 ——

'미국 주식형 펀드의 포트폴리오 거래비용'이라는 연구에서 제이슨 카르체스키, 마일스 리빙스턴, 에드워드 오닐은 다음과 같은 사실을 밝혔습니다. "펀드매니저들은 평균적으로 펀드 자산의 0.38%에 달하는 브로커 수수료를 부과함."

소프트 달러 수수료 ——

일부 펀드운용사는 판매 브로커와 소프트 달러 협약을 맺습니다. 이 협약은 브로커가 증권을 최적의 가격에 판매하는 것 외에도 브로커가 펀드매니저에게 제공하는 각종 혜택에 대한 수수료도 포함할 수 있습니다. 문제는 이 '소프트 달러 수수료'가 직원 급여, 출장, 접대 및 식사 비용 등 사실상 펀드 운영비에 포함되어야 할 항목을 감추는 데 사용된다는 점입니다. 이러한 비용은 실제로는 펀드의 총비용에 포함되어야 함에도, 이런 식으로 감춰지곤 합니다. 이는 펀드 운용의 투명성을 떨어뜨리는 요인입니다.

스프레드 비용 ——

증권을 매매할 때, 브로커의 수수료 외에도 숨겨진 스프레드 비용이 존재합니다. 스프레드 비용은 시장에서 발생하는 매수호가와 매도호가의 차이에서 발생합니다. 2004년 제로알파그룹의 연구로 밝혀진 바에 따르면 일반적인 매수/매도 호가 간의 연간 평균 스프레드는 0.34%였습니다. (인덱스 펀

드의 경우 0.06%에 불과했습니다)

시장 충격 비용 ———

펀드매니저들은 일반적으로 증권을 대규모 블록 단위로 매매합니다. 이에 따라 현 시세에서 제시된 수량보다 더 많은 주식(또는 채권)을 사거나 팔아야 하는 경우가 생깁니다. 결과적으로, 매수 시에는 매도자를 충분히 확보하기 위해 기존 시장 가격보다 높은 가격을 제시해야 하고, 매도 시에는 매수자를 확보하기 위해 더 낮은 가격에 팔아야 하는 상황이 발생합니다.

리서치회사 바라Barra의 연구에 따르면, 자산 규모가 5억 달러이고 연간 회전율이 80~100%인 주식형 펀드는 시장 충격 비용 때문에 연간 3~5%의 손실을 볼 수도 있다고 밝혔습니다. 또 다른 연구자인 클리포드 다우는, 펀드 거래의 시장 충격 비용이 거래 금액의 0.5%에서 최대 20%까지 다양할 수 있다고 밝혔습니다.

회전율이란? ———

회전율이란 펀드매니저가 1년 동안 얼마나 자주 매매하는지를 나타냅니다. 회전율이 100%라는 것은, 펀드가 보유하고 있는 주식을 12개월마다 한 번씩 전량 매매한다는 뜻입니다. 회전율이 높다는 것은 그만큼 브로커 수수료, 스프레드, 시장 충격 비용, 관리 비용 등 다양한 비용이 커질 수 있음을 의미합니다. 따라서 이에 따른 세금 부담도 일반적으로 증가하기 마련입니다.

여러 연구에 따르면, 회전율이 낮은 펀드가 회전율이 높은 펀드보다 평균 수익률에서 우위를 보인다고 밝혀졌습니다. 펀드의 회전율은 펀드설명서를 읽어보거나 담당자에게 직접 문의하여 알 수 있습니다.

증권사가 부과하는 랩 수수료도 언급할 필요가 있습니다. 랩 서비스는 개인 자산관리 서비스를 원하는 투자자에게 판매되며, 2% 이상의 수수료가 부과되기도 합니다. 이는 선택한 펀드의 기존 운용비용 외에 추가로 부과되는 것이며, 결국 이중으로 전문가 수수료를 지급하는 꼴이 됩니다. 랩 서비스는 추천할 만한 것이 못됩니다. 랩 계좌는 피하십시오.

모든 비용을 종합하면 ────

보시다시피, 미국의 주식형 펀드에는 다양한 비용이 존재합니다. 그중 다수는 눈에 잘 띄지 않는 숨겨진 비용입니다. 주식형 펀드가 청구하는 총비용을 파악하기 위해서는, 존 보글과 보글 리서치 센터가 정리한 자료를 참고하는 것이 좋습니다.

비용 표 주식형 펀드의 전체 비용

주식형 펀드의 비용	총자산에서 차지하는 비율
자문수수료	1.1%
기타 운영 비용	0.5%
총 비용 비율	1.6%
거래 비용	0.7%
기회 비용	0.4%
판매수수료	0.6%
연간 총비용	3.3%

시카고의 투자회사인 이봇슨어소시에이츠Ibbotson Associates는 1926년부터 2004년까지 미국 주식의 연평균 복리 수익률은 10.5%였다고 보고했습니다. 여기에 펀드의 평균 연간 총비용을(3.3%) 빼면, 평균적인 투자자는

7.2%의 연복리 수익률을 얻게 됩니다. 다시 말해, 펀드의 수수료가 우리의 투자 수익 중 거의 1/3에 달하는 부분을 가져간다는 뜻입니다. 상황은 더 나쁠 수도 있습니다!

비용은 그대로인데, 많은 전문가의 예측처럼 향후 수익률이 더 낮아지는 상황이 오면, 투자 비용이 전체 수익에서 차지하는 비중은 더 증가할 수 있습니다.

이해를 돕기 위한 예시를 들어보겠습니다. 25세의 청년 테드는 저축이 전혀 없는 상태에서 직장 생활을 시작했습니다. 은퇴 시점인 65세까지 매년 3,500달러씩 연금저축에 투자하기로 결심했습니다. 총 투자 기간은 40년입니다.

블룸버그 은퇴 계산기를 사용해 물가상승률을 반영하지 않은 상태로 계산해 봅시다. 테드가 주식의 장기 평균 수익률인 10.5%를 유지할 경우, 그는 1,961,795달러를 모을 수 있습니다. 멋지죠! 하지만 펀드 비용으로 인해 평균 수익률이 7.2%로 낮아진다면, 테드의 손에 떨어지는 것은 고작 788,745달러에 불과합니다. 절반도 안 되는 금액입니다!

물론 테드는 은퇴 후에도 투자를 멈추지 않을 것입니다. 만약 그가 1,961,795달러의 자산을 가지고 10.5%의 수익률을 계속 유지한다면, 그는 매년 205,988달러의 수익을 누릴 수 있을 것입니다. 하지만 수수료로 수익률이 7.2%로 줄어들어 자산이 788,745달러밖에 되지 않는다면, 그가 은퇴 후 거둘 수 있는 수익은 겨우 56,790달러밖에 되지 않습니다. 수수료를 가정하지 않았을 때의 1/3도 안 되는 금액입니다!

이처럼 비용은 정말 중요합니다! 책의 다른 부분에서도 언급했듯이, 앞으로 주식시장에서 10.5%의 수익을 올릴 것이라 가정하고 계획을 세우는 것은 현명하지 않습니다. 미래의 주식시장 수익률이 어떻게 되든, 비용이 적은 것이 높은 것보다 무조건 좋습니다.

낮은 비용의 이점 활용하기

이처럼 비용을 낮게 유지하는 것이 얼마나 큰 이점이 되는지 알았다면, 이제 실제로 활용해야 할 때입니다. 우리는 비용이 적고 회전율이 낮은 인덱스 펀드를 찾아야 합니다. 물론 ETF나 비용이 적고 회전율이 낮은 액티브 펀드도 고려 대상에 들어갈 수 있습니다.

낮은 비용이 수익률 예측의 지표가 됨

우리는 이미 낮은 비용이 수익률을 개선한다는 사실을 확인했습니다. 그러므로 낮은 비용이 미래 수익률을 예측하는 데 있어 가장 신뢰할 수 있는 지표라는 게 놀랄 일이 아닙니다. 물론, 미래에 어떤 펀드가 높은 수익을 낼지를 미리 알아내는 완벽한 방법은 존재하지 않습니다. 만약 그런 시스템이 있었다면, 우리는 그걸 써서 평생 부를 누리며 살 수 있겠죠. 투자는 확률 게임이라는 점을 떠올려 봅시다. 낮은 비용의 펀드를 선택하는 것이 대부분의 투자자보다 더 나은 수익을 낼 '확률'을 높여줍니다.

금융산업의 전문가를 위한 리서치를 수행하는 회사 파이낸셜리서치는 미래 펀드 수익률을 예측할 수 있는 11가지 요인을 분석했습니다. 이들이 분석한 항목은 다음과 같았습니다.

- 모닝스타 별 등급
- 자산 규모
- 과거 수익률
- 알파(초과 수익률)
- 총비용 비율
- 베타(변동성 민감도)
- 회전율
- 표준편차
- 펀드매니저의 재직 기간
- 샤프 비율
- 순자금 유입

연구 결과는 어땠을까요? 미래 수익률을 예측하는 데 신뢰할 수 있는 유일한 지표는 놀랍게도 총비용 비율 하나였습니다. S&P 역시 비슷한 연구를 진행한 바 있습니다. 그들은 9개의 모닝스타 스타일 박스에 속한 미국의 주식형 펀드를 분석했습니다. 그리고 이들을 비용에 따라 나눠보았습니다. 결과는 어땠을까요? 9개 범주 중 8개에서, 비용이 적은 펀드가 비용이 많은 펀드보다 더 높은 수익률을 기록했습니다. 비교 기간을 1년, 3년, 5년, 10년으로 바꾸어 비교해 봤지만, 결과는 같았습니다. 이러한 패턴은 채권형 펀드에서도 유사하게 나타났습니다.

비용이 가장 중요하다

이 장에서는 펀드를 선택할 때 낮은 비용이 얼마나 중요한지 배웠습니다. 우리는 수수료가 높은 펀드를 피하고, 비용이 적은 인덱스 펀드를 골라야 합니다. 펀드의 공시된 비용을 확인하기 위해 항상 투자설명서를 읽으십시오. 펀드의 회전율도 반드시 확인해 숨겨진 거래비용을 예측하십시오.

랩 어카운트는 사용하지 말아야 합니다. 펀드의 성과는 펀드의 비용에 반비례합니다. 낮은 비용이 성과를 예측하는 데 유용한 유일한 단서입니다.

비용이 가장 중요하다는 사실, 절대 잊으면 안 됩니다.

 **다른 사람들은 이렇게 말합니다.**

AAII 뮤추얼 펀드 가이드

"수수료가 있는 펀드는 평균적으로 항상 무수수료 펀드보다 성과가 낮습니다."

프랭크 암스트롱, 《정보에 입각한 투자자》 저자

"랩 어카운트는 자존심에는 좋을 수 있어도, 경제적으로는 나쁜 선택입니다."

그레고리 베어 & 게리 겐슬러, 《위대한 펀드의 함정》 공동 저자

"투자 비용의 대부분은 감춰져 있습니다. 수수료나 커미션을 위해 누군가에게 직접 수표를 쓸 일이 없기 때문입니다."

윌리엄 번스타인, 《투자의 네 기둥》 저자

"금융산업이 당신을 위해 일한다고 착각하지 마십시오. 지금 당신은 금융산업과의 잔혹한 제로섬 게임에 참여하고 있습니다. 그들이 빼앗아가는 모든 커미션, 수수료, 거래비용은 당신에게서 영원히 사라지는 돈입니다."

존 브레넌, 전 뱅가드 CEO

"투자자라면 누구나 비용에 신경 써야 합니다. 왜냐하면 그것이 당신의 수익을 직접적으로 줄이기 때문입니다. 단순한 원리죠."

리처드 페리, 《불황 속에서 자산을 지키는 법》 저자

"솔직히 말해, 대부분의 투자회사는 당신에게 돈을 벌어주는 것이 아니라, 당신에게서 돈을 벌기 위해 존재합니다. 커미션과 수수료를 절약하면 그 돈은 고스란히 당신의 수익으로 돌아갑니다."

아서 레빗, 미국 증권거래위원회(SEC) 위원장

"일부 펀드의 높은 소유 비용은 가장 치명적인 해악이라 이야기할 수 있습니다. 0.1% 단위로 표시되어 언뜻 얼마 되지 않은 비용처럼 보입니다만, 평생 누적되면 수만 달러의 손실을 초래하죠."

버튼 멜킬, 《랜덤워크 투자수업》 저자

"단언컨대, 많은 금융 서비스 회사가 당신이 실제로 지급하고 있는 총비용을 숨기려 안간힘을 쓰고 있습니다. 당신이 추가로 내는 모든 비용은 당신의 투자 자산에서 빠져나가는 것입니다. 펀드의 성과를 예측하는 신뢰도 높은 지표는 펀드의 비용, 단 하나입니다."

제리 트웨델 & 잭 피어스, 《인덱스 펀드로 승리하라》 저자

"돈을 더 내면 더 나은 서비스를 받을 것이라 기대하지 마십시오. 월스트리트는 이 논리가 거꾸로 작동하는 유일한 장소입니다. 더 큰 비용을 낼수록, 수익률은 낮아집니다."

10장

세금을 신경 쓰세요
(I. 펀드 과세)

세금이 펀드 수익률에 미치는 중대한 영향은
너무 오랫동안 간과되었습니다.

- 존 보글

9장에서 우리는 펀드 수익률을 감소시키는 비용의 중요성에 대해 배웠습니다. 이번 장에서는 어쩌면 가장 큰 비용이 될 수 있는 세금에 대해서 다루려고 합니다. 펀드에 세금이 어떻게 부과되는지를 이해하게 되면, 수익률에 미치는 세금 부담을 상당히 경감시킬 수 있는 전략을 세울 수 있습니다. 존 템플턴 경은 이렇게 이야기했습니다.

"모든 장기투자자에게 단 하나의 목표는 '세후 총수익의 최대화'이다."

세금의 치명적인 영향

세금이 펀드의 수익률을 어떻게 감소시키는지에 대한 연구는 지금껏 무수히 이루어졌습니다. 가장 오랜 기간에 걸친 연구 중 하나는 찰스슈왑이 의뢰

한 것으로, 1963년부터 1992년까지의 30년간의 데이터를 분석한 것입니다. 해당 연구의 주요 내용은 이렇습니다.

세금이 이연되는 연금저축과 같은 계좌에 투자된 1.00달러는 30년 후 21.89달러로 불어납니다. 반면, 일반과세 계좌에 투자된 1.00달러는 30년이 지나도 9.87달러밖에 되지 않습니다.

세금이 복리 효과에 생각 이상의 영향을 끼친다는 이야기입니다. 세금의 영향이 제한적일 것으로 생각할 수도 있지만 장기수익률 차원에서는 그 영향이 결코 적다고 할 수 없습니다.

존 보글 역시 2009년 3월에 15년 동안의 자료를 분석하여 비슷한 연구 결과를 발표했습니다. 주식형 펀드의 세전수익률은 평균 5.4%였습니다. 이들의 연간 세금 부담은 1.7%여서 세후수익률은 3.7%로 하락했습니다. 같은 기간, 세금 효율이 높은 '뱅가드 500 인덱스 펀드'는 세전수익률 6.7%를 기록했고 세후수익률은 6.1%였습니다.

이보다 최근에 발표된 2013년 6월 연구를 봅시다. 15년 동안의 자료를 분석한 이 연구의 결과에 따르면 액티브 펀드의 연간 세금 부담은 0.70~1.20%지만, 패시브 펀드는 0.51%에 불과했습니다. 그나마 다행인 것은 펀드 수수료와 마찬가지로, 세금 역시 우리가 통제할 수 있는 비용이라는 점입니다. 이번 장과 다음 장에서는 세금을 줄여 투자 수익을 극대화하는 방법을 배워보겠습니다.

펀드에 대한 세금 부과 방식

펀드에 대한 세금을 최소화하기 위해서는 정부가 펀드와 펀드 보유자에게 어떻게 과세하는지를 이해해야 합니다. 여러분이 거주하는 지역의 소득세율과 규정을 고려하면 설명이 너무 복잡해지니, 이 부분은 제하고 설명하도록 하겠습니다.

우선 과세 대상이 되는 펀드 수익에 대해서 살펴봅시다. 국세청은 두 가지, 배당금과 자본이득에 과세합니다. 두 항목을 동일한 방식으로 과세하지 않습니다. 우리는 이 차이를 이해해야 합니다.

주식 배당금

주식 배당금은 펀드 수익의 주요 원천입니다. 신뢰할 수 있는 자료가 처음으로 제공된 1926년 이래, 배당금은 전체 수익의 약 35%를 차지해 왔습니다. 2013년 3분기 기준으로 S&P500 구성 종목의 84%가 배당금을 지급하고 있습니다. 2003년에 발효된 '감세 및 경기부양 조정법' 이전에는 주식 배당금은 투자자의 한계소득 세율에 따라 과세되었습니다. 해당 조정법은 미국 대형 기업이 지급하는 배당금, 즉 '적격 배당금'에 대한 세율을 인하하는 내용을 담고 있었습니다. 덕분에 투자자는 배당금에 대한 세금감면 혜택을 받는 것과 같은 효과를 얻게 되었습니다. 2014년 기준으로, 적격 배당금에 대한 최고 세율은 다음과 같습니다.

- 소득세율이 10% 또는 15%인 구간에 해당하는 금액에는 0%의 세율이 적용됩니다.
- 15%를 초과하지만 39.6% 미만인 소득세율 구간에 해당하는 금액에는 15%의 세율이 적용됩니다.

• 소득세율이 39.6% 이상인 구간에 해당하는 금액에는 20%의 세율이 적용됩니다.

이처럼 적격 배당금에 대해 낮은 세율이 적용되기 때문에, 수익이 일반 소득세율로 과세되는 채권에 비해 주식의 세금 효율성이 더 높습니다. 이러한 이유로, 일반적으로는 주식은 과세 계좌에, 채권은 세금우대 계좌에 배치하는 것을 권해드립니다.

세금에 민감하신 투자자라면, 투자하려는 주식형 펀드가 '적격 배당금'을 지급하는 기업에 투자하고 있는지를 확인하십시오. 이는 해당 펀드의 운영사를 통해 확인할 수 있습니다. 미국 기업이 지급하는 배당금은 대부분 적격 배당금에 해당합니다. 예를 들어, 2013년 뱅가드의 '전체 주식시장 인덱스 펀드'에서 발생한 배당금의 약 95%는 적격 배당금이었습니다. 반면 '전체 국제주식 인덱스 펀드'의 경우 배당금 중 약 68%만 적격 배당금이었습니다. 글로벌 주식형 펀드의 경우에는 외국 납부 세액공제를 통해 일정 부분 세금 부담을 줄이실 수 있습니다. 앞서 언급한 두 개의 전체 시장 인덱스 펀드는 세금 효율성이 매우 높습니다. 따라서 이런 종류의 펀드는 과세 계좌에서 보유해도 괜찮습니다.

채권 배당금 ―――

채권형 펀드의 배당금은 실제로는 채권 수익(이자)이지만, 주주에게 분배될 때는 '배당금'으로 표현됩니다. 하지만 이 배당금은 국세청이 정한 적격 배당금에 해당하지 않기 때문에, 세율 혜택을 받을 수 없습니다. 따라서 이를 과세 계좌에 보유하게 되면, 발생하는 배당금은 투자자의 한계 소득세율(최고 39.6%)에 따라 과세됩니다.

그렇다면 세금에 민감한 투자자들은 어떻게 할까요? 가능한 경우, 과세 대상 채권은 세금이 유예되거나 면제되는 연금저축이나 퇴직연금 계좌에 보관합니다.

자본이득 ———

이제 주식과 채권의 배당금에 대해 전반적으로 이해하셨다면, 다음은 자본이득을 살펴볼 차례입니다. 자본이득이란 주식이나 채권의 가치가 상승함에 따라 매도하면서 발생하는 이익을 뜻합니다. 즉, 주식이나 채권을 매입한 가격보다 높은 가격에 매도했을 때 발생하는 차액입니다. 반대로 매입가보다 낮은 가격에 매도했다면, 그 차액은 자본손실이라고 부릅니다.

자본이득과 손실의 실현

펀드매니저는 펀드가 보유하고 있는 증권을 매도할 때마다 거의 항상 자본이득 또는 손실을 실현합니다. 펀드의 회계연도가 끝나면, 매니저는 포트폴리오 내에서 증권을 매도함으로써 발생한 모든 이익과 손실을 합산합니다. 그 결과가 순이익이라면, 해당 자본이득은 펀드 가입자에게 분배되며 국세청 양식에 따라 보고됩니다. 만일 합산 결과가 순손실에 해당할 때는, 펀드매니저는 해당 손실분을 향후 연도에 발생할 수익과 상계하기 위해 이연 처리하게 됩니다.

미실현 자본이득 또는 손실

실현되지 않은 자본이득은 펀드매니저가 증권을 매도하지 않은 시점 기준의 잠재적 수익을 의미합니다. 현재 증권의 시장가치가 매니저가 매입한 가격보다 높다면, 실현되지 않은 이익을 보유한 것으로 간주합니다. 반대로 현재 시장가치가 매입가보다 낮다면, 이는 실현되지 않은 손실을 의미합니다. 실현되지 않은 이익과 손실은 합산되어 미실현 자본이득 또는 손실로 표시되며, 이는 펀드의 투자설명서나 재무제표에서 확인할 수 있습니다.

미실현 자본이득 또는 손실이 세금이 미치는 영향

과세 계좌에서 펀드를 매수하기 전에, 투자자는 해당 펀드가 보유한 미실현 자본이득의 규모를 확인해야 합니다. 미실현 이익은 언제든지 실현될 수 있으며, 특히 회전율이 높은 펀드에서는 그럴 가능성이 높습니다. 다음은 이와 관련된 최악의 사례를 보여주는 예시입니다. 제이슨 츠바이크가 〈머니〉에 기고한 '뮤추얼 펀드 세금 폭탄'이라는 기사에서 다음과 같은 사례가 소개됩니다.

"1998년 11월 11일, 샌프란시스코의 한 의사가 'BT 인베스트먼트 퍼시픽 베이슨 에쿼티'라는 펀드에 5만 달러를 투자했습니다. 그런데 불과 7주 뒤인 1월, 그는 투자 인생 최대의 충격을 경험합니다. 투자 원금 5만 달러에 대해, 이 펀드는 22,211.84달러의 과세 대상 자본이득을 배당했습니다. 문제는 이 자본이득이 모두 단기 이익이었다는 점입니다. 그가 고소득 의사였기 때문에 자본이득에 최고 소득세율인 39.6%가 적용되었습니다. 결과적으로 그는 연방세로 거의 9,000달러, 거주지인 캘리포니아주 세금으로는 1,000달러를 추가로 부담해야 했습니다."

제이슨이 기사에서 소개한 사례는 극단적이지만, 펀드의 자본이득 분배가 어떻게 예기치 못한 대규모의 세금을 발생시킬 수 있는지를 잘 보여줍니다. 그렇다고 미실현 자본이득이 있는 모든 펀드를 회피해야 하는 것은 아님니다. 세금 관리형 펀드의 경우에는 종종 미실현 자본이득이 크더라도 세금 효율적인 경우를 볼 수 있습니다. 그런 펀드의 경우 매니저가 이익이 발생한 증권의 매도를 의도적으로 미루기도 하고, 손실이 난 증권을 매도해 미실현 자본이득을 상쇄함으로써 세금 효율성을 유지합니다.

단기 및 장기 자본이득

단기 자본이득이란 12개월 이하로 보유한 증권 또는 펀드의 지분을 매도하여 발생한 이익을 의미합니다. 반대로 장기 자본이득은 1년을 초과하여 보유한 증권이나 펀드 지분을 매도했을 때 발생하는 이익을 말합니다. 문제는 단기 자본이득과 장기 자본이득의 세율이 다르다는 점입니다. 따라서 이 차이를 정확히 이해하는 것이 세금 전략에 매우 중요합니다.

단기 자본이득은 일반 소득세율(투자자의 최고 한계세율)로 과세되며, 장기 자본이득은 최대 15%로 과세되게 되어 있습니다. 즉 장기 자본이득의 경우 세금 부담이 약 절반에 불과할 수 있다는 이야기가 됩니다. 따라서 펀드에 대한 세금을 줄이는 가장 쉽고 효과적인 방법의 하나는 12개월 이상 보유하는 것입니다. 즉, '구매 후 보유Buy-and-hold' 전략은 과세 계좌에서 매우 효과적인 전략입니다.

펀드 회전율과 세금

앞서 살펴보았듯이, 펀드가 보유 중인 증권이 매도되어 이익이나 손실이 실현되지 않는 한 자본이득세는 발생하지 않습니다. 따라서 세금에 민감한 투자자는 회전율이 낮은 펀드를 선호하게 됩니다. 회전율이 낮으면 다음과 같은 두 가지 세금 상의 장점이 있습니다.

1. 회전율이 낮다는 것은 증권을 더 오랜 기간 보유하고 있음을 의미합니다. 이는 실현 자본이득을 줄여 과세 대상 이익이 줄어드는 효과를 가져옵니다.

2. 매도된 증권도 장기 보유에 해당할 가능성이 높아집니다. 따라서 세율이 낮은 장기 자본이득세가 적용될 가능성이 높습니다.

과세 계좌에서 세금 효율성을 극대화하려면 다음을 따르십시오.

- 배당금이 적은 펀드를 우선 고려하십시오.
- 적격 배당금 비율이 높은 펀드를 우선 고려하십시오.
- 회전율이 낮은 펀드를 우선 고려하십시오.
- 세금 효율적인 인덱스 펀드와 세금 관리형 펀드를 우선 고려하십시오.

과세 계좌에서의 투자

세금에 민감한 투자자는 일반적으로 세금이 유예되는 은퇴 계좌를 최대한 활용합니다. 그러나 불행히도 적지 않은 수의 투자자가 국세청에서 승인한 은퇴 계좌 자격을 갖추지 못하거나, 자격이 있더라도 납입한도 등의 이유로 적지 않은 자산을 과세 계좌에 넣어야 하는 경우가 있습니다.

앞서 언급했듯이, 과세 계좌에서 펀드를 운용할 때는 세금 효율이 높은 펀드나 ETF를 선택해야 합니다. 세금 효율성은 상대적인 개념입니다. 핵심은 투자자가 보유한 펀드 중 세금 효율성이 가장 낮은 펀드를 세금우대 계좌에, 세금 효율성이 가장 높은 펀드를 과세 계좌에 배치하는 것이 좋습니다. 표 10.1은 어떠한 자산군이, 어떠한 펀드가 세금에 있어 효율적인지를 나열한 것입니다. 참고하십시오.

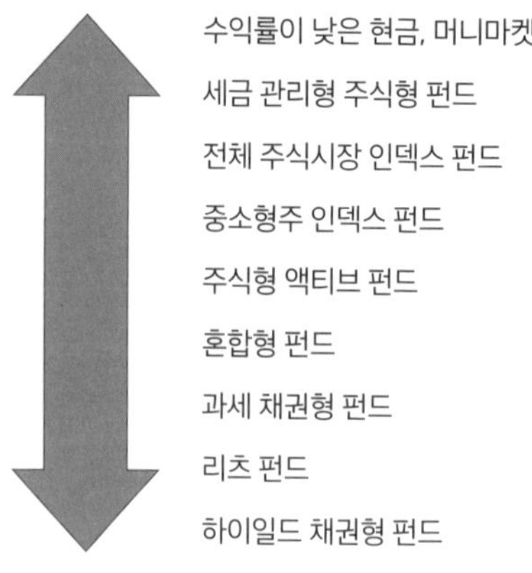

현재 펀드운용사는 세전과 세후수익률을 투자설명서에 의무적으로 기재하게 되어 있습니다. 따라서 투자자는 투자설명서를 보고 과세 계좌에 보유하려는 각 펀드의 세금 효율성을 신중히 검토해야 합니다.

과세 계좌에는 장기 보유 자산만 배치하십시오. 비용과 세금 측면을 모두 고려했을 때, 과세 계좌에서 수익이 발생한 펀드를 매도하거나 다른 펀드로 교체하는 일은 피해야 합니다. 그 주기가 잦으면 곤란합니다. 그 이유는 과세 계좌에서 수익이 난 펀드를 매도할 때마다 거래비용과 양도소득세가 부과되기 때문입니다. 양도소득세를 낸 후에는 재투자할 수 있는 금액이 줄어들고, 그 줄어든 금액으로 더 높은 수익을 낼 수 있는 대체 펀드를 고르는 것은 무척 어렵습니다.

과세 계좌에는 인덱스 펀드나 세금 관리형 펀드를 배치하십시오. 액티브 펀드를 과세 계좌에 두는 것은 문제가 있습니다. 과거 실적이 좋았다고 해서 미래에도 계속 좋은 실적을 낼 것이라는 보장이 없기 때문입니다. 피델리티의 마젤란 펀드를 떠올려 보십시오. 한때 세계에서 가장 크고 수익률이 뛰어난 펀드였던 마젤란 펀드는 십여 년간 S&P500 지수를 압도했습니다. 지금도 여전히 뛰어난 매니저들이 마젤란 펀드를 이끌고 있음에도 불구하고, 최근 수익률은 매우 실망스럽습니다. 2013년 12월 31일 기준, 마젤란 펀드의 지난 10년간 세후 연평균 수익률은 4.0%에 불과합니다. 이는 동일 유형의 펀드 가운데 하위 2%에 해당하는 성적입니다. 반면, 단순히 지수를 추종하는 패시브 펀드인 뱅가드의 '500 인덱스 펀드'의 세후수익률은 7.29%로, 이는 상위 22% 수준입니다.

과세 계좌로 마젤란 펀드에 투자했다면 투자자는 선택의 여지가 없는 상황에 봉착합니다. 세금 효율도 떨어지고 수익률도 낮아 높은 세금을 부담하며 계속 펀드를 보유하거나 양도세를 감내하고 펀드를 교체해야 하기 때문이죠.

평균적으로 펀드매니저는 대략 5년에 한 번씩 자리를 옮깁니다. 5년이면 펀드매니저가 바뀐다는 뜻입니다. 특정 매니저의 성과를 보고 펀드를 선택한다고 하더라도, 시간이 지나면 펀드를 다른 사람이 운용하게 될 가능성이 높습니다. 따라서 기존의 실적이 계속 유지된다는 보장도 없습니다.

이러한 문제에 대한 가장 좋은 해결책은 과세 계좌에는 저비용, 낮은 회전율, 세금 효율성이 높은 인덱스 펀드를 배치하는 것입니다. 이런 펀드는 개별 종목을 고르는 펀드매니저의 운이나 실력에 의존하지 않으며, 벤치마크 지수를 그대로 반영하고, 장기 보유가 가능합니다. 이처럼 인덱스 펀드는 비용도 낮고 세금도 효율적이기 때문에 신뢰할 수 있는 선택지입니다.

세금 관리형 펀드로 세금을 절약하는 법

대부분의 펀드 성과 데이터는 세전 기준이며, 거의 모든 펀드매니저들은 세전수익률을 기준으로 보상을 받습니다. 매니저가 증권을 거래하면서 발생하는 세금은 펀드 가입자에게 전가되기 마련입니다. 따라서 펀드매니저들에게는 가입자의 세금을 절약해야 할 인센티브가 거의 없는 것이죠.

1980~1990년대 주식 강세장은 펀드매니저들에게 큰 이익을 가져다준 시기였습니다. 많은 매니저들이 장기투자보다는 단기매매를 하는 트레이더처럼 주식을 사고팔았죠. 이들 중 상당수 매니저는 연간 회전율이 200%를 넘었는데, 이는 평균적으로 각 주식을 약 6개월만 보유했다는 것을 의미합니다. 매니저가 수익이 난 주식을 매도할 때마다, 그 이익은 주주에게 그대로 귀속되어 그대로 과세 대상이 됩니다. 펀드 가입자는 세금 신고일에 이르러서야 자신의 이익 상당 부분이 세금으로 심각하게 잠식되고 있음을 깨닫게 됩니다. 이런 일들이 빈번해지자 세금을 줄이고 세후수익률을 높이도록 운용되는 펀드에 대한 수요가 새롭게 생겼습니다.

여기서 등장한 것이 바로 세금 관리형 펀드입니다. 세금 관리형 펀드는 다음과 같은 다양한 절세 기법을 활용해 가입자의 세금을 줄이거나 없앱니다.

- **낮은 회전율**: 많은 세금 관리형 펀드는 인덱스 중심의 운용 방식을 사용합니다. 덕분에 인덱스 투자 고유의 장점인 저비용(더 높은 수익)과 낮은 회전율을 달성할 수 있습니다.
- **고가선출법(Highest-In, First-Out) 회계 방식**: 세금 관리형 펀드의 매니

저는 원가가 가장 높은 주식부터 매도하여, 주주에게 귀속되는 자본이득을 최소화합니다.

- **세금손실 실현**: 손실이 난 주식을 매도해 세금 상 손실을 확보합니다. 향후 수익이 난 주식의 자본이득과 상계하여 자본이득을 줄이는 전략입니다.

- **저배당주 선택**: 배당금을 받더라도 이를 펀드 운용경비를 충당하는 데 우선 사용합니다. 그리고 남은 금액이 주주에게 지급되는 방식입니다. 주주는 이를 과세 대상 소득으로 신고해야 하므로, 배당이 거의 없거나 없는 주식을 선택하면 세금을 최소화할 수 있습니다.

- **장기 보유를 통한 세율 절감**: 미국의 경우 12개월 이하로 보유한 증권을 매도할 때 단기 이익에 따른 과세를 적용하는데, 이는 장기 이익에 대한 과세보다 두 배 더 높습니다. 이런 이유로 세금 관리형 펀드는 증권을 1년 이상 보유하려고 합니다.

- **환매수수료 부과**: 세금 관리형 펀드는 주식 거래에 따른 자본이득과 거래비용의 증가를 방지하기 위해 종종 환매수수료를 부과하기도 합니다.

직접 포트폴리오의 세금을 관리해 보기—당신이 활용할 수 있는 전략들 ——

투자자는 주식이나 채권, 또는 펀드의 수익률을 통제할 수 없습니다. 그러나 세금을 포함한 비용은 통제할 수 있습니다. 대부분의 투자자는 "세금은 너무 복잡해서 이해할 수 없다"라고 포기해 버리고 말죠. 하지만 몇 가지 기본 규칙만 이해하면, 대부분은 펀드의 세후수익률을 크게 높일 수 있습니다. 우리에게 가장 중요한 '세후수익률'을 말입니다. 개인 포트폴리오를 운용할 때도, 세금에 민감한 펀드매니저들이 활용하는 것과 같은 절세 기법을 직접 적용해 보십시오.

- **매매 회전율을 낮게 유지하라**: 우리는 과세 계좌에서 펀드를 사고파는 것이

자본이득세를 발생시킨다는 것을 알고 있습니다. 따라서 가능하면 '영원히' 보유할 수 있는 펀드를 매수하십시오.

· **과세 계좌에는 세금 관리형 펀드만 사용하라**: 과세 계좌에서는 세금 관리형 펀드만 사용하십시오. 일반적으로 매매 회전율이 낮은 인덱스 펀드나 세금 관리형 펀드가 이에 해당합니다.

· **단기 이익을 피하라**: 단기 이익은 장기 이익보다 약 두 배 높은 세율로 과세 됩니다. 따라서 수익이 난 주식은 12개월 이상 보유 후에 매도하십시오.

· **분배금 지급일 이후에 펀드 매수**: 펀드는 최소 연 1회 과세 대상 분배금을 지 급합니다. 분배금 지급일 직전에 펀드를 매수하면, 해당 분배금에 대한 세 금을 내야 합니다. 반면 지급일 이후에 매수하면(시장 변동이 없다고 가정 할 때) 매수 금액은 같지만, 분배금에 대한 세금을 피할 수 있게 됩니다.

· **분배금 지급일 전에 펀드 매도**: 분배일 전에 매도하면 약간의 세금 상 이점을 가져올 수 있습니다.

· **이익이 난 주식은 해를 넘겨 매도**: 12월에 주식을 매도하면 해당 연도 세금 신고 시 세금을 납부해야 합니다. 하지만 단순히 1월까지 기다리는 것만으 로도 세금 납부 시기가 1년 뒤로 연기됩니다. 세금은 가능한 한 늦게 내는 것이 유리합니다.

· **세금 상 손실 실현**: 이는 과세 계좌에서 손실이 난 증권을 매도하여 세금 상 손실을 확보하고, 이를 통해 현재와 미래의 소득세를 줄일 수 있습니다.

세금손실 실현 ———

투자운용사 퍼스트쿼드런트First Quadrant는 500개의 자산을 대상으로 25년 간의 수익률을 조사하였습니다. 여기서 세금손실 실현의 효과가 얼마나 되 는지 파악해 보았습니다. 그 결과, 세금손실 실현은 단순 보유 전략 대비 큰 이점을 제공한다는 사실을 발견했습니다.

손실을 실현하는 것만으로도, 일반적인 시장 상황에서 매수/보유 전략만 구사하는 포트폴리오보다 약 27% 정도 수익이 높았습니다. 심지어 자산을 전부 청산한 후에도 14% 정도 더 성과가 좋았습니다.

세금손실 실현이 어떻게 작동하는지 이해하기 위해 다음과 같은 상황을 가정해 봅시다. 현재 12월이고, 올해 동안 과세 계좌에서 펀드를 매도하여 2,000달러의 자본이득을 실현했다고 합시다. 또 다른 펀드는 6,000달러의 손실이 난 상태입니다. 이때 다음과 같은 시나리오를 가정해 봅시다.

1. 연말 전에 6,000달러 손실이 난 펀드를 매도합니다.

2. 그 손실 중 2,000달러를 사용해, 수익이 난 펀드의 2,000달러 이익을 상계합니다. 이렇게 하면 4,000달러의 손실 잔액이 남습니다.

3. 남은 손실 중 3,000달러(법적으로 허용되는 최대치)를 사용해, 올해 소득세 신고서 1페이지에 보고되는 과세소득을 줄입니다. 그러면 손실 잔액은 1,000달러가 됩니다.

4. 이 1,000달러의 잔액은 자본손실로 이연하여 다음 해 세금 신고에 활용할 수 있습니다.

손실이 난 펀드를 다시 매수하고 싶다면, 31일을 기다려야 합니다. 만일 31일 이전에 해당 펀드를 다시 매수하면 세금손실이 무효가 됩니다. 이러한 무효 처리를 워시 세일wash sale이라고 부릅니다. 이 31일 대기 기간 동안, 손실 펀드 매도 대금은 머니마켓펀드에 넣어둘 수 있습니다. 일부 투자자는 31일 동안 시장에 참가하지 않는 것을 우려하기도 합니다. 이 경우, 동일하지는 않지만 유사한 펀드를 매수하면 됩니다. 세금손실 실현에 대한 더 자세한 내용은 보글헤드 포럼에서 확인할 수 있습니다.

　　이번 장에서는 펀드 투자자에게 영향을 미치는 다양한 세금에 대해 알아보았으며, 과세 대상 투자에서 이러한 세금을 최소화하는 데 도움이 되는 여러 전략과 투자 방법에 대해서도 살펴보았습니다. 이제 다음 장으로 넘어가, 세금우대 계좌를 활용하는 추가 절세 전략을 살펴보도록 하겠습니다.

11장
세금을 신경 쓰세요
(II. 절세를 위한 포트폴리오 전략)

투자자가 지급하는 모든 비용 중에서,
세금이 총수익을 가장 크게 잠식하는 것일지도 모른다.

- 뱅가드 그룹

세금우대 계좌 활용하기

대부분의 투자자에게 있어 세금을 최소화하는 가장 좋은 방법은, 국세청이 은퇴 저축을 장려하기 위해 특별히 설계한 은퇴 계획 프로그램을 활용하는 것입니다. 우리가 스스로 은퇴자금을 마련하지 않으면, 결국 정부나 가족이 부담을 떠안게 될 것입니다. 다행히 현재 우리에게는 세금을 줄일 수 있는 여러 가지 은퇴 계획이 마련되어 있습니다. 하지만 이러한 계획은 끊임없이 바뀌고 있으며, 지나치게 복잡하다는 단점이 있죠.

예를 들어, 미 국세청의 발간물은 세금 신고 시 사용할 연금저축 지침을 담고 있는데 매우 복잡합니다. 따라서 현재 존재하는 수많은 은퇴 계획의 세부 내용을 모두 설명하는 것은 불가능합니다. 다만, 여기서는 가장 인기 있는 옵션의 주요 규정을 개괄적으로 살펴보고, 각자의 상황에 맞춰 적절한 계획을 세울 수 있도록 안내하려고 합니다.

퇴직연금 401(k) 플랜[*]

401(k) 플랜은 퇴직연금 제도의 일종으로, 직원이 자신의 임금 일부를 세전 기준으로 해당 플랜에 납입하도록 하는 제도입니다. 연간 납입한도는 23,500달러이며, 만 50세 이상 직원은 연간 7,500달러의 추가 납입이 허용되어 총 납입한도가 31,000달러까지 늘어납니다.

일반적으로 납입한도는 직원이 가입한 퇴직연금 플랜의 납입 총액을 기준으로 결정됩니다. 고용주가 납입하는 금액은 포함되지 않습니다. 이는 직원의 소득세 신고에서도 빠지게 됩니다.

401(k) 플랜의 장점

- 다른 은퇴 계획과 병행 가능
- 자동 원천징수
- 납입 금액 조정 가능(유연성)
- 직원 납부금은 항상 100% 본인 소유
- 대부분 고용주가 매칭 납입 제공
- IRA(개인형 퇴직연금)보다 높은 납입 한도
- 투자 옵션 선택 가능(대체로 펀드)
- 긴급 인출을 위한 대출 가능
- 이직하는 경우 401(k)를 IRA나 새 고용주의 401(k)로 이전 가능

[*] 한국의 퇴직연금과 유사

・채권자 청구로부터 보호

401(k) 플랜의 단점

・행정 및 투자 비용이 많이 드는 편

・일부 플랜은 고용주 매칭이 없음

・투자 옵션이 많지 않을 가능성

・정보와 조언이 부족한 경우가 많음

・자본이득이 일반 소득으로 전환되어 과세

・자금 접근 제한이 발생할 소지

장점이 많은 401(k) 플랜이지만 한 가지 큰 문제가 있습니다. 바로 '높은 비용'입니다. 많은 직원(그리고 고용주)이 자신의 퇴직연금에 수반되는 실제 비용을 잘 알지 못합니다. 비용 대부분이 명세서에 잘 표시되지 않기 때문입니다. 401(k) 플랜의 수수료와 비용은 일반적으로 다음 네 가지 범주로 나눌 수 있습니다.

1. **플랜 관리수수료**: 기록 관리, 회계, 법률, 신탁 서비스 등에 사용되는 비용입니다.

2. **투자수수료**: 투자수수료는 401(k) 플랜의 비용 중 가장 큰 비중을 차지합니다. 이는 플랜의 자산운용과 관련된 비용으로, 투자 자산이 크면 이에 비례해 증가합니다. 이는 계좌에서 직접 차감되는 것이 아니라 투자 수익에서 공제되는 간접 비용 형태로 지급되어 잘 인식되지 않습니다.

3. **개별 서비스 수수료**: 관리 및 투자 비용에 포함되지 않는 개별 서비스에 대해 부과되는 수수료입니다. 예를 들어, 401(k)를 담보로 대출을 받는 경우 이에 대한 서비스 수수료가 부과될 수 있습니다.

4. **판매수수료**: 상당한 비용을 차지할 수 있으나, 종종 공개되지 않는 경우가 많습니다.

이 모든 것을 합쳐 보면, 작은 규모의 401(k) 플랜이라도 운용비용이 상당히 높다는 것을 알 수 있습니다. 이 비용을 누가 부담할지는 고용주가 결정하며, 회사가 부담할 수도 직원이 부담할 수도 또는 양쪽이 이를 나눌 수도 있습니다. 하지만 실제로는 대부분 가입자가 모르는 사이에 수익이 줄어드는 형태로 비용을 떠안게 됩니다. 이런 점 때문에 차라리 IRA(연금저축)나 다른 투자 방식이 더 효율적으로 고려되기도 합니다.

숨겨진 수수료와 비용을 찾는 방법

만약 당신의 401(k) 플랜이 계좌 내 투자 자산을 당신이 직접 운용할 수 있도록 허용하는 형태라면 운용사는 판매수수료를 포함한 모든 펀드의 관리 비용이 명시된 투자설명서를 제공해야 합니다. 또한, 플랜 관리자는 부과될 수 있는 기타 거래수수료 및 비용에 대한 설명도 제공해야 합니다.

계좌 명세서는 보통 최소 연 1회 제공됩니다. 만약 연간 명세서를 받지 못한다면, 반드시 요청하십시오. 명세서 제공이 지연되거나 누락되는 것은 좋은 신호가 아닙니다. 이는 당신의 플랜이 위험한 상황임을 알리는 경고일 수도 있기 때문입니다.

당신의 401(k) 요약 설명서에는 해당 플랜이 제공하는 혜택과 운영 방식이 명시되어 있습니다. 관리 비용의 지급 주체가 당신인지, 아니면 고용주인지도 알 수 있습니다. 만약 고용주가 비용을 부담한다면, 이는 고용주가 직원 복지를 신경 쓰고 있다는 긍정적인 신호입니다. 요약 설명서는 일반적으로 직원이 401(k) 플랜에 처음 가입할 때 제공됩니다.

모든 401(k) 플랜은 매년 Form 5500이라는 일련의 공식 보고서를 제출해야 합니다. 이 문서에는 플랜의 자산, 부채, 수입, 지출에 관한 정보가 포함되어 있으며, 플랜이 지급한 총 관리수수료와 기타 비용도 표시됩니다. 하지만 투자 성과에서 차감된 비용, 또는 귀하의 개별 계좌에서 처리된 수수료와 비용은 표시되지 않습니다. 또한, 고용주가 부담한 비용도 표시되지 않습니다. 플랜 관리자에게 세부 명세를 요청할 수 있으며(비용이 부과될 수 있음), 이를 통해 숨겨진 내용을 확인할 수 있습니다.

일반적으로 401(k) 플랜은 많은 투자 옵션을 제공하지 않습니다. 일반적으로는 주식, 채권, 펀드, 머니마켓펀드, 확정금리 투자 계약GIC, 회사 주식, 은행 계좌, CD양도성 예금증서 등이 포함됩니다. 하지만 401(k) 플랜이 제공하는 저비용 펀드 옵션이 충분치 못합니다. 그래서 401(k)를 가지고는 분산된 자산배분 계획을 세우기가 쉽지 않습니다.

만일 당신이 이 챕터에서 다루는 401(k)의 비용과 관련된 내용이 기대와 다르다면 (너무 복잡하다면) 다음과 같은 단순화된 프로세스로 접근해 보시기를 추천해 드립니다.

1. 회사 매칭 한도까지 401(k)에 투자하십시오. 회사 매칭은 절대 놓쳐서는 안 되는 공짜 돈입니다.

2. 자격이 된다면, IRA(개인형 퇴직연금)에 최대한도까지 투자하십시오.

3. 그다음, 401(k)에 최대한도까지 불입하십시오.

4. 추가 자금은 세금 효율적인 펀드에 투자하십시오.

전통적인 IRA는 은퇴를 위해 저축하면서 세금 혜택을 받을 수 있는 개인형 퇴직연금 계좌입니다. IRA에 불입하는 금액은 전부 또는 일부가 세금공제 대상이 될 수 있습니다. IRA 계좌에 발생한 수익은 인출 시점까지 과세되지 않으며, 세금공제를 받은 납부금 역시 인출 전까지 과세되지 않습니다. IRA는 펀드회사, 은행, 보험사, 증권사 등 다양한 금융기관에서 개설할 수 있습니다.

납입한도는 전통적 IRA와 Roth IRA(연금저축)를 합산하여 총 5,500달러까지 가능합니다. 만 50세 이상은 추가 납입이 허용되어 총 6,500달러까지 납입할 수 있습니다. 납입한도는 물가상승률에 따라 매년 조정됩니다. 부부 공동으로 세금 신고를 하고 특정 요건을 충족하면, 부부 합산 납입액이 적용되어 개인 한도의 두 배까지 납입하는 것이 가능합니다. 직장에서 퇴직연금에 가입한 경우, 소득 수준에 따라 공제액이 줄어들거나 없어질 수 있습니다. 고소득 근로자도 공제액이 줄거나 사라질 수 있습니다.

IRA 인출 규정

Roth IRA를 제외한 모든 IRA 인출금은 투자자의 한계 소득세율에 따라 과세됩니다. 전통적 IRA에서 만 59½세 이전에 돈을 찾으면 10%의 세금이 벌금으로 부과됩니다. 다만, 법률상 다음과 같은 경우에는 10% 인출 벌금이 면제됩니다.

- 조정 총소득의 7.5%를 초과하는 미 보상 의료비가 있는 경우

....

** 한국의 개인형 퇴직연금(IRP)와 유사

- 인출금이 의료보험 비용을 초과하지 않는 경우

- 장애인인 경우

- 사망한 IRA 소유자의 수익자인 경우

- 연금 형태로 받는 경우

- 일정 한도 내의 고등 교육비로 사용하는 경우

- 인출금을 첫 주택 구매, 건축, 재건축에 사용하는 경우(부부 합산 최대 20,000달러까지)

연금저축(Roth IRA)[***]

Roth IRA는 전통적 IRA와 마찬가지로 개인형 연금저축 계좌지만, 작동 방식이 다소 상이합니다. 예를 들어, Roth IRA에 납입하는 금액은 세금공제가 되지 않습니다. 반면 전통적 IRA 납부금은 공제가 되거나 안 될 수 있습니다. 납입 금액에 대한 세금공제는 없지만 계좌의 수익은 과세되지 않습니다. 이는 전통적 IRA와 Roth IRA 모두 동일합니다.

결국, 차이는 인출 시점의 과세 방식에서 발생합니다. 전통적 IRA는 인출금 전액이 과세 대상인 반면, Roth IRA의 경우 인출금 전액이 비과세 대상입니다. 정리하면 Roth IRA는 납입 시점에서 세금을 내고, 은퇴 후 찾을 때 세금을 내지 않는 방식입니다.

세후수익을 극대화하기 위한 자산 배치 전략

어떤 투자자는 세금 혜택이 있는 은퇴 계좌만 보유하고 있고, 또 어떤 투자자는 과세 계좌만 보유하고 있습니다. 아니면 세금이 이연되는 계좌(퇴직연

*** 한국의 연금저축과 유사

금, 연금저축)와 과세 계좌를 모두 보유하고 있는 경우도 있습니다. 어떤 상황에서도 적절한 자산을 적절한 계좌에 배치하는 것이 세후수익을 극대화하는 데 매우 중요합니다.

그 규칙은 간단합니다. 세금에 비효율적인 자산부터 세금이연 계좌에 넣고, 나머지를 과세 계좌에 배치하는 것입니다. 다음은 자산 유형을 세금 효율성 순서로 나열한 목록입니다. 표에는 가장 세금 비효율적인 자산(상단)에서 가장 세금 효율적인 자산(하단)까지 나열되어 있습니다.

고수익 채권

국제 채권

과세 대상 국내 채권

물가연동채권(TIPS)

부동산 투자 신탁(REITs)

혼합형 펀드

단기 매매용 주식 계좌

소형 가치주

소형주

대형 가치주

국제주식

대형 성장주

대부분의 주식형 인덱스 펀드

세금 관리형 펀드

비과세 채권

펀드 배치의 중요성을 간단한 예시로 설명해 보겠습니다. 당신이 총 10만 달러 규모의 포트폴리오를 가지고 있다고 가정해 봅시다. 주식형 펀드에

5만 달러, 채권형 펀드에 5만 달러를 넣었습니다. 그런데 당신의 세금이연 은퇴 계좌에는 최대 5만 달러만 넣을 수 있습니다.

앞서 살펴본 자산 목록을 봅시다. 일반적으로 채권형 펀드가 주식형 펀드보다 세금 효율성이 낮습니다. 따라서 채권형 펀드는 은퇴 계좌에 넣고, 나머지 주식형 펀드는 과세 계좌에 넣는 것이 바람직합니다.

이제 30년 후 결과를 나타낸 표 11.2를 보겠습니다. 30년 뒤 세후 자산 가치는 1,005,451달러입니다. 이번에는 반대로 해보겠습니다. 채권형 펀드를 과세 계좌에, 주식형 펀드를 은퇴 계좌에 넣어 보는 거죠. 표 11.3에서 볼 수 있는 것처럼 세후 자산가치는 886,430달러입니다. 즉, 주식과 채권 펀드를 잘못된 계좌에 넣음으로써 당신의 포트폴리오 가치는 119,021달러(= 1,005,451달러-886,430달러)만큼 감소하게 됩니다. 이처럼, 자산의 올바른 배치는 세후수익을 크게 좌우하는 매우 중요한 전략입니다.

표 11.2 과세 계좌에서 주식을 운용했을 때의 결과

항목	과세 계좌의 주식	비과세 계좌의 채권	합계
초기 가치	50,000달러	50,000달러	100,000달러
30년 후 가치	820,490달러	380,613달러	1,201,103달러
인출 시 세금	100,499달러	95,153달러	195,652달러
세후 가치	719,991달러	285,460달러	1,005,451달러

가정 : 주식 수익률 10%, 배당 수익률 1.5%, 배당 및 자본이득세 15%, 채권 수익률 7%, 소득세율 25%

표 11.3 과세 계좌에서 채권을 운용했을 때의 결과

항목	과세 계좌의 채권	비과세 계좌의 주식	합계
초기 가치	50,000달러	50,000달러	100,000달러
30년 후 가치	232,078달러	872,470달러	1,104,548달러

| 인출 시 세금 | 0달러 | 218,118달러 | 218,118달러 |
| 세후 가치 | 232,078달러 | 654,352달러 | 886,430달러 |

가정 : 주식 수익률 10%, 배당 수익률 1.5%, 배당 및 자본이득세 15%, 채권 수익률 7%, 소득세율 25%

세금에 민감한 투자자를 위한 절세 아이디어

우리는 세후수익을 극대화하려는 투자자에게 10가지 절세 전략을 제안합니다. 이 중 대부분은 이해하기 쉽고 실행도 간단합니다. 대부분의 납세자에게 이보다 더 나은 세후수익 극대화 방법은 없다고 생각합니다.

1. 세금 혜택 계좌를 활용 (예: 퇴직연금, 연금저축, 학자금 저축 등)

2. 분배일 이후에 펀드나 주식을 매수

3. 세금 비효율 자산은 비과세 계좌에, 세금 효율 자산은 과세 계좌에

4. 과세 계좌에는 인덱스 펀드나 세금 관리형 펀드를 넣기

5. 과세 계좌에 혼합형 펀드(주식+채권)를 넣는 것은 피하기

6. 과세 계좌의 매매 회전율을 낮게 유지하여 자본이득세를 줄이기

7. 12개월 이상 보유하여 단기 자본이득세를 피할 것

8. 연말 전에 손실 난 주식을 매도(손실 실현)

9. 이익이 난 주식은 새해 이후에 매도하여 세금 납부를 늦추기

10. 자선단체에 기부하려거든 큰 자본이득이 발생한 증권을 기부

주의: 위 내용은 일반적인 정보이며, 귀하의 상황에 따라 회계사나 세무 전문 변호사의 조언을 받는 것이 좋습니다.

12장

분산투자는
무엇보다 중요합니다

분산투자는 무지에 대항하는 방어책이다.

- 워런 버핏

투자에 있어 "달걀을 한 바구니에 담지 말라"는 옛말은 여전히 유효합니다. 오래전 파산한 월드컴이나 엔론 같은 기업을 떠올려 봅시다. 만일 그 회사에 다니는 직원이 은퇴자금의 대부분을 자기가 다니던 회사의 주식에 투자했다면 어떻게 되었을까요? 그들은 은퇴자금을 잃었을 뿐만 아니라, 직장까지 함께 잃게 됐을 겁니다.

닷컴 열풍을 기억하나요? IT 열풍이 한창일 때, 많은 투자자가 막대한 자금을 절대 망하지 않을 것 같은 신생 닷컴 주식에 쏟아부었죠. 그리고 장부상으로는 큰 부자가 되었습니다. 하지만 결국 대부분의 닷컴 기업은 실패했습니다. 당시 많은 수의 닷컴 투자자가 그것이 조기 은퇴로 가는 가장 빠른 길이라고 믿었고, 실제로 소수의 투자자는 그렇게 되기도 했습니다. 하지만 대다수 투자자에게는 '분산되지 않은 투자의 위험'이라는 매우 값비싼 교훈을 남겼습니다. 결국, 많은 수의 투자자가 꿈꾸던 조기 은퇴는커녕 예상보다 훨씬 늦은 나이까지 일해야 하는 현실을 마주하게 되었습니다.

우리는 닷컴 열풍의 사례가 주는 교훈을 항상 되새겨야 합니다. 당신에게도 '확실해 보이는' 어떤 기회가 다가오고, 그것에 모든 것을 걸고 싶어질 때가 올지도 모릅니다. 하지만 그런 유혹을 느낄 때마다, 한때 업계 최고로 평가받던 회사조차 몰락했고, 그 결과 많은 투자자가 평생 모은 자산을 날렸다는 사실을 기억해야 합니다. 이런 일은 앞으로도 반복될 것이며, 그 피해자가 당신이 되지 않으리라는 법도 없습니다. 그러니 반드시 포트폴리오를 분산하십시오!

분산투자는 다음 두 가지 이유로 필수적입니다. 앞서 이야기한 "달걀을 한 바구니에 담지 말라"는 원칙처럼, 단일 종목 투자로 인한 집중 위험을 줄여줍니다. 그리고 동시에, 분산투자가 포트폴리오의 수익률을 높여주기도 합니다.

어떻게 분산투자에 접근해야 할까요? 포트폴리오를 분산하려면, 항상 같은 방향으로 움직이지 않는 자산을 찾아야 합니다. 즉, 당신의 자산 일부가 '지그zig' 방향으로 움직일 때, 다른 자산은 '재그zag' 방향으로 움직이도록 구성하는 것이죠. 물론, 분산투자만으로 시장 위험을 완전히 없앨 수는 없습니다. 하지만 그 위험을 밤에 편히 잠들 수 있을 정도의 수준까지 낮출 수는 있습니다.

개별 주식을 활용한 분산투자 전략에 대해 알아보겠습니다. 일반적으로는 서로 다른 산업과 규모의 기업 주식 20~30개만 보유해도 꽤 훌륭한 분산 포트폴리오를 만들 수 있다고 널리 믿어져 왔습니다. 그러나 이 숫자에 대한 회의가 최근 제기되고 있으며, 더 이상 유효하지 않다는 주장도 많습니다. 이에 대해 뛰어난 투자자이자 작가인 윌리엄 번스타인은 '15개 주식으로 하는 분산투자 신화'라는 글에서 다음과 같이 말했습니다.

"그래, 버지니아. 현대 포트폴리오 이론(MPT)의 정의에 따라, 비교적 적은 수의 주식으로도 비체계적 위험을 제거할 수는 있어. 하지만 비체계적 위험은 퍼즐 조각 중 아주 작은 부분일 뿐이야. 15개는 부족하고, 30개도 부족하고, 200개도 부족해. 주식투자에서 진정한 위험 최소화는 시장 전체를 소유하는 것밖에 없어."

하지만 대부분의 투자자에게는 개별 주식 수백 개를 사서 '시장 전체를 소유한다'라는 것이 현실적으로 어렵습니다. 현실적으로는 너무 큰 비용이 들 것이기 때문입니다. 앞서 언급했듯이, 우리는 펀드가 일반 투자자에게 최소의 금액으로 포트폴리오를 분산할 수 있는 가장 좋은 방법이라고 믿습니다. 펀드는 수백, 때로는 수천 개의 개별 주식을 보유하므로, 개별 주식 몇 종목을 보유하는 것보다 훨씬 높은 수준의 분산투자를 가능하게 합니다. 예를 들어, 단 하나의 주식형 펀드만으로도 미국 주식시장 거의 전체에 투자할 수 있습니다.

대표적인 예가 바로 뱅가드의 '전체 주식시장 인덱스 펀드^{VTSAX, ETF VTI}'입니다. 이 펀드는 연금저축 계좌나 과세 계좌에서 3,000달러만 있으면 매수할 수 있으며, 상대적으로 저렴한 비용으로 광범위한 분산 효과를 누릴 수 있습니다.

하나의 펀드로 주식시장 전체에 투자하는 방법 외에도, 모든 자산군에 걸쳐 광범위하게 분산된 포트폴리오를 만들 수 있는 다양한 펀드 활용법이 있습니다. 만일 당신이 주식시장 내에서도 추가적인 분산 전략을 구사하고 싶다면, 다양한 시장 세그먼트에 투자하는 펀드를 매수할 수 있습니다. 예를 들어 주식형 펀드는 미국주식 펀드와 해외주식 펀드가 있으며, 이는 각각의 시장 범주 내에서도 기업 규모(대형주, 중형주, 소형주, 마이크로 캡), 투자 스타일(혼합형, 코어주, 가치주, 성장주)에 따라 세분됩니다. 어떤 펀드는 특정 산업(헬스케어, 기술주 등)에 집중적으로 투자하며, 심지어 금이나 귀금속 등 원자재에 투자하는 펀드도 있습니다.

이제는 주식 중심 포트폴리오에서 한 걸음 더 나아가, 채권을 포함해 분산을 확장할 필요가 있습니다. 당신은 포트폴리오에 채권이나 채권형 펀드를 추가할 수 있습니다. 이들은 주가가 하락할 때 오르고, 반대로 채권이 하락할 때 주식이 오르는 경우가 있어 분산의 효과를 증가시킵니다. 즉, 주식형 펀드와 채권형 펀드를 함께 보유하면, 포트폴리오의 변동성을 완화할 수 있게 됩니다.

주식과 마찬가지로, 채권도 매우 다양한 종류가 있습니다. 만기별로 단기, 중기, 장기 채권 펀드가 있고, 발행 주체별로는 국채, 회사채, 지방정부 채권이 있습니다. 신용등급별로 우량 채권에 투자하는 펀드와 정크본드에 투자하는 고위험·고수익 펀드가 있을 수 있습니다. 채권의 종류에 대한 더 자세한 내용은 3장을 참고하세요.

주식이나 채권 같이 투자 자산의 움직임이 함께 움직이지 않을 때, 이를 두고 상관계수가 낮다고 말합니다. 이 상관계수 개념은 그리 어렵지 않습니다. 어떤 두 자산의 상관계수는 +1.0(완전 양의 상관)부터 -1.0(완전 음의 상관)까지의 범위를 가집니다.

예를 들어, 두 주식(또는 펀드)이 같은 방향, 같은 속도로 움직이는 경향이 있다면, 이를 두고 높은 상관관계가 있다고 하며, 이런 경우의 상관계수는 +1.0에 가까운 값이 됩니다. 반대로 두 자산이 항상 서로 반대로 움직인다면, 이는 음의 상관이라고 하며, 이때 상관계수는 -1.0입니다. 두 자산이 서로 아무 관련 없이 독립적으로 움직인다면, 이 경우는 상관이 없다고 하며, 상관계수는 0입니다.

실제 투자에서, 우리가 접근할 수 있는 대부분의 자산은 +1.0과 -1.0 사이의 상관계수를 가집니다. -1.0과 가까운 자산 조합, 즉 완전히 반대로 움직이면서도 기대수익률이 비슷한 자산군을 찾기는 실제로 매우 어렵습니다.

요약하자면, 상관계수가 1.0에 가까울수록 두 자산은 더 유사하게 움직이고, 숫자가 낮을수록 즉 0 또는 0보다 낮을수록 두 자산은 서로 다른 방향으로 움직이며, 더 높은 분산투자 효과를 제공합니다. 예를 들어 두 펀드의 상관계수가 0.71이면 이 두 펀드는 완전히 일치하진 않지만, 상당한 유사성을 갖습니다. 만일 두 펀드의 상관계수가 0.52라면 두 펀드는 낮은 상관을 가지므로, 이 경우 더 나은 분산 효과를 제공할 수 있습니다.

일부 투자자들의 생각과 달리 단순히 많은 수의 펀드를 보유한다고 해서 더 높은 분산 효과가 생기는 것은 아닙니다. 만약 포트폴리오가 서로 유사하고 상관관계가 높은 펀드들로 구성되어 있다면 그로 인한 분산 효과는 거의 없습니다.

결정계수R^2는 투자 업계에서 서로 상관관계가 높은 투자와 그렇지 않은 투자를 구분하는 데 사용되는 간단한 지표입니다. 예를 들어, 뱅가드에 따르면, 표 12.1에 나온 각 펀드는 다우존스 산업평균지수와 높은 상관관계를 가지고 있으며, 이는 결정계수로 확인할 수 있습니다. 따라서 어떤 투자자가 표 12.1에 나오는 펀드 여러 개를 동시에 보유하고 있다면, 이 펀드들이 서로 매우 유사하므로 이로 인한 추가적인 분산투자 효과는 거의 없을 것입니다.

표 12.1 다우지수와의 상관관계

펀드(심볼)	결정계수 (R^2)
뱅가드 500 인덱스 펀드(VFINX)	1.00
뱅가드 성장 및 배당 펀드(VQNPX)	0.99
뱅가드 세금 효율성 자본 평가 펀드(VMCLX)	1.00
뱅가드 전체 주식시장 인덱스 펀드(VTSMX)	1.00

이제 표 12.2를 봅시다. 보글헤드 포럼에서 자주 언급되는 인기 있는 뱅가드의 주요 펀드들이 다른 뱅가드의 펀드들과 어떤 상관을 가지고 움직였는지 확인할 수 있습니다. 표에서 두 펀드가 교차하는 지점의 숫자는 해당 펀드들이 지난 5년 동안 보여준 결정계수를 나타냅니다. 기억하세요. 결정계수가 높을수록, 두 펀드를 함께 보유했을 때 분산 효과가 작습니다. 반대로 결정계수가 낮을수록, 두 펀드를 동시에 보유함으로써 더 큰 분산 효과를 얻을 수 있습니다. 따라서 포트폴리오에 분산투자 원칙을 적용하려면, 다른 펀드들과 상관관계가 낮은 자산을 추가하는 것이 좋습니다.

하지만 상관관계에 대해 몇 가지 유의해야 할 점이 있습니다. 우선, 상관관계는 시간이 지나면서 바뀔 수 있습니다. 예를 들어, 성공적인 소형주 펀드는 인기를 얻어 자금 유입이 급증할 수 있습니다. 이에 따라 소형주가 아닌 대형주로 투자 범위를 넓히게 되면, 그 펀드는 시간이 지남에 따라 소형주 벤치마크와의 상관은 낮아지고, 대형주 벤치마크와의 상관은 높아질 수 있습니다.

상관관계가 낮다고 해서 꼭 당신의 포트폴리오에 적합한 투자라는 뜻은 아닙니다. 예를 들어, 표 12.2를 보면 뱅가드의 귀금속 및 광산 펀드는 대부분 다른 펀드들과 상관관계가 낮습니다. 그러나 수익률 변동성이 매우 크기 때문에, 일부 투자자에게는 적합하지 않을 수 있습니다.

잘 분산된 펀드 포트폴리오를 만드는 일은 생각보다 쉽습니다. 복잡하거나 비용이 많이 드는 작업도 아니며, 브로커나 유료 자문가 없이도 스스로 구성할 수 있습니다. 여러 개별 펀드를 조합해 직접 포트폴리오를 만들 수 있고, 아니면 뱅가드의 '타겟 리타이어먼트 펀드'처럼 자동으로 분산된 '펀드 오브 펀드'를 선택할 수도 있습니다. 어떤 방법을 선택하든, 달걀을 한 바구니에 담지 않고도 필요한 분산 효과를 얻을 수 있습니다.

표 12.2 5년간 결정계수 펀드 비교 샘플

펀드	500 인덱스	전체 주식시장 인덱스	전체 국제주식 인덱스	리츠 인덱스	소형 가치주 인덱스	세금 효율형 국제주식	세금 효율형 소형주	전체 채권시장 인덱스
500 인덱스		0.99	0.78	0.12	0.59	0.76	0.61	0.10
자산 배분형	0.95	0.94	0.80	0.13	0.56	0.78	0.55	0.04
밸런스 인덱스	0.95	0.96	0.82	0.20	0.65	0.80	0.65	0.02
사회적책임 인덱스	0.97	0.96	0.69	0.11	0.54	0.67	0.58	0.13
자본 투자	0.88	0.91	0.64	0.12	0.57	0.61	0.66	0.10
자본 가치	0.94	0.94	0.79	0.14	0.59	0.77	0.62	0.06
전환 증권	0.56	0.61	0.55	0.22	0.62	0.53	0.64	0.01

선진시장 인덱스	0.76	0.78	1.00	0.23	0.69	1.00	0.64	0.02
배당 성장형	0.74	0.77	0.85	0.18	0.73	0.84	0.72	0.03
이머징마켓 인덱스	0.71	0.75	0.73	0.24	0.72	0.68	0.68	0.04
에너지 펀드	0.24	0.26	0.39	0.06	0.35	0.39	0.32	0.00
배당 수익형	0.91	0.90	0.87	0.16	0.66	0.85	0.62	0.04
유럽시장 인덱스	0.79	0.80	0.92	0.13	0.64	0.92	0.60	0.04
중소형 성장주	0.73	0.82	0.68	0.23	0.82	0.65	0.91	0.10
시장 변동성 인덱스	0.78	0.86	0.74	0.26	0.84	0.71	0.91	0.09
국제주식	0.79	0.83	0.89	0.23	0.77	0.87	0.73	0.02
성장 및 배당	0.99	0.98	0.80	0.14	0.60	0.78	0.63	0.09
성장주	0.93	0.91	0.62	0.12	0.54	0.60	0.63	0.10
성장주 인덱스	0.94	0.93	0.61	0.08	0.46	0.59	0.53	0.16
헬스 케어	0.69	0.68	0.63	0.05	0.41	0.63	0.40	0.04
국제 성장주	0.82	0.85	0.96	0.23	0.76	0.95	0.72	0.04
국제 가치주	0.76	0.80	0.94	0.22	0.75	0.92	0.71	0.07
국제 중소형 성장주	0.65	0.70	0.88	0.26	0.73	0.86	0.67	0.01
대형주 인덱스	1.00	0.99	0.78	0.13	0.60	0.76	0.63	0.10
중형 성장주	0.64	0.72	0.55	0.19	0.66	0.52	0.79	0.12
중형주 인덱스	0.81	0.88	0.78	0.25	0.86	0.75	0.90	0.08
JP모건 성장주	0.92	0.95	0.69	0.13	0.62	0.67	0.71	0.12
태평양 주식 인덱스	0.20	0.22	0.45	0.31	0.30	0.46	0.27	0.00
귀금속 및 광산	0.07	0.09	0.16	0.19	0.24	0.15	0.21	0.05
프라임캡	0.93	0.95	0.66	0.11	0.59	0.63	0.66	0.14
리츠 인덱스	0.12	0.15	0.24	-	0.34	0.23	0.22	0.04
셀렉트 가치주 펀드	0.68	0.73	0.80	0.25	0.79	0.78	0.73	0.02
소형 성장주 인덱스	0.61	0.70	0.60	0.19	0.82	0.57	0.94	0.11
소형주 인덱스	0.69	0.78	0.73	0.29	0.92	0.70	0.96	0.08

소형 가치주 인덱스	0.59	0.67	0.72	0.34	-	0.69	0.94	0.04
스타 펀드	0.90	0.93	0.87	0.23	0.72	0.85	0.72	0.01
전략적 투자	0.78	0.85	0.74	0.28	0.82	0.71	0.88	0.06
세금 효율형 밸런스	0.90	0.91	0.75	0.19	0.59	0.73	0.59	0.00
세금 효율형 자산 성장	0.99	0.99	0.77	0.13	0.63	0.75	0.67	0.12

13장

성과 추종과
시장 타이밍 맞추기는 해롭다

도박하지 마라. 저축의 전부를 좋은 주식에 투자하고

주가가 오를 때까지 보유하다 팔아라.

만약 오르지 않는다면, 애초에 사지 마라.

- 윌 로저스

과거의 성과는 미래의 성과를 예측하지 못한다 ────

투자사 협회의 연구에 따르면, 펀드 투자 경험이 있는 투자자의 약 75%가 자신이 투자한 펀드를 선택한 이유로 해당 펀드의 과거 성과를 들었다고 합니다. 왜 그들이 그런 선택을 했는지 이해하는 데는 복잡한 분석이 필요하지 않습니다. 그저 많은 금융 미디어가 최근 좋은 성과를 올린 펀드를 지속적으로 알리고 있고, 해당 펀드매니저의 특별한 통찰을 칭송하는 데 혈안이 되었기 때문입니다. 이처럼 투자자는 금융 매체에서 이야기하는 '최고 실적 펀드'에 대한 이야기에 끊임없이 노출됩니다. 그러다 보니 그것이야말로 펀드를 고르는 최적의 기준이라고 생각하게 되는 것이죠. 그런데 그마저도 진짜 실적이 아닐 수 있습니다. 그들이 보도하는 성과 대부분은 펀드의 성과가 좋았던 특정 기간을 교묘하게 선택해 골라낸 '체리 픽cherry-picked'에 불과하기 때문이죠.

펀드매니저를 띄우는 '홍보성' 기사 외에도, 주요 신문과 잡지에는 거의 빠짐없이 과거 성과를 보여주는 펀드 목록이 실립니다. 그러니 정보가 부족한 투자자가 과거 성과로 펀드를 고르는 것이 놀라운 일이 아닙니다. 그저 A등급 펀드나 별 5개짜리 펀드를 고르면 된다고 믿게 되는 것이죠.

반면 인덱스 펀드는 그 특성상, 짧은 기간 동안 최상위 성과를 내는 경우가 드뭅니다. 반대로 인덱스 펀드가 최하위권의 성과를 기록하는 때도 찾아보기가 어렵습니다. 현명한 투자자는 부자가 되기 위해 모험보다는 재무목표를 선택합니다. 그들은 재무제표를 파악하는 것에 우선순위를 부여합니다. 저희의 경험상, 현재 인기 상위권 펀드에 속하지 않는 펀드를 선택할 수 있는 사람은 투자에 대한 지식이 충분하고, 자기 확신이 있는 투자자입니다.

〈월스트리트 저널〉은 펀드 성과와 관련된 비교적 폭넓은 자료를 제공합니다. 매일 수백 개 펀드의 변동 사항을 보도하는 것 외에도, 매월 첫째 주에는 40개가 넘는 카테고리별로 각 펀드의 1개월, 1년, 3년, 5년, 10년 수익률을 가지고 순위를 매깁니다. 상위 20%의 펀드에는 A, 그다음 20%는 B, 중간 20%는 C, 그다음 20%는 D, 하위 20%는 E 등급을 부여합니다. 만일 과거 데이터를 확인하고 싶다면, 〈월스트리트 저널〉이 좋은 참고가 될 것입니다. 다만, 이러한 과거 성과 데이터가 실제로 도움이 되는지는 별개의 이야기입니다.

펀드 정보를 가장 체계적으로 축적한 곳은 모닝스타입니다. 모닝스타는 잘 알려진 '별 등급' 시스템을 사용하여 수천 개의 펀드를 위험 조정 성과 기준으로 평가합니다. 상위 10%의 펀드는 별 5개, 다음 22.5%는 별 4개, 중간 35%는 별 3개, 그다음 22.5%는 별 2개, 하위 10%는 별 1개를 받습니다.

그렇다면, 이 별 등급을 기준으로 펀드를 매수해야 할까요? 이에 대한 답을 찾기 위해, 우리는 실제 펀드 성과를 추적하는 권위 있는 전문가이자 〈헐버트 파이낸셜 다이제스트〉의 저자인 마크 헐버트의 분석을 참고했습니다. 그는 2004년 2월 2일 〈포브스〉에 낸 기고문에서 이렇게 썼습니다.

"지난 10년간 모닝스타의 별 5개 주식형 펀드 수익률은 평균 5.7%였다. 이는 윌셔5,000 지수가 기록한 수익률 10.3%에 비해 매우 낮은 수치다."

2007년 1월 15일, 암스테르담대학교 두 명의 교수가 발표한 '모닝스타 펀드 등급의 예측 성과'라는 연구의 결과도 비슷한 결론을 내놓았습니다. 이 연구는 10년에 걸쳐 이루어졌으며 그 결론은 다음과 같습니다.

"모닝스타가 사용하는 다양한 등급 체계의 예측 성과는 무작위random walk를 능가하지 못한다."

우리는 모닝스타를 비판하려는 것이 아닙니다. 모닝스타는 자사의 별 등급 시스템이 미래 성과를 예측할 수 있다고 주장한 적이 없습니다. 오히려, 별 등급은 미래 성과를 예측하는 데 사용해서는 안 된다고 여러 차례 강조해 왔죠. 우리는 이 점을 높이 평가합니다.

문제는 펀드회사가 이러한 등급 시스템을 오해의 소지가 있는 마케팅 도구로 변질시켰다는 것입니다. 이는 대부분의 보글헤드가 잘 이해하고 있는 사실입니다. 우리는 펀드 광고에서 펀드의 별 등급을 자랑스럽게 내세우며, 이 별을 얻게 한 과거 성과가 앞으로도 계속될 것이라는 뉘앙스를 주는 모습을 자주 봅니다. 광고 하단의 가장 작은 글씨로만 "과거 성과는 미래 수익을 보장하지 않는다"라는 문구를 기재하긴 합니다만, 이를 발견하기는 어렵습니다.

매튜 모리 루빈 경영대학원 금융학 부교수는 펀드 등급 시스템에 관한 연구를 수행한 결과, 다음과 같이 결론지었습니다.

"모든 등급 시스템, 그리고 그 대안적 등급 시스템들 중 어느 것도 '승리하는 펀드'를 성공적으로 예측하지 못한다."

방대한 펀드 데이터베이스를 보유한 등급 시스템조차 우수 펀드를 예측해 내지 못한다면, 우리가 이를 더 잘할 가능성은 매우 낮습니다. 그런데도, 과거 성과로 미래의 우승 펀드를 고를 수 있다는 신화는 여전히 사라지지 않고 있습니다. 관련된 연구는 다양하게 이루어졌습니다.

- 마크 카라트는 1997년 3월 〈저널 오브 파이낸스〉에 '펀드 성과의 지속성에 대하여'라는 논문을 발표했습니다. 이는 해당 주제에 관한 가장 우수하고 권위 있는 연구 중 하나로 평가됩니다. 그의 결론은 다음과 같습니다. "개별 펀드에 모멘텀 전략으로 접근했을 경우 더 큰 이익을 얻을 가능성은 없다. 설명할 수는 없지만 최악의 성과를 낸 펀드가 계속 부진에 빠진다는 것 말고는 통계적으로 유의미한 법칙 같은 건 발견할 수 없었다. 결과적으로, 숙련되었거나 정보에 밝은 펀드매니저가 존재한다는 증거는 없다."
- 박스데일과 그린은 1975년 1월 1일부터 1989년 12월 31일까지 144개의

기관 주식 포트폴리오를 연구했습니다. 그 결과, 처음 5년 동안 상위 20%에 속했던 포트폴리오가 그다음 5년 동안 상위 50%에 들 확률이 가장 낮다는 사실을 발견했습니다.

- 투자 리서치기관 바라는 "과거 성과가 미래 성과를 예측하는가?"라는 질문에 답하기 위한 장기 연구를 수행한 바 있습니다. 결론은 다음과 같았습니다. "주식형 펀드의 성과 지속성을 뒷받침하는 증거는 없다."

- 조너선 버크와 리처드 그린이 2002년에 실시한 연구의 결론은 다음과 같았습니다. "과거 성과는 미래 수익을 예측하거나, 액티브 매니저의 역량 수준을 추론하는 데 사용할 수 없다."

- 뱅가드가 기관투자자를 대상으로 과거 성과를 분석한 연구가 있습니다. 10년간(1993년까지) 미국 주식형 펀드 상위 20개를 추적했을 때, 다음 10년 동안에도 상위 100위 안에 남아 있던 펀드는 단 1개에 불과했습니다.

이러한 연구는 과학적이면서도 이해하기 쉬운 언어로, 과거 성과가 미래 성과를 예측하는 데 도움이 되지 못한다는 사실을 알려줍니다. 표 13.1을 보십시오. 이 표는 11년 동안 5개 종류의 자산군 중에 어느 것이 최고 및 최악의 성과를 기록했는지를 보여줍니다. 대형주를 제외하면, 모든 자산군이 최고의 성과와 최악의 성과를 모두 경험했다는 점에 주목하십시오. 이는 비단 펀드뿐만 아니라, 어느 자산군이 되었든지 간에 성과가 몇 년 이상 지속되지 않는다는 점을 이야기합니다.

표 13.1 최고 및 최악의 자산 클래스(1994~2004)

연도	최고의 자산	최악의 자산
1994	국제주식	채권
1995	대형주	국제주식
1996	대형주	채권

1997	대형주	국제주식
1998	대형주	소형 가치주
1999	소형 성장주	소형 가치주
2000	소형 가치주	소형 성장주
2001	소형 가치주	국제주식
2002	채권	소형 성장주
2003	소형 성장주	채권
2004	소형 가치주	채권

일부 투자자에게 있었던 실제 사례를 살펴보시죠. 과거 성과로 내일의 승자를 고르는 행위는 매우 위험합니다. 그래서 정부도 이에 대한 경고 문구를 모든 펀드 설명서에 의무적으로 표시하게끔 했습니다.

"과거 성과는 미래 성과를 보장하지 않습니다."

- 44 월스트리트 펀드(44 Wall Street Fund)는 1970년대 미국의 다각화 주식형 펀드 중 최고의 성과를 기록하며 수천 명의 투자자를 끌어모았습니다. 그러나 안타깝게도, 이 펀드는 1980년대에 최악의 성과를 기록한 펀드가 되었습니다.

- 1960년대 이후, 10년마다 상위 20개 펀드를 추려보았습니다. 이들의 다음 10년간 평균 수익률은 어땠을까요? 시장 지수보다 낮았습니다.

- 2000년 기준으로 상위 50개 펀드를 골라봅시다. 해당 펀드들은 1999년이나 1998년에 상위 50위밖에 있던 펀드였습니다.

- 그랑프리 펀드(Grand Prix Fund)는 1998년과 1999년에 펀드 수익률 상위 1%에 들었지만, 2000년과 2001년에는 하위 1%를 기록했습니다.

시장 타이밍 잡기

개인투자자 교육기관 모틀리 풀은 시장 타이밍 잡기를 두고 이렇게 정의했습니다.

"증권의 단기 가격 변동을 예측하는 전략은 사실상 불가능한 일이다."

우리가 항상 모틀리 풀의 의견에 동의하는 것은 아니지만, 이 사안에서만큼은 그들이 맞다고 생각합니다. 오를 때와 내릴 때를 예측하는 시장 타이밍 잡기는 투자판에서는 꼭 빠지지 않는 이야기입니다. 어떤 금융 관련 뉴스든 간에 시장이 어디로 향하는지를 알려주는 기사는 빠지지 않습니다.

우리의 메일함에는 금융 뉴스레터와 광고가 끊임없이 배달됩니다. 그들은 우리에게 그들이 제공하는 뉴스레터와 시장 타이밍에 대한 조언을 받으라고 종용합니다. 그렇게만 하면 환상적인 수익을 올릴 수 있을 거라면서 말이죠.

과거 수익률을 기반으로 승자 펀드를 고르는 것은 헛된 일입니다. 그렇지만 많은 투자자가 여전히 이에 미련을 버리지 못합니다. 아마추어뿐만 아니라 전문가까지도 말이죠. 그들은 지금도 미래의 승자가 될 펀드를 사전에 고를 수 있는 비밀 공식을 찾으려고 수백만의 시간을 쏟아붓고 있습니다. 이제, 사전에 승자 펀드를 고를 수 있다고 약속하는 금융 뉴스레터로 이야기가 이어집니다.

금융 뉴스레터

어느 시점에 시장에 진입해야 하는지를 다루는 뉴스레터에 관한 결정적인 연구는 유타대학교의 존 그레이엄 교수와 듀크대학교의 캠벨 하비 교수에 의해 이루어졌습니다. 이 두 교수는 1980년 6월부터 1992년 12월까지, 237명의 뉴스레터 작성자가 내놓은 15,000건 이상의 뉴스레터를 분석했습니다. 뉴스레터들이 예측하는 시장의 타이밍과 관련된 내용을 종합적으로 추적·분석했습니다. 그들의 결론은 명확했습니다.

"뉴스레터가 시장 타이밍 잡기에 성공했다는 증거는 전혀 없다. 이는 펀드 연구 결과와 일치한다. 승자는 다시 승리하는 경우가 드물었고 패자는 종종 다시 패하곤 했다."

이 연구에서 흥미로운 한 가지 사실은, 그들의 12년 6개월 동안의 연구 기간이 끝날 때, 연구에 포함된 뉴스레터의 94%가 폐간되었다는 것입니다.

앞서 언급한 마크 헐버트는 뉴스레터에서 제시하는 포트폴리오에 관한 연구를 수행했습니다. 그 통계는 충격적입니다. 예를 들어, 헐버트는 1981년부터 2003년까지 매년 가장 인기가 있었던 뉴스레터의 추천 포트폴리오만으로 가상의 포트폴리오를 구성해 봤습니다.

'전년도 1등' 포트폴리오들은 그다음 해 12개월 동안 -32.2%라는 큰 손실을 기록했습니다. 같은 기간, 윌셔5,000 지수가 +13.1%의 수익률을 올렸던 점을 고려하면 무척 큰 손실이었습니다.

뉴스레터 추천의 위험성을 보여주는 대표적인 사례로, 그랜빌 마켓 레터The Granville Market Letter를 들 수 있습니다. 이 뉴스레터는 1991년에 무려 +145%라는 놀라운 수익률을 기록했습니다. 그렇다면 1992년에는 어떻게 되었을까요? 예상대로, 다음 해에는 -84%의 손실을 기록했습니다.

혹자는 "+145%의 수익과 -84%의 손실을 차례로 기록했으니, 결국 +61%의 이익을 거둔 게 아닌가?"라고 생각할 수 있습니다. 그러나 계산은 그렇게 되지 않습니다. 실제 2년간의 수익률은 -61% 손실이었습니다. 그 계산 방법을 이해하기 위해, 1991년 초에 그랜빌 마켓 레터가 추천한 포트폴리오에 1만 달러를 투자한 사람의 예를 표 13.2로 만들어 봤습니다.

표 13.2 그랜빌 마켓 레터를 따른 투자 결과

총 투자금	10,000달러
145% 수익 이후의 투자금	24,500달러
84% 손실 이후의 투자금	3,920달러
총 투자 손실 (-61%)	-6,080달러

2001년 1월호 〈헐버트 파이낸셜 다이제스트〉에는 매우 의미심장한 통계가 실려 있었습니다. 이들이 모니터하는 160여 개의 뉴스레터 중, 지난 10년간 주식시장의 수익률을 이긴 뉴스레터는 단 10개뿐이었습니다. 시장 지수를 이길 확률이 고작 16분의 1에 불과한 뉴스레터를 따라하는 것은 무척 위험한 도박인 것이죠. 이런 뉴스레터를 보고 힘들게 모은 전 재산을 투자하는 것, 과연 그럴 만한 가치가 있을까요?

가장 유명한 뉴스레터 작성자 중 한 명인 더그 패비안은 2003년 8월, CBS 마켓워치와 인터뷰를 진행했습니다. 그 자리에서 패비안은 자신이 투자자들에게 판매하는 시스템인 '터보차지 버전'을 이용하면 365일 안에 100% 수익률을 달성할 수 있다고 자신 있게 이야기했습니다.

심지어 자신의 시장 타이밍 시스템이 실제로 효과가 있음을 증명하기 위해, 패비안은 자신의 돈 50만 달러를 공개적으로 투자했습니다. 그건 하

지 말았어야 하는 실수였죠. 그의 50만 달러 투자는 이후 19만 2천 달러의 손실을 기록했고, 그는 이 사실을 독자에게 숨길 수 없었습니다.

그나마 다행인 것은 패비안이 이에 낙담하지 않고, 19만 2천 달러의 손실을 두고 "투자에 대해 배운 값진 교훈이었다"라고 이야기한 점입니다. 우리가 이 책을 쓰는 주된 이유 중 하나는, 독자 여러분이 투자를 배우는 대가가 이처럼 비싸지 않도록 하기 위함입니다.

일레인 가르자렐리는 1987년 주식시장이 하루 만에 22.6%, 거의 1/4이 폭락한 '블랙 먼데이'를 정확히 예측한 후, 미국에서 가장 유명한 시장 타이머가 되었습니다. 월스트리트는 그녀를 최고의 퀀트 전략가로 칭송했고, 이후 그녀의 조언은 광범위하게 주목받았습니다.

그러나 연이은 잘못된 예측으로 결국 그녀는 회사에서 해고당해야 했습니다. 회사에서 쫓겨난 후 가르자렐리는 자신의 시장 타이밍 뉴스레터를 창간했습니다. 하지만 몇 차례 예측이 크게 빗나간 후 그녀의 뉴스레터는 조용히 사라지고 말았습니다.

《뮤추얼 펀드 투자 상식》에서 존 보글은 이렇게 썼습니다.

"투자자가 주식시장에 들어가거나 나와야 할 때를 알려주는 종 따위는 없습니다. 이 업계에서 거의 50년을 일했지만, 그 일을 성공적으로 그리고 꾸준히 해낸 사람을 단 한 명도 보지 못했습니다. 심지어 그런 사람을 안다는 사람조차 알지 못합니다."

솔직해집시다. 대부분의 뉴스레터 발행인은 뉴스레터를 팔아 돈을 버는 사업을 하는 사람입니다. 상식적으로 생각해 보면, 만약 그들이 정말로 시장에서 돈을 벌 수 있는 비밀 공식을 가지고 있다면, 굳이 시간을 들여 컴퓨터 키보드를 두드리며 우리와 그 비밀을 공유하겠습니까? 정말 그런 공식이 있다면 자기 자신을 위해 쓰고 있을 테지요.

TV의 금융 프로그램

TV에서 볼 수 있는 금융 프로그램은 월스트리트의 마케팅이 어떻게 작동하는지를 보여주는 좋은 예입니다. CNBC를 비롯한 금융 TV 프로그램은 광고로 가득 차 있습니다. 그런 광고의 대부분은 그들의 제품이나 서비스를 이용하면 다른 투자자를 손쉽게 능가하고 시장을 이길 수 있다고 현혹합니다.

CNBC와 같은 금융 채널은 온종일 금융전문가를 등장시킵니다. 전문가는 시장이 앞으로 어떻게 될지, 금리가 어떻게 변할지, 지금 당장 어디에 돈을 투자해야 할지를 아주 자신 있게 말합니다. 우리는 TV에 나온 전문가가 "잘 모르겠습니다"라고 말하는 것을 들어본 적이 없습니다. 그들은 늘 확신에 차 있죠.

이러한 프로그램이 끝나기가 무섭게, 시청자는 이 전문가들의 조언을 실행에 옮깁니다. 하지만 그들은 잘 모릅니다. 그토록 설득력 있게 들리는 조언도 실제로는 교묘하게 위장된 마케팅일 때가 많다는 사실을요.

Wall $treet Week

TV에서 가장 오래 방영되었고 인기가 많았던 금융 프로그램은 루이스 루케이저가 진행한 〈Wall $treet Week〉였습니다. 이 프로그램의 가장 인기 있었던 코너 중 하나는 시장 타이밍 전문가 그룹인 '엘프들Elves'였습니다. 루케이저와 열 명의 엘프들은 앞으로 6개월과 12개월 뒤 다우존스 산업평균지수가 어떻게 될지 매주 예측했습니다. 하지만 그들의 성적은 비웃음을 살 정도로 형편없었습니다.

1990년 7월 27일 시장이 꼭대기에 있었을 때, 엘프들은 하락장에 대비해야 할 시점에 오히려 강세를 주장했습니다. 10월 12일 시장이 바닥에 있을 때는 반대로 상승장을 주장해야 할 시점에 약세를 외쳤고, 이후 1994년 11월까지 강한 상승장이 이어졌음에도 불구하고 계속 약세 의견을 유지했습니다. 상황이 너무 민망해지자 루케이저는 약세론자 5명을 내보내고 강세론자 5명을 새로 투입했습니다. 그러나 새로 구성된 엘프들은 1998년 7월과 8월에 주가가 21% 폭락하는 내내 강세를 주장했습니다.

그로부터 1년 뒤, 1999년 말 주식시장 거품이 정점에 이르렀을 때, 엘프 중 단 한 명인 게일 두덱만이 정확히 약세를 주장했습니다. 그러나 루케이저는 그녀의 지속적인 약세 전망에 지쳤는지, 11월 방송에서 두덱의 하차를 발표했습니다. 그리고 대신 또 다른 강세론자인 앨런 본드를 영입했는데, 그는 시간이 지나서 2003년에 투자자 사기 혐의로 12년 7개월 형을 선고받는 인물입니다. 본드가 영입되고 나서 두 달 뒤, 모든 엘프가 강세를 주장하던 가운데 3년간의 하락장이 시작되었습니다. 이것이 엘프들을 몰락으로 이끌었습니다. 결국, 2001년 9월 14일, 하락장이 한창일 때 엘프들은 전원 해고되고 말았습니다.

엘프들과 앨런 본드의 조언을 믿었던 투자자가 얼마나 되는지는 모르지만, 그들 중 많은 사람이 차라리 이들을 몰랐더라면 하고 후회했을 겁니다.

엘프들 코너 외에도 루케이저는 매주 월스트리트의 잘 알려진 주식 전문가들을 초대해, 그들에게 최고의 종목을 추천하도록 했습니다. 이러한 추천 종목들이 실제로 얼마나 좋은 성과를 냈는지를 알아보기 위해, 우리는 다시 마크 헐버트가 1995년 12월부터 추적하기 시작한 데이터를 살펴봤습니다.

1995년 12월부터 10년 동안, 전문가들이 추천한 주식의 연간 수익률 평균은 8.0%였으며, 이는 시장 지수 수익률 9.5%에 비해 낮았습니다. 1.5% 차이는 별것 아닌 것처럼 보일 수 있지만, 평생 복리로 계산하면 엄청난 차이를 만듭니다.

예를 들어, 1970년에 10,000달러를 연 8.0% 수익률로 35년간 투자했다고 가정하면(세금은 무시), 최종 금액은 147,900달러가 됩니다. 하지만 동일한 금액을 연 9.5% 수익률의 시장 지수 펀드에 투자했다면 239,600달러가 됩니다.

과세 계좌에서는 차이가 더 벌어집니다. 추천 종목을 사고팔아 얻은 모든 이익은 매년 과세되지만, 인덱스 펀드의 경우 대부분의 과세는 인출 시점까지 미뤄지며, 인출 시에는 더 낮은 자본이득 세율이 적용되기 때문입니다.

금융 잡지

금융 잡지 〈스마트 머니〉는 잘 알려진 두 명의 포트폴리오 매니저, 론 배런과 로버트 마크만을 대상으로 투자 대회를 개최했습니다. 이 대회에서 두 명은 2000년 3월 30일부터 2001년 3월 2일까지 자유롭게 펀드를 사고팔 수 있었습니다.

만약 투자자가 배런의 포트폴리오를 선택했다면 투자금의 1%를 잃었을 것입니다. 이는 같은 기간 S&P500 지수가 12% 하락한 것을 고려하면 훌륭한 성과입니다. 하지만 마크만의 포트폴리오를 그대로 따라 한 투자자는 투자금의 64%를 잃었을 것입니다. 어느 한쪽이 실력이 뛰어났고 다른 한쪽이 형편없었는지, 아니면 단순히 한 명은 운이 좋았고 다른 한 명은 운이 나빴는지 알 방법은 없습니다. 다음 해에는 상황이 뒤바뀔 수도 있기 때문입니다. 바로 이런 단기 대회나 단기 실적이 많은 금융 잡지의 초점이 된다는 것이 문제입니다. 이는 투자자의 이익에는 전혀 부합하지 않지만, 잡지 판매에는 도움이 됩니다.

〈포브스〉는 40년 넘게 펀드 실적을 나열하고 구체적인 펀드 추천을 해왔습니다. 매년 8월 말이나 9월 초에 〈포브스〉는 약 1,500개 펀드의 투자 성과를 담은 특별호를 발간합니다. 여기서 가장 좋은 평가를 받은 펀드는 '명예의 전당'에 헌액되었습니다.

존 보글은 1974년부터 1992년까지 이 엄선된 '명예의 전당' 펀드의 실적을 연구했습니다. 그 결과, 같은 기간 동안 〈포브스〉 '명예의 전당' 펀드에 10,000달러를 투자했다면 약 75,000달러로 불어났을 것입니다. 얼핏 보기에는 좋은 성과처럼 보이지만, 같은 금액을 뱅가드의 '전체 주식시장 인덱스 펀드'에 투자했을 경우 약 103,600달러가 되었을 것입니다. 보글의 연구는 잡지의 펀드 추천이 얼마나 가치 있는가에 대한 중요한 통찰을 제공합니다.

투자에 대해 진짜 알아야 할 내용을 담은 기사나 칼럼은 대개 신문이나 잡지의 안쪽에 숨어 있으며, 1면이나 표지에서는 거의 볼 수 없습니다. 1면과 표지 공간은 판매를 위한 시선을 끄는 헤드라인을 위해 남겨둬야 하기 때문입니다.

가장 잘 알려진 투자·금융 잡지조차 표지를 "지금 반드시 사야 하는 10대 인기 주식·펀드", "주식시장의 미래 예측" 같은 자극적인 문구와 터무니없는 내용으로 장식해 버리곤 합니다. 예상할 수 있듯이, 이런 기사의 투자 추천을 과거 데이터로 검증해 보면, 대부분 시장 평균보다 훨씬 저조한 성과를 기록했습니다.

그런데도 독자를 끌어들이지 않으면 생존할 수 없는 잡지와 신문은 이런 쓸데없는 짓을 해야만 합니다. 한 익명의 필자는 자기 기사에서 이렇게 결론지었습니다.

"불행히도, 인덱스 펀드를 지지하는 등의 합리적인 이야기는 잡지를 팔지도 못하고, 웹사이트 방문자를 늘리지도 못하며, 시청률을 올리지도 못합니다. 금융 잡지가 존재하는 한, 당신은 '지금 당장 사야 할 6개의 펀드!'와 같은 매혹적이지만 무가치한 헤드라인을 계속해서 보게 될 것입니다."

보글헤드 콘테스트

2000년 12월, 모닝스타의 뱅가드 다이하드 포럼에서 테일러 래리모어는 보글헤드 콘테스트를 개최한다고 발표했습니다. 목표는 1년 뒤인 2001년 12월 31일의 윌셔5,000 지수(미국 전체 주식시장 지수) 종가를 예측하는 것이었습니다. 존 보글은 상품으로 자신의 저서를 기부하기로 했습니다. 테일러가 콘테스트를 개최한 것은 주식시장 예측이 얼마나 어려운지를 보여주기 위해서였습니다.

99명의 보글헤드들이 평균적으로 윌셔 지수가 6% 상승할 것으로 예측했지만, 연말 결과는 18% 하락이었습니다.

두 번째 보글헤드 콘테스트는 2002년 1월에 시작되었고, 177개의 예측이 제출되었습니다. 여기에 월스트리트 주요 회사 11곳의 예측도 포함되었습니다. 결과는 다음과 같습니다.

- 보글헤드의 75%가 상승을 예측함

- S&P 지수는 1148에서 880으로 하락했으며, 이는 23% 하락에 해당

- 보글헤드 중 25%만이 하락을 정확히 예측했으며, 그중 단 세 명만이 실제 지수 하락 폭에 근접하게 예측

- 월스트리트 전략가 중 단 한 명만이 시장 방향을 맞힘

이 결과는 표 13.3에 나와 있습니다.

우리는 여러분이 이제 주식시장이 어떻게 움직일지, 또는 어떤 펀드가 미래에 더 나은 성과를 낼지를 아무도 예측할 수 없음을 깨달았기를 바랍니다. 바로 이런 이유로 우리는 분산투자를 하는 것입니다. 이는 무슨 일이 일어나더라도 모든 투자금이 사라지는 집중 투자는 하지 않도록 하기 위함입니다.

표 13.3 월스트리트 전략가들의 S&P 지수 예측

전략가	소속 회사	예측치
에드워드 커슈너	UBS 워버그	1570
토머스 갤빈	크레디트 스위스	1375
애비 조지프 코언	골드만 삭스	1363
스튜어트 프리먼	A.G. 애드워즈	1350

제프리 애플게이드	리먼 브라더스	1350
토비아스 레브코비치	살로몬 스미스 바니	1350
에드워드 야데니	프루덴셜 시큐리티스	1300
스티브 갤브레이스	모건 스탠리	1225
리처드 번스타인	메릴 린치	1200
토머스 맥매너스	뱅크 오브 아메리카	1200
더글라스 클리곳	브루머 앤 파트너스	950
연말 실제 S&P 지수		880

금리 예측

우리는 주식시장의 미래를 예측하려는 시도가 얼마나 무의미한지에 대해 이야기했습니다. 그렇다면 채권과 금리는 어떨까요? 금리가 어디로 향할지 맞히는 건 비교적 쉬울 것 같지 않나요? 그리고 금리 방향을 안다면, 채권에 들어갔다가 나왔다 하며 돈을 버는 방법도 있을 것입니다. 네, 언뜻 쉬워 보이기도 하고, 아마 당신도 금리가 어디로 갈지에 대한 나름의 생각을 하고 있을 것입니다.

사실 이 문제를 푸는데 많은 이들이 뛰어들고 있습니다. 미디어에서 볼 수 있는, 이른바 '전문가'들은 자신 있게 향후 금리가 어떻게 변할지를 예측합니다. 그럼, 이제 그들의 실제 기록을 살펴봅시다.

금리와 채권 수익률이 오를 것이라고 예상하는 채권운용사나 개인투자자가 있지만, 그 반대로 움직일 것이라고 믿는 채권운용사나 투자자도 어딘가에 있습니다. 전 세계 수천 명의 고도로 훈련된 채권 매니저들이 바로 지금도 컴퓨터 앞에 앉아 경쟁자보다 아주 미세한 우위를 찾고자 합니다. 이렇게 채권 전문가는 수시로 매수/매도 주문을 내서 시장 가격과 괴리가 있는 채권을 사고팝니다. 약간의 괴리는 바로 사라지고 말죠. 마크 헐버트는 1994년 미국 개인투자자 협회의 저널에 이렇게 썼습니다.

"주식시장의 타이밍을 성공적으로 맞히는 것은 상당히 어렵습니다. 실제로 무척 어렵기도 하고요. 반면, 채권시장의 경우 그 타이밍을 맞히는 것이 사실상 불가능합니다."

그의 말은 정말 정확했습니다. 2006년까지 5년 동안 채권 전망을 제공한 33개의 뉴스레터 가운데 국채 지수를 능가한 뉴스레터는 단 두 개에 불과했습니다.

〈월스트리트 저널〉은 매년 두 차례 미국의 최고 경제학자 약 50명을 대상으로 금리 전망을 조사합니다. 아버리서치의 짐 비안코는 〈월스트리트 저널〉의 예측이 실제로 얼마나 맞았는지를 연구했습니다. 그 결과는 아마 당신을 놀라게 할 것입니다. 1982년, 〈월스트리트 저널〉의 예측 조사가 시작된 시점부터 2006년까지 '전문적인' 경제학자들이 금리 방향을 맞힌 비율은 고작 3분의 1에 불과했습니다.

경제학자 존 케네스 갤브레이스는 이렇게 말했습니다.

"금리를 예측하는 사람에는 두 종류가 있다. 모르는 사람, 그리고 자기가 모른다는 사실조차 모르는 사람."

꾸준히 투자할 것

성과 추종과 시장의 타이밍 맞추기에 대한 논리적인 대안은 장기 자산배분 계획을 세우고, 그 계획을 끝까지 지켜나가는 것입니다. 자산배분 계획을 고수하는 일은 쉽지 않습니다. 그것은 탄탄한 전략을 세울 수 있는 지식과, 시간을 두고 버티면 전략이 성공할 것이라는 확신이 필요한 일입니다.

월스트리트는 '매수 후 보유buy-and-hold' 전략을 싫어합니다. 많은 이들이 주식 및 펀드를 사고팔아야 돈을 벌 수 있기 때문입니다. 이런 상황 때문에 당신은 월스트리트의 마케팅으로부터 끊임없이 유혹을 받을 것입니다. 수십억 달러 규모의 마케팅 캠페인은 조직적이고 체계적이어서 쉽게 뿌리치기가 어렵습니다.

월스트리트는 금융 미디어에 수백만 달러를 흘려보냅니다. 양쪽은 공생 관계인 셈이죠. 미디어는 독자, 시청자, 청취자, 그리고 무엇보다 월스트리트의 광고비를 원합니다. 월스트리트는 투자자가 미디어의 광고를 보기를 원합니다. 그래야 당신의 돈이 월스트리트로 흘러 들어갈 것이니 말이죠. 그들의 마케팅에 걸려드는 순간 당신 투자금의 일부는 그들에게 넘어갑니다.

언론인은 항상 새로운 기사가 필요하고, 월스트리트는 기꺼이 그것을 제공합니다. 금융 미디어는 성과가 좋은 펀드에 집중할 때 그것이 새로운 기사로 이어질 수 있다는 걸 알고 있습니다. 그래서 모든 금융 매체가 성과가 좋은 펀드를 추천하고 매니저와의 인터뷰를 싣습니다. 이 매니저들은 언제나 설득력 있고 성공적인 전략을 갖고 있는 것처럼 포장됩니다.

이렇게 미디어의 도움을 받아, 월스트리트는 투자자가 지난해의 우승 펀드를 쫓고 시장 타이밍 잡기를 시도하도록 만듭니다. 탐욕에 이끌린 투자자는 절대 손해 보지 않을 것처럼 보이는 전략이나 '뜨거운' 펀드를 홍보하는 기사에 홀리고 맙니다. 동시에, 비관론적 투자자에게는 좀 더 안전한 편드로 갈아타라며 그들의 불안감을 자극합니다. 탐욕과 비관. 월스트리트는 어느 쪽이든 돈을 법니다.

이제 매수, 매도, 교환이 버튼 한 번으로 가능해졌기 때문에, 거래의 유혹을 뿌리치기가 어려워졌습니다. 그러나 분위기에 떠밀려 한 거래는 비싸게 사고 싸게 파는 경우가 많습니다. 투자자의 감정이 격해지면 논리는 사라집니다. 그리고 수익률도 같이 떨어집니다.

캘리포니아대학교의 테리 오딘과 브래드 바버 교수는 1991년부터 1997년까지 66,400명의 투자자를 대상으로, 잦은 거래가 이들의 수익률에 어떤 영향을 미치는지 연구했습니다. 그 결과, 매수 후 보유 전략을 쓴 투자자가 가장 활발히 거래한 투자자들보다 무려 연 7.1%포인트 더 높은 성과를 거두었습니다. 이 연구 결과는 표 13.4로 정리했습니다.

표 13.4 거래 빈도에 따른 투자 결과

트레이딩 전략	턴오버	수익률
가장 공격적인 매매	258%	11.4%
평균적인 매매	76%	16.4%
매수 후 보유	2%	18.5%

워런 버핏은 1994년 버크셔 헤서웨이의 주주 서한에서 다음과 같이 이야기한 적이 있습니다.

"아무것도 하지 않는 것이야말로 가장 지적인 행동이다."

우리도 이에 동의합니다. 그의 주장은 여러 연구가 뒷받침하고 있습니다.

 **다른 사람들은 이렇게 말합니다.**

과거 실적에 관하여

미국 개인투자자 협회(AAII): "최고 실적의 펀드 리스트는 위험하다."

존 보글: "과거 실적을 근거로 펀드의 미래 수익률을 예측할 방법은 세상 어디에도 없다."

빌 번스타인: "1970년부터 1989년까지 가장 좋은 성과를 낸 주식 자산은 일본 주식, 미국 소형주, 금 관련 주식이었다. 하지만 그 후 10년 동안 이들은 최악의 성과를 냈다."

제이슨 츠바이크: "과거 실적만 보고 펀드를 사는 것은 투자자가 할 수 있는 가장 어리석은 행동 중 하나다."

시장 타이밍에 관하여

워런 버핏: "우리는 앞으로 6개월, 1년, 2년 동안 주식시장이 어떻게 될지 예측하려 하지 않는다."

조너선 클레멘츠: "시장 타이밍 잡기는 장기투자 계획의 형편없는 대체재일 뿐이다."

일레인 가르자렐리: "시장 타이밍 잡기는 당신을 파멸시킬 수 있다는 사실을 알아야 한다."

벤저민 그레이엄: "월가에서 60년을 지켜본 결과, 사람들이 주식시장의 향방을 예측하지 못한다는 점을 깨달았다."

제인 브라이언트 퀸: "시장 예측 명예의 전당이 있다면, 그 방은 텅 비었을 것이다."

래리 스웨드로: "시장 타이밍이 가능하다고 생각하는 것은 점성가가 미래를 예측할 수 있다고 믿는 것과 같다."

꾸준한 투자에 대하여

프랭크 암스트롱: "매수 후 보유 전략은 매우 지루한 전략이다. 하지만 단 하나의 작은 장점이 있다. 그것은 매우 수익성이 높고, 일관되게 효과적이라는 점이다."

존 보글: "무슨 일이 있더라도 당신의 계획을 지켜라. 나는 '꾸준히 가라(Stay the Course)'라는 말을 천 번도 넘게 했고, 매번 진심이었다. 이것이 내가 줄 수 있는 가장 중요한, 단 하나의 투자 조언이다."

리처드 페리: "당신의 전략을 적어라. 그리고 그것을 끝까지 지켜라."

캐럴 굴드: "대부분의 투자자에게는 매수 후 보유 전략이 유리하다."

마이클 르뵈프: "인덱스 펀드를 매수하고 보유하는 전략은 단순하다. 하지만 당신을 경제적 자유라는 궁극적 목표까지 안내할 수 있는 가장 훌륭하고 효율적인 방법이다."

에릭 타이슨: "펀드를 사고팔지 마라. 계속 투자 상태를 유지하라. 매수 후 보유 전략은 더 나은 수익을 줄 뿐 아니라, 훨씬 적은 노력이 든다."

14장

대학 학자금 마련을 위한
현명한 투자법

경제학자들은 대학 교육이

평생 소득을 수만 달러 늘리는 효과가 있다고 이야기한다.

하지만 결국 그 돈은 자녀를 대학에 보내는 데 쓰인다.

- 빌 본

교육 수준이 높을수록 기대 소득이 높아진다는 것은 굉장히 상식적인 이야기입니다. 굳이 통계를 찾아보지 않더라도 대부분의 대학 졸업자가 고등학교 졸업자보다 그리고 고등학교 졸업자가 중퇴자보다 더 많이 번다는 사실을 경험적으로 알고 있습니다.

따라서 부모가 자녀의 대학 교육을 위해 저축하고 투자하는 것은, 자녀의 평생 소득을 높이는 데 투자하는 것이라고 볼 수 있습니다. 무척 중요한 일이죠. 이건 충분히 투자할 만한 일입니다.

일부 사람은 비싼 사립대학을 다니고 졸업하는 것이 국립대학에 비해 그 값어치를 하는지 의문을 제기합니다. 하지만 어디가 되었든지 간에 대학 진학이 평생 소득을 늘려준다는 사실에는 이견이 없습니다. 사실 평생 소득의 기대치를 결정짓는 데 있어 가장 중요한 요소는 어느 대학을 나왔냐보다, 좋은 전공을 선택하고 졸업하는 데에 달려있습니다.

미국 노동통계국과 인구조사국 자료에 따르면, 학사 학위를 가진 대학 졸업자는 40년의 근무기간 동안 고등학교 졸업자보다 거의 100만 달러를 더 벌 수 있습니다. 만일 석사 학위를 가졌다면, 평생 소득이 고등학교 졸업자의 두 배 이상이 됩니다. 표 14.1은 교육 수준별 예상 평생 소득을 보여줍니다.

표 14.1 교육 수준별 예상 생애 소득

최종 학력	예상 생애 소득
고등학교 중퇴 (졸업장 없음)	1,000,000달러
고등학교 졸업	1,200,000달러
대학교 중퇴 (학위 없음)	1,500,000달러
전문대학 졸업 (준학사 학위)	1,600,000달러
대학교 졸업 (학사 학위)	2,100,000달러
대학원 졸업 (석사 학위)	2,500,000달러
박사 학위	3,400,000달러
전문직 학위 (의사, 변호사 등)	4,400,000달러

표 14.1이 분명히 보여주듯, 4~6년간의 대학 교육은 매우 좋은 투자입니다. 대학에서 1년을 보낼 때마다 생애 기대 소득을 20만 달러 이상 증가시키는 셈이 됩니다. 따라서 자녀를 비용이 합리적인 국립대학에 보내는 것만으로도 상당한 경제적 이익을 기대할 수 있습니다.

노동통계국에 따르면, 여성 대학 졸업자가 여전히 남성 대학 졸업자보다 적은 소득을 벌고 있기는 하지만, 남녀 모두 고등학교 졸업자보다 주급이 약 2.5배 높습니다. 따라서 우리는 자녀를 대학에 보낼 수 있도록 충분한 저축을 해야 합니다.

양육과 투자는 그 자체로도 충분히 어려운 과제지만, 자녀가 있는 투자자는 자녀의 미래 교육 자금을 마련하기 위해 이 두 가지 과제를 결합해야 합니다. 특히, 교육비 마련을 위해 특별히 설계된 계획을 포함해 매우 다양한 투자 선택지가 있다는 점을 고려하면, 결코 간단한 일은 아닙니다.

다른 모든 투자와 마찬가지로, 자녀의 대학 교육 자금을 마련하는 저축은 일찍 시작할수록 목표를 달성할 가능성이 높아집니다. 또한, 자녀 교육 자금을 마련하기 위해 적합한 투자를 선택할 때, 선택 별로 고유한 요건, 한계, 세금 관련 사항을 가지고 있다는 점을 반드시 인지해야 합니다. 오늘 내리는 선택이 훗날 자녀의 대학 진학에 있어 든든한 재정 지원이 될 수 있습니다.

자녀의 대학 자금을 마련하는 방법

이 장에서는 부모가 대학 교육비를 마련하기 위해 활용할 수 있는 투자 선택지 몇 가지를 간략히 다루려 합니다. 자세히 다루기보다는 가능한 옵션에는 어떤 것이 있는지를 소개하는 수준이 될 것 같습니다. 이후 각자의 상황에 따라 가장 적합해 보이는 투자상품을 선택해 추가로 조사해 보십시오.

다만, 이 분야는 관련 프로그램과 세법이 수시로 바뀝니다. 일부 교육 투자 옵션에서 제공하는 비과세 혜택의 기준이 되는 소득 한도도 자주 변경되는 편입니다. 현재 시행 중인 일부 세금 혜택은 폐지 예정이며, 별도로 연장이나 영구화 공지가 없는지를 수시로 확인해야 합니다. 최신 세제 변화에 꾸준히 관심을 기울이십시오.

이 책에서 다룰 투자 옵션은 다음과 같습니다.

- 개인 저축

- 친권자 수탁 계좌(UGMA & UTMA)

- 연금저축 인출

- 그 외 추가 자금 마련 방법

부모 명의의 개인 저축

이 방법은 부모가 활용할 수 있는 모든 저축 옵션 중 아마도 가장 유연한 방식일 것입니다. 세후 자금으로 투자가 이루어져야 하며, 투자 자산은 부모의 소유이며 통제권 역시 부모가 갖습니다. 가입 시 소득 제한이 없고, 부모가 원하는 어떤 방식(주식, 채권, 펀드, 예금 등)으로든 투자가 가능합니다. 계좌의 수익금은 부모가 원하는 방식과 시기에 따라, 그리고 해당 자금이 어떤 자녀를 위해 쓰이는지와 관계없이, 심지어 교육비 여부를 불문하고 사용할 수 있습니다.

이 옵션이 비과세 혜택을 제공하지는 않습니다. 하지만 자녀의 대학 교육비를 마련하기 위한 목적으로 수익을 실현하게 될 경우, 가장 유리한 구간의 장기 자본이득 세율이 적용됩니다. 앞으로 소개할 다른 투자 옵션의 일부가 반드시 특정 자녀를 지정해야 하는 것과 달리 미리 자녀를 지정하지 않아도 되는 장점이 있습니다.

마지막으로, 전부 혹은 일부 자금이 대학 경비로 사용되지 않더라도 해당 자금은 여전히 부모의 자산으로 남아, 은퇴자금 등 다른 용도로 활용될 수 있습니다.

친권자 수탁 계좌 ————

친권자 수탁 계좌UGMA & UTMA는 부모가 자녀 교육 자금을 지정하여 저축하는 방법의 하나입니다. 자녀의 생일이나 기타 특별한 날에 받은 현금 선물이 이 계좌에 들어가고, 시간이 지나면서 불어나는 식입니다.

초기 적립 기간에는 세금 혜택이 있을 수 있습니다. 적립 금액이 적으면 수익에 대한 과세는 전혀 이루어지지 않기 때문이죠. 하지만 적립액이 늘어나면 자녀가 만 14세 미만이어도 과세가 되기도 합니다. 이때는 자녀를 기준으로 하여 낮은 세율로 과세됩니다. 만약 수익이 자녀의 비근로 소득 한도를 초과하면 초과분은 '키디 세금kiddie tax'이 적용되어 부모의 세율을 기준으로 과세됩니다. 만 14세가 되면 다시 자녀 본인의 세율(일반적으로 부모보다 낮음)로 과세됩니다.

다만, 이러한 수탁 계좌에는 잠재적인 문제점도 있습니다. 첫째, 자녀가 법정 성년에 이르면 계좌에 대한 전권을 가지게 됩니다. 그 시점부터는 자녀가 원하는 대로 자금을 사용할 수 있습니다. 예를 들어, 당신의 아들이 자동차, 오토바이, 대형 TV를 사려고 해도 부모는 이를 막을 수 없습니다. 당신의 딸이 이 자금을 세계 여행에 전부 써버린다 해도 어쩔 도리가 없습니다. 결국, 이 자금이 본래의 목적(대학 교육)에 쓰일지, 아니면 자녀가 더 중요하다고 생각하는 다른 용도에 쓰일지 모르는 것이죠.

두 번째 단점은, 현행법상 수탁 계좌는 자녀의 자산으로 간주한다는 점입니다. 따라서 대학 학자금 재정 보조를 신청할 때, 정부 산정 공식에 따라 매년 자녀 명의 계좌의 최대 35%가 대학 비용에 사용되는 것으로 계산됩니다. 이렇게 되면 받을 수 있는 재정 보조금이 줄어들 수 있습니다. 반면에, 만일 학자금이 부모 명의 자산으로 충당된다면, 정부의 재정 보조 산정 공식에 따라 매년 최대 5.6%만 학비 부담으로 반영합니다. 이는 교육비 재정 보조를 받을 가능성이 더 큼을 의미합니다.

많은 부모가 정부의 재정 보조가 줄어들 수도 있다는 점과 자녀가 성년에 도달한 후 수탁 계좌를 마음대로 써버릴 수 있다는 것을 알고 나서는, 이 방식이 자녀의 교육 자금을 마련하는 제일 나은 방법이 아닐 수 있다는 점을 깨닫게 됩니다. 그래서 이러한 수탁 계좌의 자금을 다른 옵션으로 이전하는 것을 고민합니다. 일부 교육용 투자 옵션은 수탁 계좌로부터의 자금 이체를 허용하지만, 그렇지 않은 경우도 있습니다. 다른 상품으로 이체하더라도 해당 자산은 여전히 미성년자의 소유로 간주하는 것이 일반적입니다. 교육비 재정 보조 산정 시에도 그런 기준이 적용됩니다. 결국, 이러한 이유로 인해 많은 부모들이 수탁 계좌를 통해 학자금을 마련하는 것에 소극적입니다.

연금저축 인출

59½세 미만이라도, 적격 교육비 지출을 위해서라면 연금저축에서 자금을 찾을 때 부과되는 10% 조기 인출 페널티가 적용되지 않습니다. 그래서 일부 노련한 투자자는 연금저축을 대학 자금 마련 수단으로 활용하기도 합니다. 그러나 은퇴 자산이 매우 충분한 경우가 아니라면, 대부분의 투자자에게 은퇴자금을 교육비로 쓰는 것은 피하라고 이야기하고 싶습니다. 대학 등록금은 빌릴 수 있어도, 은퇴자금은 빌릴 수 없기 때문입니다. 인생에서 재정적으로 어려운 시기를 맞아 '내 은퇴 계좌에 돈을 넣을지, 자녀 교육 계좌에 돈

을 넣을지'라는 어려운 선택을 해야 하는 상황이 온다면 은퇴자금을 지키는 결정을 하십시오. 물론, 가능하다면 두 가지를 모두 충족할 방법을 찾는 것이 가장 좋습니다.

다른 가능한 옵션들 ────

대학 교육 자금을 마련하는 데에는 여러 가지 다른 방법이 있습니다. 여기에는 고용주 학비 지원 제도, 장학금, 대출, 그리고 학생 본인의 저축 등이 포함됩니다. 또한, 미국 국세청 규정에는 고등교육을 위한 공제 및 세액공제 등이 마련되어 있습니다. 예를 들어 호프 장학금 세액공제와 평생학습 세액공제 같은 것들 말입니다.

비용을 절감할 수 있는 또 다른 방법으로는, 처음 2년 동안 지역 커뮤니티 칼리지에 다니는 것이 있습니다. 많은 커뮤니티 칼리지가 인근 4년제 대학과 긴밀하게 연계되어 있어, 커뮤니티 칼리지를 성공적으로 졸업한 학생은 4년제 대학에 보장 입학할 수 있는 경우가 많습니다.[*]

대학 저축 플랜 요약 ────

이 장의 서두에서 말했듯이, 대학 학자금 마련은 매우 복잡한 주제입니다. 모든 사람에게 이상적인 플랜은 없습니다. 모든 일과 마찬가지로, 최고의 선택을 위해서는 먼저 잘 알아야 합니다. 국세청에서 제공하는 정보와 함께, 이 주제를 담은 다양한 정보를 찾아보기 바랍니다.

세법은 항상 변합니다. 그러니 최신 정보를 지속적으로 확인하십시오.

---

[*] 일반적으로 커뮤니티 칼리지는 4년제 대학보다 학비가 더 저렴함.

당신이 투자금으로 자녀를 지원하고 자녀가 대학을 졸업할 때, 당신은 감격에 겨워 눈물을 흘리며 '언제 시간이 이렇게 흘렀을까?'라고 생각할 겁니다. '그 돈이 다 어디로 갔을까?' 하는 생각은 들지 않을 것입니다.

15장
갑자기
큰돈이 생긴다면?

하나님이 나에게 어떤 신호를 주셨으면 좋겠다….

아주 분명한 신호 말이다!

예를 들면, 스위스 은행이 내 이름으로 거액을 입금해 주는 것 같은.

- 우디 앨런

짧은 시간 안에 거액의 돈이 내 손에 들어오는 상황을 상상해 보세요. 이것이 바로 '우발적 목돈'의 정의입니다. 그 금액은 아마도 당신이 평생 한 번도 가져본 적 없는 액수일 수 있습니다. 그렇게 갑자기 생긴 목돈을 생각하면 다들 이렇게 반응할 겁니다.

"나도 그랬으면 좋겠네! 제발 나한테도 일어났으면!"

그런데 믿기 어렵겠지만, 통계적으로는 평생 적어도 한 번은 그런 일이 일어날 가능성이 존재합니다. 이런 갑작스러운 행운은 로또 당첨자, 거액의 계약을 맺은 연예인이나 운동선수만의 이야기가 아닙니다. 이런 사례가 언론의 주목을 받아 더 익숙하게 느껴지지만, 매년 수백만 명의 평범한 사람들도 상당한 금액의 거금을 손에 쥡니다.

갑자기 목돈이 생기는 경우는 보통 다음과 같습니다.

- 상속
- 이혼 합의금
- 소송 합의금
- 부동산 매각
- 스톡옵션 행사

- 거액의 성과급
- 사업의 급격한 성장
- 사업 매각·보험금 수령
- 큰 폭의 연봉 인상이 있는 새로운 직장
- 은퇴

갑자기 목돈이 생겼을 때 이를 성공적으로 관리하는 일은 상당히 어려운 일입니다. 그렇게 얻은 돈의 75% 이상을 헛되이 써버린다는 통계가 있을 정도이니깐요. 이 수치가 정확한 통계에 기반했는지는 알 수 없지만, 대부분의 금융전문가가 "목돈을 손에 쥔 자들의 절반 이상이 비교적 짧은 기간 내에 이를 전부 잃고 만다"라고 이야기합니다. NBC 뉴스에 따르면, 복권 당첨자의 70% 이상이 3년 안에 전 재산을 탕진하고 만다고 합니다.

이 장의 목적은, 언젠가 당신에게 목돈이 찾아올 순간을 대비할 수 있도록 돕는 것입니다. 무슨 일이 벌어지고 있는지 이해하고 올바르게 행동한다면, 목돈은 당신의 삶을 풍요롭게 만들 수 있습니다. 물론 이를 잃고 후회하는 일도 없을 테고요.

우발적 목돈은 단순한 '돈' 이상의 의미를 가집니다

돈은 의식주 이상의 것을 살 수 있습니다. 그리고 그것은 사회적인 힘을 나타내기도 합니다. 돈은 우리에게 자유, 소유, 지위, 접근 권한, 기회, 경험에 있어 더 많은 가능성을 제공해 줍니다.

사람들이 시간을 어떻게 쓰는지를 보십시오. 그러면 그들이 무엇을 가장 가치 있게 여기는지 알 수 있습니다. 직장 생활을 떠올려 봅시다. 우리는 깨어 있는 시간의 절반 이상을 '돈 벌기'에 쏟고 있습니다. 물론 이런 사실이 우리가 오로지 돈을 벌기 위해서만 일한다는 것은 아닙니다. 하지만 반대로, 돈을 주지 않아도 매일 아침 일어나서 출근할 사람이 있을까요?

이런 점을 생각했을 때, 목돈을 얻은 이들의 감정이 황홀함부터 우울함까지 다양하게 나타나는 것은 그리 놀라운 일이 아닐지도 모릅니다. 어떤 복권 당첨자는 황홀감을 느끼지만, 어떤 사람은 자신이 그럴 자격이 없다고 느낍니다. 오랜 세월 동안 공들여 키운 사업을 매각한 뒤 자유와 안도감을 느끼는 이도 있지만, 어떤 사업주는 심각한 상실감을 느끼기도 합니다. 이혼 합의금을 받은 일부의 사람은 새로운 삶을 설계할 기회를 반기지만, 다른 누군가는 쓰라린 상실감에 힘들어하기도 합니다. 어떤 은퇴자는 퇴직금을 수령하고 이를 취미와 여행의 기회로 받아들이기도 하지만, 또 다른 은퇴자는 자신의 정체성과 삶의 목적을 잃었다고 여기면서 우울해할 수도 있습니다.

이처럼 목돈은 그걸 받게 된 사람에게 무능감, 스트레스, 피해망상 같은 감정을 가져다줍니다. 만약 한 번도 거액을 관리해 본 적이 없는 상태에서 이런 상황을 마주하게 된다면 감정적으로 더 힘들 수도 있습니다.

"이걸 감당할 준비가 안 됐어. 누구를 믿어야 하지? 무엇을 해야 하지?"

다음의 4단계는 목돈을 효과적으로 관리하고, 그 대부분을 지킬 수 있도록 도와줄 것입니다. 앞서 이야기한 대로, 대부분의 목돈은 이를 둘러싼 감정에 휩쓸리면서 불필요하게 낭비되고 맙니다. 그래서 첫 번째 단계가 특히 중요합니다.

1. 돈을 안전한 계좌에 넣고 최소 6개월 동안은 건드리지 말 것

2. 그 돈으로 무엇을 할 수 있는지 현실적인 계획을 만들어 볼 것

3. 앞으로 하고 싶은 일의 목록을 만들 것

4. 전문가의 도움을 받을 것

돈을 계좌에 넣고 6개월 동안 그대로 두기 ─────

거액의 목돈이 생겼을 때 따라오는 감정은 일시적이며, 대개 6개월 안에 사라집니다. 목돈을 지키기 위해서는 최초의 감정이 가라앉고 자금운용에 대한 건전한 계획이 세워질 때까지 절대 목돈에 손대지 않아야 합니다.

물론 일부 예외를 둘 수는 있습니다. 전체 금액의 1~2% 정도를 써서 축하하는 정도는 괜찮습니다. 그 정도 금액 안에서는 본인과 가족을 위해 좋은 것을 사거나 즐기세요. 만일 신용카드나 고금리 부채가 있다면, 목돈으로 가능한 한 빨리 상환하는 것이 좋습니다. 마지막으로, 목돈에 부과된 세금이 있다면 이를 빨리 납부하는 것이 좋습니다.

빚을 갚고, 세금을 내고, 멋지게 축하를 한 뒤에는 나머지 돈을 은행의 예금계좌나 머니마켓펀드에 두고 최소 6개월간 그대로 두십시오. 그리고 다음과 같은 유혹에 절대 넘어가지 마십시오.

· 금융전문가나 보험설계사가 권하는 '절대 실패하지 않는다'라는 투자상품에 가입

· 친구나 친척이 당신을 은행처럼 여기며 돈을 빌려달라고 하는 경우

· "나 성공했어!"를 세상에 알리기 위해 고급 주택을 구매

- ·친구를 놀라게 할 고급 자동차를 구매

- ·크루즈 일등석을 예약하여 세계 일주

- ·값비싼 의류와 보석을 구매

- ·좋아하는 자선단체나 기부처에 거액을 기부

- ·요트, 비행기 같은 고가의 장난감 구매

- ·직장을 그만두는 일

비록 누리고 싶은 것들이 많더라도 당장은 그럴 때가 아닙니다. 잠시 멈추고, 마음을 가라앉히세요. 지금은 진지하게 성찰하며 정보 수집과 계획을 세울 때입니다. 당분간은 목돈이 생기기 전과 똑같이 살아가세요.

얼마나 쓸 수 있는지를 알기 ────

신이 누군가를 파괴하고자 하면 그자를 먼저 미치게 만든다는 이야기가 있습니다. 목돈을 손에 쥐면, 특히 그런 일을 처음 겪는 사람이라면, 스스로 끝없는 부를 가졌다는 착각에 빠지기 쉽습니다. 이에 많은 이들이 쉽게 목돈을 낭비하고, 뒤늦게 실수를 깨닫고 후회합니다. 안타깝게도 그때는 이미 가진 돈이 사라지고 오히려 더 큰 빚만 지고 마는 상황이 되고 맙니다.

예를 들어봅시다. 40세의 조 포춘에게 100만 달러의 목돈이 생겼다고 가정해 봅시다. 조는 이제 백만장자일까요? 아마 세금을 내고 난 뒤에는 아닐 겁니다. 일반 소득세율로 과세된다면, 세후 손에 쥘 수 있는 금액은 60만 달러에 불과할 수 있습니다. 조가 목돈을 손에 넣기 전 40만 달러 이상을 가지고 있지 않았다면, 백만장자는 분명 아니겠지요.

여기서 더 중요한 질문은 "남은 60만 달러를 모두 투자했을 때, 매년 얼마의 소득을 더 얻을 수 있는가?"입니다. 재무설계사들은 보통, 잘 분산된 포트폴리오에 10만 달러를 투자하면 연간 5,000달러 정도를 쓸 수 있다고 봅니다. 즉, 조는 세전 기준으로 연간 약 30,000달러의 추가 소득을 기대할 수 있습니다. 세후 순소득 증가는 조의 소득세율에 따라 달라질 것입니다. 덧붙여 물가상승률을 생각한다면, 조는 1년에 포트폴리오의 4%인 24,000달러만 찾을 수 있습니다. 그래야 60만 달러가 줄어들지 않을 겁니다. 물론 인출 금액을 물가상승률만큼 조금씩 늘리는 것은 가능할 겁니다.

조는 연간 24,000~30,000달러 정도의 추가 소득에 만족할 수도 있습니다. 하지만 대부분의 사람은 기껏 100만 달러의 목돈을 손에 쥐고서도 겨우 이 정도의 추가 소득이 발생한다는 사실에 큰 충격을 받고 맙니다. 사치스러운 생활과 자유로운 지출로 가는 티켓이라고 하기에는 너무 적은 금액이죠.

물론 조에게는 또 다른 선택지가 있습니다. 그는 목돈을 소비하는 대신 현재 생활 수준을 유지하면서 전액을 자녀의 대학 자금, 조기 은퇴, 그리고 장기 재무목표에 투자할 수 있습니다. 이 목돈을 장기간 복리로 불려 나간다면 삶에 큰 도움이 될 수 있습니다. 실제로 조의 세후 60만 달러를 연 8% 수익률로 투자한다면, 9년 후에는 120만 달러, 18년 후에는 240만 달러로 불어납니다.

세금과 부채를 모두 갚은 다음의 목돈, 그러니까 순수하게 사용할 수 있는 금액을 계산하세요. 이 돈을 당장 소득을 늘리는 데 활용하고 싶다면, 매년 4~5%만 찾아야 합니다. 이때, 찾은 금액에도 소득세가 부과된다는 점을 유념하면서 말이죠.

반면, 이 목돈을 그대로 두었을 때, 5년, 10년, 20년 후 연 8% 복리로 불어났을 경우 얼마가 될지 계산해 보십시오. 이 계산은 엑셀, 재무 계산기를 이용해 계산할 수 있습니다. 계산기를 꺼낸 김에, 현재 재정 상태를 전체적으로 파악하고 미래 모습도 예측해 보세요. 새롭게 생긴 순자산을 계산하고, 향후 받을 수 있는 연금이나 기타 소득 규모와 시기를 계산해 보세요. 이러한 정보를 갖추면, 새롭게 생긴 목돈을 어떻게 사용할지 그림을 그릴 수 있을 겁니다.

위시 리스트 작성하기 ———

목돈에 대해 현실적인 평가를 마쳤다면, 다음 단계는 그것을 가지고 어떻게 원하는 삶을 만들 수 있을지를 생각해 보는 것입니다. 돈을 벌지 않아도 된다고 가정했을 때, 당신이 어떻게 살고 싶은지를 생각해 보는 겁니다. 직장을 그만두고 싶은가? 어디에서 살고 싶은가? 하루를 어떻게 보내고 싶은가? 어떤 사람이 되고 싶은가? 어디를 여행하고 싶은가? 참여하고 싶은 특정 사회적·자선 활동이 있는가? 이런 질문을 두고 다음과 같은 내용을 고려해 봅시다.

시점별로 당신이 원하는 삶의 모습을 구체적으로 그려보세요. 희망 목록을 만든 뒤에는, 이 꿈을 이루기 위한 구체적인 목표를 만들어 보는 겁니다. 현실적인 기한이 있는 구체적인 목표 말이지요. 세 장의 종이에 다음과 같은 목표를 작성합니다.

1. **단기 목표**: 1년 이내에 달성하고 싶은 것

2. **중기 목표**: 향후 5년 이내에 달성하고 싶은 것

3. **장기 목표**: 그 이후에 달성하고 싶은 모든 것

이런 목표들을 만든 후에 중요도 순으로 정리하세요. 이제 당신은 인생에서 최대한의 만족을 얻기 위한 목표와 우선순위에 대한 체크리스트를 갖게 되었습니다.

다음 단계는 지출을 설정한 목표에 맞추는 것입니다. 일을 그만두고 싶다면, 지금 그럴 여유가 되는지 확인하세요. 지금이 아니라면 언제 가능할까요? 창업하고 싶다면, 지금이 적기일까요? 세컨하우스를 사거나 오랫동안 꿈꿔왔던 곳으로 이사할 여유가 있나요? 그렇지 않다면, 그 꿈을 이루기 위해 지금 얻은 목돈이 얼마나 오랫동안 불어나야 할까요? 꼭 가보고 싶은 장소가 있나요? 이 목돈이 앞으로의 재정 부담, 예를 들어 대학 등록금 같은 비용을 덜어줄 수 있을까요? 꼭 하고 싶었던 취미나 활동이 있나요? 목돈을 어떻게 쓸지 결정할 때마다 당신이 작성한 목표 목록을 참고하세요. 돈을 여기저기 헤프게 쓰는 대신, 그 돈은 당신의 목표를 이루는 데 사용하게 될 것입니다.

전문가의 도움 받기

재정, 유산, 세금 계획에 대해 충분히 교육받은 사람이 아니라면, 혼자서 모든 걸 처리하기는 어렵습니다. 목돈을 얻는 것은 멋진 일이긴 하지만, 그만큼 여러 가지 문제도 함께 따라옵니다. 올바른 전문가의 도움을 받는 것은

보통 매우 가치 있는 투자입니다. 이는 당신의 시간, 돈, 번거로움을 절약해 줍니다.

16장에서 배우게 되겠지만, '재무전문가'나 '재무설계사'라는 용어는 사실상 아무 의미가 없습니다. 소위 금융전문가라고 불리는 이들 가운데 상당수는 금융상품 판매원입니다. 물론 그들이 파는 상품이 필요할 수도 있지만, 지금은 그런 이들로부터 조언을 구할 때가 아닙니다. 이는 여우에게 닭장을 지켜달라고 하는 것과 같습니다.

지금 필요한 사람은, 객관적으로 판단하고 당신의 이익을 최우선으로 생각하고 조언해 주는 사람입니다. 금융상품을 파는 사람에게 재정 조언을 구하면 잠재적인 이해충돌이 발생할 수밖에 없습니다. 선의에 따라 행동하는 사람도 있겠지만, 그중 일부는 자신에게 가장 많은 이익이 되는 상품을 팔고 싶어 할 것입니다. 이는 굳이 감수할 필요가 없는 위험입니다. 조언을 얻는 곳과 금융상품을 사는 곳은 분리해야 합니다.

조언을 구하는 좋은 출발점은 투자상품을 판매하지 않는 공인회계사 CPA입니다. 좋은 CPA는 다음과 같은 일을 해줄 수 있습니다.

- 전반적인 재무 건전성을 평가

- 목돈을 수령하면서 발생하는 세금 계산

- 추가로 필요한 보험을 추천하거나 해지할 보험을 파악

- 유산 전문 변호사의 도움이 필요한지 아닌지를 판단

- 퇴직 패키지를 수령할 때 일시금 수령과 분할 수령 중 어느 쪽이 더 유리한지 계산

· 목돈이 장기적인 재무목표 달성에 어떻게 도움이 될 것인지 구체적 방안 제시

미국 공인회계사 협회^{AICPA}는 개인 재무 서비스에 특화된 회계사에게 PFS^{Personal Financial Specialist*} 자격을 부여합니다. 다시 한번 강조하지만, 재무전문가를 만나면 그들이 금융상품을 판매하는지 혹은 상품 추천에 따른 보상을 받는지 등을 먼저 확인하십시오. 만일 그렇다면 피하십시오.

또 고려해 볼 만한 다른 전문가로는 유산 전문 변호사와 재무설계사가 있습니다. 회계사는 당신에게 필요한 변호사를 여러 명 추천할 수 있습니다. 일부 재무전문가는 변호사와 공인회계사 자격을 동시에 갖추고 있어 대부분의 업무를 한 번에 처리할 수도 있습니다.

재무설계사의 경우, 16장에서 더 자세히 다룰 예정입니다. 만일 재무설계사의 도움이 필요하다고 느껴진다면, 주위에서 갑작스레 목돈이 생긴 사례를 다뤄본 경험이 있는 평판 좋은 설계사를 찾아보십시오.

결론적으로, 갑자기 생긴 목돈을 성공적으로 관리하려면 그에 따른 심리적이고 재정적인 현실을 모두 이해해야 합니다. 인생의 혜택 대부분이 그런 것처럼, 횡재에도 나름의 문제가 따르기 마련입니다. 그러나 모든 것을 종합해 보면, 횡재로 고민하는 것은 '매우 기분 좋은 문제'임이 분명합니다.

* PFS와 비슷한 한국의 자격증으로 공인재무설계사(CFP)가 있다.

16장

전문가의 도움이
필요할까요?

나는 두 명의 아이를 하버드에 보냈다.
내 주식 브로커의 아이 말이다.

- 마이클 르뵈프

2001년 6월, 밸리 포지에서 열린 두 번째 보글헤드 모임에서 마이클 르뵈프가 했던 농담은 모든 이들의 웃음을 자아냈습니다. 하지만 현실을 들여다보면 결코 웃을 일이 아닙니다. 몇 년 전, 멜 린다우어가 말하길 자신의 친구가 일하던 증권사에서는 "고객이 투자상품을 사고팔면 브로커가 돈을 벌고, 증권사도 돈을 번다. 이 셋 중 둘만 잘 돼도 괜찮다"라는 농담을 하곤 했다고 합니다. 이 이야기는 증권사가 고객에게 잦은 매매를 유도해 큰 수수료를 벌어들인다는 의미입니다. 물론 고객의 돈을 일부러 잃게 하려 했던 것은 아니었겠지만, 고객이 돈을 벌지 못하더라도 브로커와 증권사는 돈을 번다는 의미였죠. 이런 측면을 고려해 보면, 여러분의 투자금을 직접 관리할지 이해관계 충돌의 여지가 있는 브로커에게 맡길지를 판단할 수 있을 겁니다.

대부분의 보글헤드는 DIYDo It Yourself 투자자입니다. 우리 중 일부는 과거에 브로커를 이용했다가, 그들의 목적이 고객의 이익보다는 수수료에 있다는 사실을 깨달았습니다. 고비용의 펀드나 연금상품 같은 비싼 투자상품을 파는 방식으로 말이죠. 때로는 그들이 추천하는 상품이 고객의 상황에 전혀 적합하지 않은 경우도 있었습니다. 예를 들어, 이미 세금이 이연되는 연금저축 계좌에 추가로 장기 해지 불이익이 있는 연금을 넣은 것처럼 말입니다. 이런 경험은 우리에게 비싼 대가를 치르게 만드는 것을 넘어 불쾌하게 만들었습니다. 그래서 결국 우리는 스스로 공부하고, 우리 자신의 투자 운명을 직접 통제해야 한다는 결론에 도달하게 된 것이죠.

보글헤드 중에는 브로커와 함께 좋은 경험을 만들었지만, 어느 시점부터는 스스로 투자를 관리할 능력이 있다고 느껴 직접 관리하게 된 사람도 있습니다. 또 어떤 사람은 애초부터 우리 인생에서 가장 중요한 부분—우리 자신과 자녀, 손주의 재정적 안녕—을 낯선 사람에게 맡기고 싶지 않았기 때문에 처음부터 브로커나 투자 자문을 이용하지 않는 경우도 있습니다.

어떤 길을 통해 DIY 투자자가 되었든, 우리들은 브로커나 전문가의 도움(그리고 비용) 없이 스스로 투자 결정을 내릴 수 있을 만큼 숙달되기 위해 많은 시간을 들여 공부해야 했습니다. 지식과 자신감을 무기로, 그리고 뱅가드와 같은 저비용 운용사에서 제공하는 무비용 또는 저비용 투자상품에 가입할 수 있음을 알았을 때, 비로소 눈이 번쩍 뜨였습니다. 그리고 브로커와는 작별을 고하게 되었지요.

투자는 결국 교육이 핵심입니다. 그러나 대학에서 금융을 전공했거나 부모님으로부터 저축과 투자에 대해 배우지 않았다면, 이 중요한 분야에 대한 배경지식이 부족한 경우가 많습니다. 따라서 우리가 DIY 투자자가 되든, 아니면 브로커나 투자전문가를 고용하든, 더 나은 투자 지식을 갖출 필요가 있습니다. 그렇지 않으면, "돈만 맡기면 당신의 모든 꿈을 이뤄주겠다"라는 식의 꼬드김에 쉽게 넘어갈 수밖에 없습니다.

우리는 투자와 금융의 기본 지식이 정규 교육에서 반드시 가르쳐져야 할 필수 과목이 되지 못한 것이 정말 안타까운 일이라고 생각합니다. 이런 비슷한 이유로 직접 투자에 도전하기 어려워 브로커나 투자전문가를 고용하기로 한 이들을 위해, 어떤 점을 주의해야 하는지에 대해서 설명하도록 하겠습니다.

금융전문가에 대한 기초 상식

쉿! 혹시 투자전문가가 되고 싶으신가요? 아니면 금융분석가? 금융컨설턴트, 재무설계사, 혹은 투자컨설턴트는 어떠신가요? 믿기 어렵겠지만, 사실 명함만 인쇄해서 그 직함을 적고 간판 하나만 걸면 바로 그 일을 시작할 수 있습니다. 정말 그 정도로 간단합니다.

앞서 언급한 다섯 가지 직업 모두 특별한 교육, 경험, 시험, 인증 과정이 전혀 필요 없는 일반적인 호칭입니다. 미국 증권거래위원회에 따르면, 누구든 관련 기관에 등록하면 교육/경험 요건을 충족하지 않고도 이러한 직업 타이틀을 사용할 수 있습니다. 전직 브로커이며 현재는 수수료 기반 투자자문가로 활동하는 리처드 페리는 이렇게 경고합니다.

"증권사에서는 모두가 VP(상무)*입니다. VP가 아니라면 아주 신입이거나 곧 회사를 떠날 사람이지요."

이처럼 화려한 직함이 고객을 감탄하게 만들 수 있지만, 사실상 아무 의미도 없습니다. 꽤 무서운 얘기지요? 이제 투자 문제를 이른바 전문가에게 맡기기로 할 경우 어떤 상황과 맞닥뜨리게 될지 감이 오실 겁니다.

지금까지 설명한 일반적인 직군 외에도, 각종 보험 및 직원 복리후생 관련 자격증까지 포함하면 미국 금융산업규제국FINRA에 등록된 금융 관련 직업의 수는 거의 150개에 달합니다. 중요한 점은 FINRA는 단순히 정보를 제공할 뿐, 이들 자격증을 보증하거나 추천하지는 않는다는 사실입니다.

FINRA의 직군 목록에는 비인가 직종만 있는 것은 아닙니다. 그들의 리스트에는 전문 자격증도 있는데, 이런 전문적인 자문 직종의 경우는 일정 수준의 교육, 시험, 경력 요건을 충족해야 합니다. 이러한 전문적인 자격증은 윤리 규정에 서명하고, 자격을 유지하기 위해 일정 수의 공인된 지속 교육 학점을 주기적으로 이수해야 하기도 합니다.

전문 자격증이라 해서 다 같은 수준의 전문성을 검증하지는 않습니다. 자격증마다 요구하는 사항이 크게 다르며, 일부 기관은 다른 기관보다 훨씬 더 높은 기준과 요건을 가지고 있어 자격증을 매우 까다롭게 관리합니다. 저를 비롯한 보글헤드들이 더 높은 기준의 자격증을 더 신뢰하는 것은 어쩌면 당연한 일일 것도 같습니다.

이처럼 높은 평가를 받는 전문 자격증 중에는 공인재무분석사CFA와 공

<hr>

* Vice President가 상무에 직접적으로 대응하는 직급은 아님. 부장~상무급에 해당하는 직급.

인재무설계사CFP가 있습니다. CFA 자격증 보유자는 다음의 요건을 충족해야 합니다.

- 학사 학위 보유

- 금융 분야에서 근무 중일 것

- 투자 의사결정과 관련된 최소 3년의 전문 경력 또는 4년의 적격 업무 경력 (풀타임, 단 반드시 투자 관련 업무일 필요는 없음)

CFA 취득을 위한 교육 과정도 무척 방대합니다. 총 750시간의 학습(세 단계 각각 250시간)을 포함해야 하며, 마지막으로 세 단계 각각에 대한 종합시험을 통과해야 합니다. 각 시험은 1년에 한 번씩만 응시할 수 있습니다.

CFA를 취득한 이들은 애널리스트로 활동하거나 연기금 운용 매니저로 활동합니다. 또 어떤 이는 헤지펀드를 운용하거나 펀드를 관리하기도 합니다. 그러나 이처럼 고도로 훈련된 CFA 중 일부는 재무전문가가 되기도 하며, 이러한 자격을 갖춘 CFA는 많은 보글헤드들에게 업계에서 가장 높은 자격을 갖춘 전문가로 인정받습니다.

CFA와 마찬가지로, CFP도 고도의 훈련을 거칩니다. 100개 이상의 재무 설계와 관련된 주제에 숙달해야 하는데, 주요 분야는 다음과 같습니다.

- 재무 설계의 일반 원칙
- 보험 설계
- 직원 복리후생 설계
- 투자 설계
- 소득세 설계
- 은퇴 설계
- 상속 설계

CFP 시험을 치르기 전에 반드시 이수해야 하는 교육 과정은 대학에서 제공됩니다. 과거에는 CFP 자격 취득에 대학 학위가 필수는 아니었으나, 2007년부터는 CFP 지원자가 반드시 인가된 대학에서 전공에 상관없이 학사 학위를 취득해야 자격을 얻을 수 있습니다.

그러나 교육 과정을 마치는 것만으로는 CFP 종합 실무 시험에 합격하기 어렵습니다. 실제로, 필수 과정을 충실히 이수했음에도 불구하고 첫 번째 시도에서 불합격하는 지원자가 많습니다. 지원자는 시험이 얼마나 어렵고 까다로운지 알기 때문에 이에 대비한 추가 준비 과정을 따로 수강하기도 합니다. 이러한 과정은 회계사^{CPA} 시험이나 변호사 시험을 준비하는 것과 비슷합니다. 따라서 CFP 시험을 통과하고 해당 자격을 획득한다는 것은 누구나 자랑스러워할 만한 성취입니다.

CFA와 CFP 자격 외에도, 여러분이 전문가를 찾다 보면 접하게 될 수 있는 여러 다른 금융 자격증이 있습니다. 이들 자격증은 이혼, 상속·유산, 은퇴자금 마련 등 특정 상황이나 집단을 대상으로 만들어졌습니다. 그러나 대다수는 일반적인 성격을 띠며 금융 및 투자 분야 전반을 폭넓게 다룹니다.

그러면, 만약 당신이 누군가로부터 자문을 얻기로 했다면, 당신에게 맞는 사람을 어떻게 찾아야 할까요? 우선, CFA 또는 CFP 자격증은 취득 기준과 교육 요건이 매우 까다로우므로, 일단 이러한 자격을 가진 전문가는 반드시 당신의 후보 명단에 올려야 한다고 생각합니다.

둘째, 전문가의 이해관계가 반드시 본인과 일치해야 하므로, 전문가가 어떤 방식으로 보수를 받는지를 반드시 알아봐야 합니다. 그래야 이해 상충

가능성을 없앨 수 있습니다. 모든 금융전문가가 동일한 방식으로 보수를 받는 것은 아닙니다. 일부는 판매수수료를 기반으로 청구하기 때문에, 고액의 수수료가 붙는 금융상품을 권유할 때 고객의 이익을 최우선으로 하지 않을 수도 있습니다. 여기에는 증권사나 은행 소속의 브로커, 그리고 사실상 보험설계사인데 투자전문가인 척하는 이들이 포함됩니다. 이들은 고비용의 펀드와 연금 같은 보험상품을 판매하려 합니다. 이런 유형의 커미션 영업에는 단호히 "No, thanks"라고 말하는 것이 좋습니다.

반면, 자문 보수를 받는 전문가는 일반적으로 운용자산^AUM을 기준으로 수수료를 청구합니다. 이는 고객이 맡긴 자산 총액을 기준으로 이중 일정 비율을 연간 자문료로 청구하는 방식입니다. 수준에 따라 운용수수료는 0.25%에서 2%까지 다양합니다. 만일 당신이 큰 금액을 맡기려 한다면 수수료율은 협상할 수 있는 경우가 많습니다. 다만, 운영수수료에는 거래비용, 수탁 비용, 기타 관리 비용은 포함되지 않습니다.

운용수수료 방식에는 장단점이 있습니다. 장점은 자문료가 별도로 지급되므로, 전문가는 수수료 없는 저비용 펀드 같은 적합한 상품을 추천할 수 있습니다. 반대로 우수한 전문가일수록 최소 투자 금액 요건이 높아 일반 투자자가 접근하기 어렵다는 단점이 있습니다. 이들의 자문료가 약 2% 정도가 된다고 가정해 봅시다. 연 4% 수익률의 채권 펀드에 투자하면서 2%를 수수료로 낸다면 수익의 절반을 자문료로 날리는 셈이 됩니다. 연간 8% 수익률을 올려도 2% 수수료는 총수익의 25%에 해당하는 수치죠. 문제는 손실을 봤을 때입니다. 손실을 보더라도 운용수수료는 여전히 지급해야 합니다.

결국, 수수료율이 낮은 자문가를 찾는 것이 중요합니다. 수수료로 나가는 1달러는 곧바로 총수익에서 1달러가 줄어드는 것이기 때문입니다.

수수료를 전문가에게 지급하느냐, 아니면 브로커나 보험설계사에게 지급하느냐를 구분할 필요가 있습니다. 브로커나 보험설계사은 흔히 '수수료 기반' 과금이라는 모호한 용어를 쓰지만, 사실상 커미션을 받고 상품을 파는 경우가 많습니다. 그리고 고객에게는 "보험사나 펀드회사가 내는 소정의 수수료일 뿐"이라고 둘러대고 말죠.

이런 일은 주로 브로커나 보험설계사가 선취수수료가 없는 펀드나 변액연금을 판매할 때 일어나는데, 겉보기에는 선취수수료가 없지만 실제로는 상당한 커미션이 포함되어 있습니다. 또, 증권사는 랩 어카운트라는 것도 판매합니다. 랩 어카운트는 운용수수료, 관리수수료, 거래수수료, 기타 비용을 모두 한데 묶어 청구하는데, 보통 연간 2~3% 수준입니다.

이처럼 모든 비용이 한데 묶여있으면, 비용을 미리 알 수 있다는 점이 매력적으로 보일 수 있지만, 문제는 이 요율이 지나치게 높다는 것입니다. 저비용 펀드와 비교하면 랩 어카운트의 수수료가 1~2% 더 비싼 경우가 허다합니다. 최악의 경우, 브로커는 높은 커미션 상품을 판매하고 여기서 발생하는 수수료를 랩 어카운트 수수료로 묶어서 청구합니다. 그렇게 되면 연간 총비용이 4%까지 올라가기도 합니다. 이것을 두고 업계에서는 부의 이전이 벌어진다고 표현하기도 합니다. 결국, 고객의 돈이 브로커 주머니로 이동한다는 말이죠. 그럼에도 많은 브로커와 보험설계사가 실제 비용에 기반하여 청구한다고 포장합니다. 다시 한번 강조하지만 이러한 구조에는 이해 상충이 벌어질 수밖에 없습니다. 이런 제안에는 반드시 "No, thanks"라고 거절해야만 합니다.

여기 두 가지 대안적 보수 체계가 있습니다. 고정 요율과 시간당 보수. 이런 대안은 투자 로드맵을 설계해 줄 전문가가 필요하지만, 실행은 본인이 직접 하고 싶은 투자자에게 적합합니다. 또한, 필요할 때 정기적/비정기적으로 자문을 추가로 받을 수도 있습니다. 이 경우에는 자문료를 100% 직접 내기 때문에, 전문가는 전적으로 고객 편에 서게 됩니다. 브로커처럼 고 커미션 상품으로 유도할 유인이 없고, 고객에게 가장 적합한 투자를 추천할 수 있습니다.

이렇게 필요할 때 조언을 받는 형태는 보글헤드 커뮤니티에서 투자전문가를 찾는 가장 선호되는 방식입니다. 우리 친구이자 멘토인 존 보글도 비용의 중요성을 이렇게 강조한 바 있습니다.

"자산배분은 매우 중요하다. 하지만 비용도 그만큼 중요하다. 다른 모든 요인은 뒷순위로 미뤄도 괜찮다."

미국 증권거래위원회는 투자전문가 고용을 고려하는 투자자를 위한 지침 몇 가지를 발표했습니다. 주요 내용은 다음과 같습니다.

- 재무목표를 생각하고, 필요한 서비스의 종류를 파악해야 합니다. 무엇이 필요한지를 알면 자신에게 맞는 전문가를 찾을 수 있을 뿐만 아니라, 원하지 않는 서비스에 돈을 내는 것을 방지할 수 있습니다.

- 추천을 받으십시오. 친구, 이웃, 가족, 직장 동료 등에게 전문가를 추천받으십시오. 여러 명과 상담해 보고, 각 전문가에게 전문 분야, 자격증·등록·면

허, 학력, 경력, 투자 경험, 제공하는 상품 및 서비스, 그리고 징계 이력 등을
물어보십시오.

- 보수 체계를 이해하도록 하십시오. 어떻게 수수료를 받는지 반드시 확인
하고, 판매하는 상품에 따라 추가 보수나 인센티브를 받는지 물어보아야
합니다.

- 등록 여부를 확인하십시오. 투자전문가와 소속 회사가 보험·증권 규제 기관
에 적절히 등록되어 있는지 확인하십시오. 대부분의 투자전문가는 관련 기
관에 등록되어 있어야만 합니다. 단, 일부 자격증은 단순히 서류 제출과 수
수료 납부만으로도 딸 수 있습니다. 이것이 특별한 훈련이나 전문성을 의
미하지 않습니다. 일부 전문가는 보험 판매 자격만 가지고 있을 수도 있습
니다.

- 시간을 갖고 검토하십시오. 올바른 투자 결정을 내리기 위해 당신의 재무목
표에 가장 적합한 전문가를 찾는 것이 필요합니다. 서두르지 말고, 충분히
조사한 뒤에 계약을 체결하십시오. 만약 누군가 즉시 계약을 종용한다면,
피하십시오.

이 장을 통해 여러분은 설령 투자전문가를 고용하더라도, 이에 앞서 스
스로 학습하고 투자자로서 더 나은 지식을 갖추어야 한다는 점을 이해했을
것입니다. 더 나은 투자자가 되고자 하면서 무지한 투자자로 남는 일은 있을
수 없습니다. 이 책(에 더해 몇 권의 다른 책)을 읽고 나면, 투자가 결코 어렵
거나 복잡한 일이 아님을 깨닫게 될 것입니다. 그리고 스스로 투자할 수 있
다는 자신감을 통해 주체적 투자자로 거듭날 수 있습니다.

Part II

목표 달성을 위한 후속 조치

17장

포트폴리오를 모니터링하고
필요하면 리밸런싱하라

아무리 완벽에 가까운 시스템이라 할지라도
바보의 기발함까지 고려하진 못한다.

- 진 브라운

투자 포트폴리오를 리밸런싱할 때 적용할 수 있는 만능열쇠 같은 것은 존재하지 않습니다. 투자자 각자는 자신에게 맞는 리밸런싱 방법을 선택해야 합니다. 중요한 것은 어떤 방법을 택하든 간에, 시장 상황이 좋든 나쁘든 간에 흔들림 없이 일관되게 지킬 수 있는 방법이어야 한다는 점입니다.

이런 방법을 찾기 위해서는 우선 리밸런싱이 무엇인지를 알아야 하고, 선택할 수 있는 옵션에는 어떤 것이 있는지 알아야 합니다. 이 장에서는 포트폴리오를 리밸런싱해야 하는 이유를 살펴보고, 투자자가 선택할 수 있는 여러 리밸런싱 옵션을 다룰 것입니다. 아울러 실제로 리밸런싱을 실행할 때 어떠한 점을 고려해야 할지도 알아보겠습니다.

왜 리밸런싱이 필요한가?

리밸런싱이란 시장의 상황이 변하거나 투자자 개인적인 사정 때문에 자산군의 비중을 바꿔야 할 때 이를 적절히 조정하는 행위를 통칭합니다.

기본적으로 리밸런싱은 포트폴리오의 위험을 관리하는 방법입니다. 포트폴리오가 애초의 자산배분 계획을 이탈했을 때, 이를 투자자가 느끼기에 적절하고 편안한 수준으로 되돌려주는 행위죠. 앞서 12장에서 살펴본 것처럼, 분산투자를 하는 주된 이유 중 하나는 자산군들이 항상 같은 방향으로 움직이지 않고, 설령 같은 방향으로 움직인다 해도 기대수익률과 위험 수준이 서로 다르기 때문입니다. 때때로 특정 자산군이나 그 하위 세그먼트가 다른 자산군을 크게 앞서 나가면서, 원래 의도했던 비중보다 훨씬 큰 비중을 차지하게 됩니다. 반대로 다른 자산군들은 계획했던 비중보다 줄어들기도 합니다.

리밸런싱은 고평가된 자산을 팔고, 저평가된 자산을 사는 것입니다. 나아가 강제적으로 자산 비중을 애초의 자산배분 계획에 맞추게끔 하는 체계라고 보아도 좋습니다. 즉, 더 잘나가는 자산군은 줄이고, 덜 오른 자산군을 늘리는 것입니다. 이것이야말로 똑똑한 투자자가 하는 행동입니다.

일부 투자자는 그냥 '잘나가는 종목들'을 왜 계속 보유하면 안 되는지 이해하기 어려워합니다. 하지만 그렇게 잘나가는 종목들을 계속 보유하게 되면 시장이 포트폴리오 구성을 결정하는 셈이 됩니다. 그에 따라 위험 수준 또한 시장이 결정하는 꼴이 되죠. 1990년대 말 닷컴 버블 때, 이 길을 따른 투자자는 2000년대 초 IT 버블 붕괴 이후 큰 손실을 보았습니다. 리밸런싱을 하지 않고 기술주의 비중이 과도하게 커진 채 놔두었던 투자자는, 나스닥이 70% 폭락했을 때 포트폴리오 전체가 크게 훼손되고 말았던 것이죠. 반면 정기적으로 리밸런싱을 하며 채권형 펀드 같이 덜 오른 자산으로 자금을 옮긴 투자자는 손실을 최소화할 수 있었습니다.

〈재무 설계 저널〉의 '다양한 위험 프로필을 가진 분산 포트폴리오의 리밸런싱'이라는 글에서 CFA 자격증 보유자인 신디 차이는 여러 리밸런싱 방법을 비교했습니다. 그 방법은 다음과 같습니다.

- 절대 리밸런싱하지 않음

- 월별 리밸런싱

- 분기별 리밸런싱

- 목표 비중에서 5% 이상 벗어나면 월말에 리밸런싱

- 목표 비중에서 5% 이상 벗어나면 분기말에 리밸런싱

대개 리밸런싱을 하지 않는 투자자는, 승자가 된 자산을 그대로 두면 훨씬 높은 수익을 올릴 수 있다는 믿음 때문에 포트폴리오를 방치하고 맙니다. 그러나 이러한 투자자의 믿음과 달리, 연구 결과에 따르면 리밸런싱을 하지 않았을 때의 추가 수익은 실제로 매우 미미하거나 전혀 존재하지 않았습니다. 오히려 그만큼 더 큰 위험을 감수해야 했습니다.

신디의 연구에 따르면, 리밸런싱을 하지 않은 포트폴리오의 샤프 비율이 가장 낮았습니다. 샤프 비율은 투자자가 더 많은 위험을 부담할 때, 그 대가로 얼마나 추가 이익을 얻는지를 측정하는 지표입니다. 따라서 이 비율이 낮다는 것은 리밸런싱을 하지 않은 투자자들은 추가적인 위험을 무릅씀에

도 이에 따른 보상이 크지 않았음을 의미합니다. 이러한 연구 결과는 존 보글이 《보글 온 뮤추얼 펀드》에서 다룬 25년간의 리밸런싱 연구 결과와도 일치합니다.

리밸런싱은 수익 향상에도 기여할 수 있습니다. 이는 자산군이 시간이 지남에 따라 평균으로 회귀하는 경향을 보여왔기 때문입니다. 즉, 가격이 높아진 자산은 내릴 가능성이 높고, 가격이 낮아진 자산은 오를 가능성이 높다는 이야기죠. 따라서 리밸런싱을 통해 평균으로 회귀하기 전에 가격이 높아진 승자 자산의 일부를 매도하고, 가격이 낮아진 패자 자산을 매수함으로써, 고가 매도, 저가 매수 전략을 실행할 수 있습니다. 존 보글도 평균 회귀를 믿었으며, 우리 역시 그렇습니다.

혹시 평균 회귀를 믿지 않고 시장이 '랜덤 워크'를 따른다고 하더라도, 리밸런싱은 여전히 이점이 있습니다. 포트폴리오의 위험 수준을 조절할 수 있기 때문입니다. 경험 많은 투자자들은 위험 관리가 감정을 통제하는 데 도움이 되고, 이는 결국 장기 계획에 맞게 포트폴리오를 유지하는 데 크게 기여한다는 점을 잘 알고 있습니다. 따라서 리밸런싱을 한다면, 어느 쪽을 믿든 간에 포트폴리오에 이득을 가져올 수 있습니다.

리밸런싱이 필요한지 어떻게 알 수 있을까? ———

포트폴리오가 리밸런싱이 필요한지를 판단하려면 다음 몇 가지를 알아야 합니다. 첫째, 우리가 원하는 '자산별 배분 비율'을 알아야 합니다. 이는 처음 자산배분 계획을 세웠을 때 정해졌으며, 이후 생애 주기나 특정 사건 등으로 필요에 따라 수정·보완되었을 수 있습니다.

우리의 자산배분 계획에는 최소한 주식, 채권, 현금의 기본 비율이 포함되어야 합니다. 또한, 각 주요 자산군 내에서 원하는 세부 비율도 포함될 수 있습니다. 예를 들어, 전체 포트폴리오 중 자산군의 비율뿐만 아니라, 주식시장 내에서도 대형주, 소형주, 국제주식 등 섹터별로 어떤 비율을 유지할지까지 정할 수 있습니다. 채권 비중 역시 중기 투자등급 채권, 물가연동국채 같은 세부 채권군에 대한 목표 비율을 설정할 수도 있습니다.

그러나 자산배분에서 가장 중요한 것은 주식/채권/현금 사이의 비율입니다. 이 비율이야말로 포트폴리오의 위험과 수익률을 결정하는 주요 요인이기 때문입니다.

얼마나 자주 포트폴리오를 점검해야 할까?

우리가 두 번째로 알아야 할 것은 현재 우리의 포트폴리오가 자산배분 목표에서 얼마나 벗어났는지입니다. 자산배분 계획을 어떻게 세우는지는 8장에서 다루었습니다. 여기서는 현재의 포트폴리오가 자산배분 목표에서 얼마나 벗어났는지를 어떻게 판단하는지를 알아보겠습니다.

리밸런싱을 위해 포트폴리오를 점검하는 데 있어 가장 흔히 하는 질문은 "포트폴리오를 얼마나 자주 확인해야 하는가?"입니다. 투자와 관련된 많은 문제들처럼, 이 질문 역시 모든 사례를 아우르는 '단 하나의 정답'은 없습니다.

만약 당신이 시장의 변동성을 이해하고 받아들이며, 포트폴리오 안에서 올바른 자산배분을 유지하고 있고, 시장이 하락세를 보일 때마다 공포에 휩싸여 섣부른 행동을 하지 않을 자신만 있다면, 포트폴리오를 자주 확인하는 것이 유익할 수도 있습니다. 이렇게 자주 포트폴리오를 들여다보는 것의 가장 큰 이점은 '학습'일 겁니다. 즉, 내가 보유한 다양한 자산군이 시장 상황의 변화에 따라 어떻게 반응하고 상호작용을 하는지를 직접 확인할 수 있으니깐요. 이상적으로는, 포트폴리오를 자주 확인함으로써 분산투자 포트폴리오가 어떻게 작동하는지를 이해하는 것이 가장 좋습니다. 장기적으로 특정 펀드가 하락했더라도 시간이 지나면서 회복하고 성장하는 과정을 보며, "어떤 자산이 오를 때 다른 자산은 내려간다"라는 포트폴리오의 원리를 체감할 수 있게 되는 것이죠.

포트폴리오를 자주 들여다보는 것이 전혀 도움이 되지 못하는 유형의 투자자도 있습니다. 겁이 많은 투자자나, 올바른 자산배분을 하고 있다는 확신이 부족한 투자자가 여기에 포함됩니다. 이런 이들은 포트폴리오를 자주 들여다보지 않는 편이 좋습니다. 왜냐하면 포트폴리오의 시장가치가 하락하는 것을 보고 두려움에 빠지기 쉽기 때문입니다. 보유한 펀드의 가치가 떨어지는 것을 보게 되면, 공포에 휩싸여 그 펀드를 매도할 가능성이 높습니다. 이렇게 되면 모처럼 잘 세워 놓은 투자 계획이 무너지고 말죠. 이런 부류의 투자자는 시장의 변동성을 견디기 힘들기에 포트폴리오를 확인하지 않는 것이 최선일 수 있습니다. 그런 투자자는 12월에 발송되는 연말 보고서 정도만 열어보면 됩니다. 아주 가끔 포트폴리오가 어떤 상태에 있는지, 그리고 리밸런싱이 필요한지만 확인하는 겁니다.

자신이 위의 두 가지 유형 중 어느 쪽에 가까운지, 그리고 포트폴리오 내

변동성에 어떻게 반응할지를 이미 잘 알고 있을 것입니다. 이 점을 기준으로 얼마나 자주 포트폴리오를 점검할 것인지(매일, 주간, 월간, 분기별, 혹은 연간)를 결정하면 됩니다. 만일 주기를 결정했다면, 해당 주기마다 빠짐없이 포트폴리오를 점검해야 합니다.

포트폴리오 점검은 어떻게 하면 좋을까? ———

포트폴리오의 성과와 자산배분을 점검하는 방법은 여러 가지가 있습니다. 우선 개인 재무관리 프로그램을 활용하여 포트폴리오 상태를 확인할 수 있습니다. 만일 펀드에 가입한 투자자라면 펀드회사가 제공하는 포트폴리오 점검 서비스를 이용하는 것도 좋습니다. 예를 들어 뱅가드의 고객이라면 '포트폴리오 워치'라는 무료 온라인 서비스를 이용할 수 있는데, 이를 활용하면 계정에 로그인할 때마다 보유 자산의 자산군별 비중을 보여줍니다. 이는 단순히 뱅가드에서 운영하는 펀드에 한정되지 않습니다. 뱅가드 상품이 아닌 자산까지도 포트폴리오에 포함할 수 있도록 허용하기 때문에, 언제든 전체 포트폴리오의 자산배분을 정확히 파악할 수 있습니다. 포트폴리오 워치는 자산배분 목표에서 벗어난 부분도 모니터링됩니다. 훌륭한 리밸런싱 도구입니다.

모닝스타에서 무료로 제공하는 온라인 포트폴리오 추적기를 사용해 보는 것도 좋습니다. 모닝스타의 프리미엄 서비스 구독자는 '포트폴리오 X-레이'라는 고급 기능을 통해 포트폴리오를 더 심층적으로 분석할 수 있습니다. 이 외에도 다양한 금융 관련 웹사이트들이 무료로 포트폴리오 추적 서비스를 제공하므로, 자신에게 맞는 것을 찾아 활용하면 됩니다. 만일 이러한 포트폴리오 추적기가 마음에 들지 않는다면, 엑셀 같은 스프레드시트 프로그램을 활용할 수 있습니다.

소프트웨어 사용이 익숙하지 않은 투자자라면, 펀드회사에서 발송하는 정기 보고서에 자산군별 보유 비율이 표시되어 있으므로 이를 통해서 점검하는 것도 가능합니다. 이처럼 포트폴리오의 변화를 점검할 방법은 다양합니다. 자신에게 맞는 방법을 찾아 활용하십시오.

언제 리밸런싱을 해야 할까?

리밸런싱 시점에 대해서는 의견이 분분합니다. 일부 전문가는 분기별, 반기별, 또는 연간 등 일정한 주기로 리밸런싱할 것을 권장합니다. 어떤 이들은 확장 밴드expansion bands라 불리는, 특정 자산의 비율이 밴드를 벗어나는 것을 기준으로 리밸런싱할 것을 제안하기도 합니다. 어떤 방식을 선택하든 비용과 세금 두 가지 요소를 반드시 고려해야 합니다.

우선 비용에는 매매 과정에서 발생하는 수수료와 각종 거래비용이 포함됩니다. 세금의 경우 과세 계좌에서 리밸런싱을 할 때 발생할 수 있는데, 이때 자본이득이 실현될 수 있습니다. 장기 자본이득은 단기 자본이득보다 낮은 세율로 과세된다는 점을 명심하십시오.

가장 흔한 리밸런싱 방법은 시간 기반 방식입니다. 보통 분기별, 반기별, 혹은 연간 주기로 시행합니다. 모닝스타 연구에 따르면, 18개월마다 리밸런싱을 한 투자자도 더 자주 리밸런싱한 이들과 비슷한 혜택을 누리면서 비용은 더 적게 부담했습니다. 또한, 과세 계좌에서는 12개월 이상 자산을 보유한 후 매도하게 되므로 장기 자본이득으로 처리된다는 추가 장점이 있습니다.

두 번째 방법은 확장 밴드 방식입니다. 이 방법에서는 목표 배분 비율을 기준으로 ±5%와 같은 임계치를 설정합니다. 만일 자산군이 이 범위를 벗어나면 리밸런싱을 시행합니다. 예를 들어 목표 주식 비중이 60%라면, 포트폴리오의 주식 비중이 55% 이하로 떨어지거나 65% 이상으로 올라갈 때만 리밸런싱을 시행하는 것이죠.

그러나 이 방식을 사용하려면, 특정 자산이 밴드의 임계를 터치하는 순간을 파악하기 위해 포트폴리오를 더 자주 점검해야 합니다. 특히, 변동성이 큰 시장에서는 더 그렇습니다. 게다가 과세 계좌에서 지나치게 엄격한 밴드를 설정해 두면 단기 자본이득이 발생할 가능성이 높습니다. 앞서 언급한 대로 단기 자본이득은 장기 자본이득보다 높은 세율로 과세됩니다. 따라서 이런 경우에는 12개월 이상 자산을 보유한 뒤 리밸런싱을 하도록 하는 것이 나을 수 있습니다.

주식이나 채권 보유 비중에 포함된 대형주와 소형주, 가치주와 성장주, 투자등급 채권과 하이일드 채권처럼 세부 자산군에서 리밸런싱이 필요할 때가 있습니다. 이때 모닝스타는 각 세부 자산군의 원래 자산배분 비중에서 ±25% 이상 벗어날 때 리밸런싱하는 것이 효과적이라고 밝혔습니다.

예를 들어, 자산배분 계획에서 주식 포트폴리오의 60%를 대형주에 투자하기로 했을 때, 대형주 펀드 비중이 15% 이상 상승하거나 하락할 때 리밸런싱을 해야 합니다. 여기서 15%라는 수치는 원래 비중인 60%의 25%에서 나왔습니다. 즉, 대형주 비중이 주식 전체의 75%까지 상승하거나 45%까지 하락하면 다시 목표치인 60%로 리밸런싱하는 것입니다. 이 방식은 앞서 설명한 확장 밴드 방식과 유사하지만, 차이점은 여기서는 고정 수치(예: ±5%)가 아니라 원래 자산배분 비율의 일정 비율(25%)을 기준으로 한다는 점입니다.

결론적으로, 시간에 기반한 방식이든 확장 밴드에 기반한 방식이든, 혹은 이 두 가지를 조합하든 간에, 가장 중요한 것은 포트폴리오가 본인이 설정한 목표 자산배분 한계를 벗어날 때 리밸런싱을 실행한다는 것입니다.

시장 요인

시장 가격은 매일 움직입니다. 따라서 포트폴리오를 리밸런싱한 바로 다음 날에도 목표한 비중을 벗어날 수도 있습니다. 이제 몇 가지 예시를 통해, 시장의 변동이 어떻게 우리의 자산배분을 바꾸는지, 그리고 그 결과 우리가 어떤 행동을 취할 수 있을지를 살펴보겠습니다.

먼저, 목표 자산배분을 주식 60%, 채권 35%, 현금 5%로 가정해 봅시다. 총 10만 달러를 투자했고. 매년 한 번씩 리밸런싱하기로 결정했습니다. 첫해가 끝났을 때 주식시장은 +10%, 채권시장은 +6%, 현금은 +3%의 수익률을 기록했다면, 우리의 포트폴리오는 어떻게 변화했을까요?

표 17.1 시장 요인이 수익률에 미치는 영향(주식가치 상승)

자산군	연초 투자금	시장 수익률	연말 투자금	포트폴리오 비중
주식	60,000달러	+10%	66,000달러	61%
채권	35,000달러	+6%	37,100달러	34%
현금	5,000달러	+3%	5,150달러	5%
총합	100,000달러		108,250달러	100%

이 경우, 최종 비중은 여전히 우리가 목표로 한 자산배분(주식 60%, 채권 35%, 현금 5%) 비중을 크게 벗어나지 않으니, 과세 계좌이거나 추가 비용이 발생하는 상황이라면 굳이 리밸런싱이 필요하지 않습니다.

하지만 또 다른 상황을 가정해 봅시다. 여전히 목표 자산배분은 주식 60%, 채권 35%, 현금 5%로 유지하지만, 이번에는 1년간 시장수익률이 주식 -20%, 채권 +6%, 현금 +3%입니다. 이 경우 포트폴리오는 어떻게 변할까요?

이 상황에서는 첫 번째 예시보다 자산배분이 훨씬 더 크게 변했습니다. 표 17.2에서 볼 수 있듯이, 우리는 목표보다 주식 비중이 7% 낮아졌고, 채권은 6% 더 많아졌으며, 현금은 1% 더 늘어났습니다. 최종 비중이 목표 배분과 크게 차이가 납니다. 따라서 우리는 포트폴리오를 다시 주식 60%, 채권 35%, 현금 5%라는 목표 자산배분으로 되돌리기 위해 리밸런싱을 해야 합니다.

표 17.2 시장 요인이 수익률에 미치는 영향(주식가치 하락)

자산군	연초 투자금	시장 수익률	연말 투자금	포트폴리오 비중
주식	60,000달러	-20%	48,000달러	53%
채권	35,000달러	+6%	37,100달러	41%
현금	5,000달러	+3%	5,150달러	6%
총합	100,000달러		90,250달러	100%

표 17.3을 보면, 주식 보유 비중을 늘리고, 채권 비중을 줄이며, 현금 비중도 줄여야 목표 자산배분으로 돌아올 수 있다는 것을 알 수 있습니다. 이제 어떤 자산군을 얼마나 조정해야 하는지는 알게 되었으니, 이를 실제로 실행하는 방법에는 여러 가지가 있습니다. 이제부터는 그 실행 방안을 살펴보겠습니다.

표 17.3 포트폴리오 리밸런싱 필요

자산군	연초 투자금	시장 수익률	연말 투자금	포트폴리오 비중	리밸런싱 조정 금액
주식	60,000달러	-20%	48,000달러	53%	+6,150.00달러
채권	35,000달러	+6%	37,100달러	41%	-5,512.50달러
현금	5,000달러	+3%	5,150달러	6%	-637.50달러
총합	100,000달러		90,250달러	100%	

어떻게 리밸런싱 하는가?

포트폴리오를 원래 목표했던 자산배분으로 되돌리는 방법에는 여러 가지가 있습니다. 가장 먼저 떠올릴 방법은 단순히 초과 성과를 낸 자산군을 매도하고, 성과가 부진한 자산군을 더 매수하는 것입니다. 물론 이렇게 하는 것도 정기적인 리밸런싱을 수행하는 하나의 방법이지만, 우리에게는 더 나은 선택지가 있을 수도 있습니다.

- 당장 써야 할 돈이 필요한 경우, 리밸런싱은 성과가 가장 좋았던 자산군에서 자금을 인출(즉, 고점에서 매도)하는 방식으로도 달성할 수 있습니다.
- 신규 자금을 낮은 비중을 차지한 자산군 및 펀드에 투입하는 방식으로 포트폴리오를 리밸런싱할 수도 있습니다.
- 펀드의 분배금을 활용할 수 있습니다. 여기에는 여러 가지 옵션이 있습니다. 이미 과중 편중된 펀드에 분배금을 재투자하는 대신, 과세 계좌라면 그 분배금을 머니마켓 계좌로 받도록 하고, 이후 리밸런싱이 필요한 펀드로 재배치할 수 있습니다.
- 마지막으로 포트폴리오 매니저를 활용하는 방법이 있습니다. 뱅가드의 자산관리 서비스와 같은 포트폴리오 매니저나 저렴한 자문 서비스를 이용하여 리밸런싱하는 방법도 가능합니다. 리밸런싱을 서비스로 제공해 주는 만큼 투자자가 직접 신경 쓰지 않아도 된다는 장점이 있습니다. 그러나 모든

포트폴리오 관리 서비스에는 비용이 수반되며, 최소 투자금 요건이 있다는 점을 기억하십시오.

이제 리밸런싱이 어떤 것인지, 왜 해야 하는지, 언제 해야 하는지, 어떻게 하는지를 다뤘으니, 리밸런싱 시 추가로 고려해야 할 사항을 좀 더 살펴봅시다.

- 가능한 경우 세금이연 계좌에서 먼저 리밸런싱을 실행하십시오. 이 경우 세금 부담이 없습니다.

- 최초 목표했던 투자 목표와 맞지 않는 펀드가 있다면 환매하는 것을 고려하십시오.

- 은퇴 이후 자금을 사용하는 단계에 있는 사람이라면, 리밸런싱을 고려하여 세금이연 계좌 내의 비중이 높은 자산부터 꺼내어 사용하는 방법을 사용할 수 있습니다.

- 과세 계좌에서는 세금 손실 수확을 리밸런싱 전략의 일부로 사용하십시오. 손실이 난 종목을 매도할 경우, 12월 31일 이전에 매도하여 해당 연도 세금 신고에서 세금 혜택을 받을 수 있습니다.

- 반대로 과세 계좌에서 이익이 난 종목을 매도해야 한다면, 세금 부담을 다음 해로 넘기기 위해 1월 1일 이후로 매도를 미루는 것도 고려할 수 있습니다.

- 과세 계좌에서 수익이 난 펀드를 매도하여 자주 리밸런싱할수록, 이익에 대한 세금을 더 빨리 내게 됩니다.

- 정기적인 일정에 따라 리밸런싱을 할 계획이라면, 기억하기 쉬운 날짜를 선택하세요. 예를 들어 매년 12월, 매년 1월, 혹은 본인의 생일 같은 날짜로 말입니다.

- 간단한 방법으로는 원하는 자산배분 요건을 충족하는 펀드 오브 펀드에 투자하는 것을 고려할 수 있습니다. 예컨대 은퇴 시점에 맞춰 자산배분을 조

정하는 타겟데이트펀드(TDF)는 자동으로 리밸런싱을 실행해 줍니다.

· 광범위한 시장 지수를 추종하는 인덱스 펀드는 리밸런싱이 필요 없습니다.

기타 리밸런싱 고려 사항

상속과 같은 인생의 큰 변화는 우리가 자산배분을 재검토해야 할 중요한 이벤트입니다. 때에 따라서는 자산배분 전략을 크게 변경해야 할 수도 있습니다. 이에 맞춰 포트폴리오를 다시 조정해야 하는 것은 물론이고요.

우리는 나이가 들고 자산을 축적할수록 점점 더 보수적으로 변하는 경향이 있습니다. 리밸런싱 전략을 생애 주기에 맞춰 점검해 볼 필요가 있습니다. 만약 이런 고민이 번거롭다면 다양한 타겟데이트펀드TDF를 고려해 보십시오. 이런 펀드는 자동으로 자산 리밸런싱이 가능할 뿐만 아니라, 가입자의 연령에 맞춰 보수적으로 전략을 수정하도록 설계되어 있습니다.

이제 우리는 리밸런싱이 위험을 통제하고 수익을 증가시킬 수도 있다는 점을 이해했습니다. 또한, 리밸런싱 시점에 우리가 어디에 서 있는지 알기 위해 포트폴리오를 점검해야 한다는 필요성도 이해했습니다. 이제 남은 일은 언제 시작할지를 결정하는 것뿐입니다. 저희 제안은 바로 지금이 적기라는 것입니다. 계획을 세우고, 리밸런싱의 시점과 조건을 정했다면, 그것을 꾸준히 지켜나가십시오. 그렇게 하면 더 나은 결과를 얻게 될 것입니다.

18장

잡음을 무시하라
그건 언제나 틀리기 마련이다

가짜 예언가는 참을 수 있다.

하지만 진짜 예언가는 즉시 쏴버려야 한다.[*]

- 라자루스 롱

투자자 계급의 시대에 오신 것을 환영합니다. 1980년 당시, 주식을 보유한 미국인은 극소수였고, 펀드를 보유한 비율은 전체 인구의 고작 6%에 불과했습니다. 오늘날에는 미국 가구의 절반 이상이 어떤 형태로든 거래 가능한 유가증권을 보유하고 있습니다. 이는 지난 25년간 미국 가계에서 가장 큰 금융적 변화였으며, 그 결과 금융상품과 서비스 분야의 거대한 신규 시장을 만들어냈습니다.

예상하시다시피, 이러한 새로운 투자자 계급은 투자 지식에 대한 엄청난 갈증을 느끼고 있습니다. 투자와 자산관리에 특화된 미디어의 수가 폭발

---

[*] 라자루스 롱은 작가 로버트 하인라인의 소설 속 가상의 인물로, 그의 대사는 가짜 예언가는 참을 수 있어도 진짜 예언가는 참을 수 없다는 의미.

적으로 증가했고, 방송, 신문, 책, 잡지, 뉴스레터, 그리고 인터넷 웹사이트까지 끊임없이 자료가 쏟아져 나오고 있습니다. 이 가운데 일부는 유용하지만, 상당수는 쓸모없으며 누군가에게는 위험할 수도 있습니다.

TV, 신문, 인터넷 등 어떤 매체든 본질적인 목표는 단 하나입니다. 대중의 이목을 끄는 것이죠. 미디어 산업의 당연한 특성입니다. 미디어는 사람들에게 구독료를 부과하거나, 광고를 판매하여 수익을 냅니다. 충분히 많은 고객을 확보하면 광고주들에게 비싼 광고료를 청구할 수 있고, 광고주는 광고를 통해 이익을 얻습니다. 그것이 그들이 바라는 윈-윈 전략입니다. 그러나 그 윈-윈 전략에 고객(투자자)의 자리는 없습니다.

투자 관련 미디어가 객관적인 정보를 제공하여 대중이 더 나은 투자 결정을 내리도록 돕는다면, 이는 매우 가치 있는 서비스임이 분명합니다. 하지만 안타깝게도 그런 경우는 드뭅니다. 그렇다고 투자 미디어와 월스트리트가 투자자의 성공을 전혀 바라지 않는 것은 아닙니다. 아마 그런 마음이 조금은 있겠죠. 문제는 두 집단 모두 당신의 주머니보다 자기들의 주머니를 불리는 데 훨씬 더 큰 관심을 두고 있다는 점입니다. 결과적으로 고객은 높은 수수료와 잘못된 정보의 결합으로 손해를 감수할 수밖에 없습니다.

의심이 많은 것처럼 보일 수도 있겠지만, "피해망상이라고 해서, 누군가가 정말로 당신을 노리고 있지 않다는 뜻은 아니다"라는 속담처럼 위험은 실재합니다. 이제 월스트리트와 미디어의 이해관계가 투자자의 이해관계와 어떻게 정면으로 충돌하는지를 보여드리겠습니다.

증권사, 펀드운용사, 그리고 자산운용사 대부분은 다음과 같은 광고 카피로 고객을 현혹하려 합니다. "우리는 시장을 이길 수 있습니다. 우리와 함께 투자하세요." 그러나 대부분의 약속은 허구에 불과하며, 최악의 경우 투자자에게 재앙을 안겨주기도 합니다.

시장을 초과 수익으로 이기는 방법은 단 두 가지뿐입니다. 더 우수한 투자 종목을 고르거나, 더 우수한 시장 타이밍을 잡는 것이죠. 하지만 앞서 무수한 연구 결과가 보여준 것처럼, 이 두 가지를 일관성 있게 해낼 수 있는 사람은 거의 없습니다. 설령 그것을 해낸 사람이 있다고 하더라도 그것은 사실상 우연의 산물에 불과합니다.

우수한 종목을 고른다는 것은 시장에 비효율성이 존재하고, 이를 브로커, 펀드매니저, 자산운용사가 포착해 활용할 수 있다는 뜻입니다. 물론 시장이 100% 효율적이라고 믿지는 않습니다. 하지만 시장은 생각보다 충분히 효율적입니다. 그래서 거래비용, 운용수수료, 세금 등을 고려하면 적극적인 스타일의 투자자 대부분은 시장 평균에 미치지 못합니다. 이것은 우리의 의견이 아니라 입증된 사실입니다.

물론 극히 일부의 투자전문가가 일정 기간 시장을 이기기도 합니다. 그러나 기간이 길어지면 어떻게 될까요? 그들이 계속해서 시장을 이길 확률은 급격히 줄어듭니다. 통계에 따르면 장기수익률로 봤을 때, 액티브 펀드의 80%가 시장수익률을 밑돕니다. 우리는 그런 확률을 좋아하지 않습니다.

이렇게 생각해 봅시다. 만일 당신이 사업주라면, 80% 확률로 당신의 이익을 줄일 사람을 고용하겠습니까? 하지만 그런 일이 실제로 일어나고 있습니다. 당신이 누군가에게 돈을 주고 액티브 펀드에 가입하면 실제로 벌어질 일입니다.

물론 투자 업계 종사자는 이런 사실이 대중에게 알려지지 않기를 바랍니다. 만약 투자자가 이런 사실을 알게 된다면, 업계 종사자의 상당수는 고액 연봉을 잃고 다른 직업을 알아봐야 할 것입니다. 그래서 그들은 대중에게 "우리는 시장을 이길 수 있다"라고 말할 수밖에 없죠. 그것이 그들이 추구할 수 있는 최선의 이익입니다. 안타깝게도 이런 광고를 위해 업계는 매년 수십억 달러를 쏟아붓습니다.

증권사와 펀드회사들은 그들이 시장을 이긴 특정 기간의 성과를 떼어내서 광고합니다. 그들의 가장 화려했던 시간을 떼서 광고에 사용하는 것이죠. 그리고 광고에는 "과거 실적이 미래 결과를 보장하지 않는다"라는 면책 문구만 넣습니다. 그렇게만 하면 법적 책임을 면할 수 있습니다. 하지만 우리는 이런 문구만으로는 충분치 않다고 생각합니다. 어쩌면 이런 문구를 하나 더 넣도록 의무화해야 할지도 모르겠습니다.

"삼키면 위험합니다Dangerous if swallowed."

투자전문가이자 저자인 리처드 페리는 이런 말을 했습니다. "월스트리트는 당신을 위해 돈을 벌어주려는 것처럼 보이지만, 실제 목적은 당신에게서 돈을 가져오는 것이다." 맞는 말입니다. 투자전문가의 80%가 시장을 이기지 못하는 세상에서, 그들은 합심하여 막대한 비용을 쏟아부으며 당신을 세뇌하고 있습니다.

투자 미디어가 당신에게 알리고 싶지 않은 것 ——

여기까지 읽은 독자라면, 효과적인 투자란 믿기 힘들 정도로 단순할 수 있다는 사실을 알게 되었을 것입니다. 단순하고 잘 분산된 자산배분 계획을 세우고, 월급 일부를 저비용 인덱스 펀드에 투자하며, 주기적으로 투자 현황을 점검하고, 필요할 때만 리밸런싱한 뒤, 계속 같은 길을 가는 것처럼 말입니다.

이보다 더 단순하게 하려면, 배분과 리밸런싱을 알아서 해주는 펀드 오브 펀드 하나를 사면 됩니다. 이 방법만 장기간 유지한다면, 당신은 투자전문가의 80%를 능가하는 성과를 거둘 수 있습니다. 여기에는 최소한의 투자 지식과 아주 조금의 시간이 필요할 뿐입니다. 신경 써야 할 것은 단 하나, 꾸준히 지켜나가는 자기 규율 정도입니다. 이것은 복잡한 과학이 아닙니다. 거울에 대고 숨을 쉬어 김이 서리게 하는 것만큼이나 간단합니다.

미디어는 이런 단순함을 무척 싫어합니다. 특히 효과적인 투자가 이렇게 단순하다는 사실은 투자 미디어에는 큰 골칫거리죠. 그들의 본업은 투자 정보를 팔고 광고를 내보내는 것이기 때문에 억지로라도 신문 지면과 방송 시간을 채워야 합니다. 만약 미디어가 투자를 두고 단순하고 쉽다고 솔직하게 말해버린다면, 시청자 대부분은 훨씬 더 자극적인 다른 채널로 돌려버릴 것입니다.

관객을 끌어모으려면 지루하면 안 됩니다. 하지만 건전한 투자는 잔디가 자라는 것을 지켜보는 것만큼이나 지루하죠. 워런 버핏은 이렇게 말했습니다.

"아무것도 하지 않는 것이야말로 가장 지적인 행동이다."

투자 미디어와 월스트리트의 마케팅은 이런 사실을 꼭꼭 숨깁니다. 효과적인 투자가 그렇게 단순하고 쉽다면, 그들이 파는 대부분은 필요 없게 될 테니 말이죠. 미디어는 응당 당신이 지급하는 비용 이상의 가치를 갖는 투자 정보를 주어야 합니다. 만일 그렇지 않다면, 그건 당신의 시간과 돈을 낭비하는 것에 불과하겠죠.

따라서 투자 미디어는 지면과 시간을 채우기 위해 막대한 양의 정보와 스토리를 쏟아냅니다. 우리는 이런 걸 두고 '투자 포르노'라고 부릅니다. 여기에 가치 있는 정보는 없습니다. 투자 포르노는 그저 당신의 주의를 끌고, 시장을 이길 수 있다는 기대감을 심어주어 흥분시킵니다. 그리고 결국 부자가 될 희망으로 상품이나 정보를 사게끔 유도하죠.

곰곰이 생각해 보면, 이를 "투자 포르노"라고 부르는 게 오히려 순화된 느낌마저 듭니다. 포르노 제작자는 적어도 약속한 것을 제공하기라도 하니 말입니다. 반면 투자 포르노 제작자는 고객의 돈만 받고, 침대 옆에 앉아 떠들다 떠나버리는 매춘부와 같습니다. 얼마나 좋을지 상상해 보라며 말만 늘어놓다 떠나는 식입니다. 순간적으로는 흥분되지만, 결국은 아무 일도 없이 공허하게 끝납니다.

왜 대중은 이런 기본적인 것에 무지한 걸까요? 그들 대부분이 효과적인 투자의 기본을 배우지 못했기 때문입니다. 여기에는 몇 가지 이유가 있습니다.

첫째, 효율적 시장 가설과 현대 포트폴리오 이론은 새로운 개념은 아니지만, 대중에게 널리 알려진 것은 비교적 최근의 일입니다. 둘째, 오늘날 투자자의 대부분은 1세대 투자자입니다. 이 주제에 대해 정식 교육을 받은 적이 없고, 부모·친구·친척으로부터 배운 것도 거의 없습니다. 그리고 마지막으로, 투자 정보로 위장한 판매 목적의 잡음이 너무 많습니다. 이 세 가지가 결합하면, 대중 투자자들은 기본적인 원칙은 접하지 못한 채 미디어의 선전에 속아 넘어가기 딱 좋은 상태가 됩니다.

모든 사람을 항상 속일 수는 없지만, 충분히 많은 사람을 충분히 자주 속일 수 있다면, 누군가는 아주 편안하게 생계를 유지할 수 있지요.

3가지 가장 큰 거짓말 — 월스트리트 버전

많은 이들이 '세 가지 가장 큰 거짓말'이라는 오래된 농담을 접해본 적이 있을 겁니다. 여러 가지 버전이 있지만, 이를테면 "수표를 우편으로 보냈습니다." 같은 농담 말입니다. 저렇게 이야기하는 사람치고 실제로 수표를 우편으로 보낸 이는 거의 없다는 이야기입니다. 비슷한 거짓말의 예를 들어보죠.

- "물론, 아침에도 당신을 사랑할 거예요."
- "만약 당신이 믿을지 모르겠지만, 나는 부자예요."
- "나는 정부에서 나왔습니다. 당신을 도와드리려고요."
- "나는 잘나가는 개인 상해 전문 변호사인데, 내가 당신의 친구가 되어드리겠습니다."

자, 그렇다면 월스트리트 버전의 거짓말은 어떤 것이 있을까요?

1. "지금은 종목 선택이 중요한 시장이다."
2. "추세는 당신의 친구다."

첫 번째 거짓말은 당신으로 하여금 마치 투자의 세계가 급변했다고 믿게 만듭니다. 마치 시장의 새로운 트렌드가 등장한 것처럼 말이죠. 그들의 주장은 대략 이렇습니다. 과거에는 인덱스 펀드가 대부분의 액티브 펀드보다 좋은 성과를 냈지만, 이제부터는 뛰어난 종목 선택 능력을 갖춘 매니저가 시장을 이길 것이니 그들을 찾아야 한다는 것입니다.

짧은 기간에는 액티브 펀드가 인덱스 펀드의 성과를 추월하는 경우가 발생하긴 합니다. 그러나 기간이 길어질수록 인덱스 펀드가 유리해집니다. 어떤 펀드가 특정 기간 훌륭한 성과를 보일지 사후적으로 식별하는 것은 가능합니다만, 사전에 예측하는 것은 불가능합니다.

현대 포트폴리오 이론의 거장이자 시카고대학교 교수인 유진 파마는 이런 이야기를 했습니다.

"나는 좋은 종목을 선택할 수 있다고 주장하는 사람을 점성술사에 비유했습니다. 아, 점성술사를 욕하려는 의도는 없습니다."

두 번째 거짓말에는 그나마 작은 진실의 조각이 있습니다. 당신이 믿을 만한 단 하나의 추세가 있긴 합니다. 그것은 바로 장기적으로 봤을 때 미국 주가가 전체적으로 상승했다는 사실입니다.

200년이 넘는 미국 증시 역사에서, 단 하나의 장기추세는 "상승"이었습니다. 최근 역사가 우리에게 말해주는 것은 다음과 같습니다. 배당금을 재투자하면서 시장 포트폴리오를 샀을 경우, 특정 1년 동안 돈을 잃을 확률은 32%였습니다. 그러나 기간을 5년으로 늘리면 그 확률은 13%로 떨어졌습니다. 10년 동안 배당금을 재투자하면서 시장 포트폴리오를 유지하면 손실 확률은 단 2%로 줄어듭니다. 만일 기간을 15년으로 확장하면 시장 포트폴리오가 손실을 기록한 적은 단 한 번도 없었습니다. 이것이 당신이 알아야 할 전부입니다.

많은 이들이 과거의 역사적 패턴과 추세를 근거로 미래의 주식시장 상황을 예측할 수 있다고 주장하지만, 그것은 선택적 지각에 불과합니다. 사람은 보고 싶은 것만 봅니다. 수많은 연구가 밝혀낸 바에 따르면, 경제나 주식시장의 단기 방향을 예측하는 것은 헛된 노력에 불과합니다.

그런데도 사람들은 늘 희망을 품습니다. 미래 수익률의 비밀을 알고 있는 선지자나 전문가가 존재한다고 믿고 싶어 합니다. 그러니 자신을 구루라 칭하는 사람이 끊이지 않았습니다. 그들은 투자 미디어에 등장해 투자 포르노를 퍼뜨립니다. 물론 이런 사람만 있는 것은 아닙니다. 대중에게 솔직하고, 객관적이며, 매우 가치 있는 정보를 제공하는 훌륭한 투자전문가와 투자 미디어 종사자들도 존재합니다.

점쟁이와 진실을 말하는 이를 구별하기

19세기의 유머 작가 아르테머스 워드는 이렇게 썼습니다. "우리를 곤경에 빠뜨리는 것은 우리가 모르는 것들이 아니다. 우리가 안다고 생각하지만 그렇지 않은 것들이 우리를 어려움에 빠뜨린다." 세상에는 사실이 아닌 것들을 가르치려 드는 투자 관련 잡음이 넘쳐납니다. 당신이 경제적으로 안정된 미래를 그린다면 그러한 잡음을 구분하고 이를 무시할 줄 알아야 합니다. 그런 생각을 염두에 두고, 당신의 잡음 탐지기를 정비하기 위한 세 가지 지침을 제시합니다.

1. 모든 예측은 잡음이다.

2. 조력자의 말은 듣되, 장사꾼의 말은 무시하라.

3. 진정한 회의론자가 되어 스스로 결정하라.

모든 예측은 잡음이다 ─────

상상해 봅시다. 어느 날 아침, 갑자기 당신이 주식시장을 예측할 수 있는 능력을 1년간 선물 받았다고 말입니다. 그리고 본인에게 그런 힘이 생겼다는 사실을 인식하게 된 겁니다. 앞으로 12개월 동안 어떤 주식이 승자가 될지, 어떤 주식이 패자가 될지 알 수 있습니다. 더 좋은 건, 언제 어떤 종목에 들어가고 나와야 할지, 정확한 타이밍까지 알 수 있다는 점입니다. 그렇다면 여러분은 어떻게 하시겠습니까?

- 앞으로 일어날 일을 알려주는 주식시장 뉴스레터를 집필해 판매한다.

- 투자 잡지에 전화를 걸어 앞으로 6개월 동안 반드시 가져야 할 '가장 뜨거운 여섯 종목'을 알려주고, 잡지가 다음 호 표지 기사로 쓰도록 한다.

- 많은 이들이 본인의 예지력을 따라 할 수 있도록 가르쳐 준다는 강좌를 제작해 판매한다.

- 무료 저녁 식사나 세미나 초청장을 보내고, 그 자리에 모인 이들에게 투자 강좌를 팔거나 위탁 운용 상품에 가입하게끔 한다.

- 전국 규모의 TV 쇼를 진행하면서 전 세계에 투자법을 알려준다.

- 아니면 입을 다물고 농장을 담보로 대출을 받아, 적절한 시점에 알맞은 주식에 투자해 거금을 번다.

만약 당신이 마지막 선택지가 아닌 다른 선택을 했다면, 사실상 엄청난 돈을 테이블 위에 두고 그냥 나오는 것과 다르지 않습니다. 만일 그런 능력이 있다면 조용히 입을 다물고, 가능한 한 많이 빌려서 정확한 시점에 올바른 종목을 투자하면 됩니다. 싸게 사서 비싸게 파는 것이죠. 그렇게 하면 1년이 채 되기 전에 세계 최고의 부자가 될 수 있습니다. 단 1년짜리 주식시장 예언 능력만으로도, 빌 게이츠, 워런 버핏, 그리고 몇몇 부유한 중동의 왕족이 평범해 보일 정도의 부를 만들 수 있을 겁니다.

주식시장 예측은 스포츠 베팅과 크게 다르지 않습니다. 우리 모두 어떤 일이 일어날지에 대한 의견은 있지만, 맞힐 확률은 비슷합니다. 스포츠 베팅이든 주식시장 예측에 돈을 거는 것이든, 결국은 지는 게임입니다. 이 게임의 승자는 예측가, 도박장, 자산운용사, 증권사입니다. 왜냐하면 그들은 언제나 수수료와 비용을 챙기지만, 위험은 투자자가 떠안기 때문이죠.

만일 당신이 스포츠에 관심이 많다면 풋볼이나 농구 시즌에 앞서 팀별 순위를 예측하는 스포츠 잡지를 하나 사서 읽어보십시오. 아마 매우 흥미로운 사실을 발견하게 될 겁니다. 잡지에서 올해 잘할 것으로 예측한 팀 대부분은 작년에도 잘했던 팀입니다. 이제 그 잡지를 치워두었다가 시즌이 끝난 후 다시 꺼내 보십시오. 아마 스포츠 잡지의 예측이 얼마나 부정확한지를 보고 놀라게 될 겁니다. 정상권에 오르거나 우승권으로 예측된 팀 가운데 적지 않은 수가 실망스러운 시즌을 보냈지만, 잘하지 못할 것이라 예상한 팀이 상위권으로 시즌을 마치기도 합니다.

주식시장 예측도 크게 다르지 않습니다. 시장의 향방이나 주식 종목별 예측은 대체로 최근 성과를 바탕으로 이루어집니다. 최근에 일어난 일이 가까운 미래에도 일어날 것이라고 믿는 성향을 최신 편향이라고 부르는데, 이는 6장에서 이미 논의한 바 있습니다.

예를 들어, 1970년대 주식시장이 참담한 성과를 보인 뒤, 1979년 8월 13일 자 〈비즈니스 위크〉는 표지 기사로 "주식의 종말"이라는 제목을 실었습니다. 그러나 〈비즈니스 위크〉가 주식이 죽었다고 선언한 지 불과 3년도 되지 않아, 역사상 가장 위대한 강세장이 잿더미 위에서 피어나 20년 가까이 이어졌습니다.

반대로, 강세장이 정점에 달했던 2000년 초에는 경계의 목소리가 거의 들리지 않았습니다. 대다수 전문가가 "지금 반드시 보유해야 할 10대 기술주" 같은 의견을 내놓았습니다. 1990년대 후반에는 주식시장이 매년 20%씩 수익을 안겨줄 것이라는 의견을 내는 전문가도 있었습니다. 이것이 바로 최신 편향의 전형적인 사례입니다. 최신 편향은 우리가 사실이 아닌 것을 사실로 믿게 만듭니다.

투자전문가에는 세 가지 유형이 있습니다:

1. 시장이 어떻게 될지 모르고, 자신이 모른다는 것을 아는 사람

2. 시장이 어떻게 될지 모르지만, 자신은 안다고 믿는 사람

3. 시장이 어떻게 될지 모르면서, 아는 척해서 돈을 버는 사람

단기적으로 주식시장이 어떻게 될지를 예측하는 문제에 있어서, 우리 모두 똑같이 눈먼 존재입니다. 당신의 예측이 맞을 확률은 노벨상 수상 경제

학자, 작년 최고의 성과를 거둔 펀드매니저, '피터 폰의 뜨거운 종목 뉴스레터', 그리고 평범한 직장인 조의 예측과 똑같은 수준입니다. 그 누구의 말도, 당신 자신의 예측조차도 절대 맹신하지 마십시오. 그것은 단지 잡음일 뿐입니다.

조력자의 말은 듣되, 장사꾼의 말은 무시하라 ———

투자를 배우고자 하는 사람을 위해 훌륭한 조언을 제공하는 곳은 아주 많습니다. 책, TV, 신문, 잡지, 세미나, 투자 강좌, 뉴스레터, 오디오와 비디오 강의, 인터넷 등 상상할 수 있는 거의 모든 매체 형태에서 찾을 수 있습니다. 이렇게 다양한 경로로 투자를 배울 수 있다는 점은 좋은 일임에는 분명합니다.

그러나 여기서 주의할 점은 이렇게 다양한 채널이 모두 도움을 주는 것은 아니라는 것입니다. 투자 정보라고 주어지는 것의 많은 부분이 실제 조언보다는 광고에 불과합니다. 두 가지를 구분하는 것이 쉽지는 않지만, 불가능한 일은 아닙니다. 다음은 각 매체에서 무엇을 주의해야 하는지에 대한 가이드라인입니다. 먼저 가장 잡음이 많을 수 있는 출처부터 살펴봅시다.

라디오와 TV 광고성 프로그램

이런 프로그램은 보통 능수능란한 세일즈맨들이 진행하는데, 부자가 되는 일을 마치 어린아이 놀이처럼 쉽게 생각하도록 만드는 재주가 있습니다. 그들의 책, 방송 프로그램, 혹은 투자 강좌만 주문하면, 누구나 무한한 부의 비밀을 알게 될 것이라고 이야기합니다. 하지만 사실 이들이 노리는 진짜 '부'는 순진한 대중에게 엉터리 정보를 팔아 챙기는 돈입니다. 이런 사기는 유랑극단의 삐끼조차 얼굴이 화끈거릴 정도입니다. 그들이 권하는 방식을 따르면, 당신은 결국 파산하거나, 국세청의 불쾌한 통보를 받거나, 심지어 감옥에 가게 될 수도 있습니다. 실제로 그들 중 일부가 그렇게 된 것처럼 말입니다.

투자 뉴스레터

몇몇 괜찮은 뉴스레터가 있긴 하지만, 대부분은 형편없는 조언만 남긴 채 초파리의 수명만큼 짧게 존재하다가 사라집니다. 투자 뉴스레터에 대해서는 13장에서 자세히 살펴봤습니다. 긴 설명은 필요 없을 듯합니다. 투자 뉴스레터와 관련해서는 맬컴 포브스의 말로 갈음하겠습니다.

"뉴스레터로 돈을 버는 유일한 방법은 그것을 끊는 것이다."

무료 투자 세미나와 저녁 초대

이런 종류의 모임은 대부분 판매 목적일 가능성이 높습니다. 합법적인 재무 설계사에서부터 '사기꾼과의 만남'에 이르기까지 다양합니다. 우리가 아는 한 은퇴한 보글헤드는 이런 저녁 초대에 빈번히 참석하지만, 정작 홍보를 다 듣고 난 뒤에도 인덱스 펀드만을 고집합니다. 그는 존 보글이 이야기한 "비용이 중요하다"라는 말을 잊지 않습니다. 여러분도 그 점을 꼭 유념하시길 바랍니다.

라디오와 TV의 투자 상담 프로그램

이런 프로그램의 진행자나 출연자는 대개 투자상품이나 보험, 포트폴리오 관리, 재무 설계, 뉴스레터 등을 판매하려는 경우가 많습니다. 그러나 그렇다고 해서 그들의 말이 전부 틀린 것은 아닙니다. 적지 않은 수의 전문가가 그들의 전문성과 정직함을 바탕으로 유용한 정보를 제공하려 하며, 이를 청취자가 알아주기를 바랍니다. 그 결과 자신과 거래하기를 기대하는 것이죠.

반면에 어떤 이들은 어떤 주식이나 펀드가 요즘 뜨는지 이야기합니다. 시장이 어떻게 움직일지 예측하고 자신의 시장 초과 수익 능력을 자랑합니다. 라디오나 TV에 출연하는 좋은 전문가의 말은 그냥 듣기만 하십시오. 굳이 돈을 쓸 필요는 없습니다. 그렇게 하면 한 푼 쓰지 않고 많은 것들을 배울 수 있습니다.

비학점 투자 강좌

대학교에서 제공하는 투자 강좌는 재무 설계와 투자의 기초를 배우는 데 훌륭한 수단이 될 수 있습니다. 하지만 고등 교육기관에서 제공한다고 해서 무조건 은밀한 판매 목적이 없다는 뜻은 아닙니다. 브로커나 재무설계사가 종종 새로운 고객을 유치하기 위해 이런 식의 무료 강좌를 개설합니다. 만일 투자상품과 투자 조언을 함께 설명한다면 경계하십시오. 앞서 이야기한 것처럼 이는 이해 상충의 문제가 있습니다. 이런 강좌를 수강하기로 한다면 반드시 그 점을 염두에 두기를 바랍니다.

부자학 강의

이런 종류의 강의는 훌륭한 것부터 형편없는 것까지 다양합니다. 좋은 강의는 저축의 기본과 건전한 투자 원칙을 가르치고, 빚에서 벗어나도록 독려합니다. 아울러 경제적 자유를 얻기 위해 좋은 계획, 오랜 시간, 노력, 그리고 희생이 필요하다는 점을 일러줍니다. 반대로 나쁜 강의는 투자 포르노를 퍼붓습니다. 만약 그들이 시장 타이밍을 잡는 법, 믿을 수 없을 정도로 높은 수익률을 내는 법, 정확한 종목을 고르는 법, 돈 한 푼 들이지 않고 부동산을 사는 법, 혹은 부동산을 되팔아 차익을 남기는 법을 가르쳐 주겠다고 약속한다면, 무시하십시오. 그것은 사기일 확률이 매우 높습니다.

투자 저널리즘

1999년 4월호 〈포춘〉에는 '한 펀드 기자의 고백'이라는 익명 기사가 실렸습니다. 기사의 내용은 다음과 같습니다.

"펀드를 다루는 기자들은 비밀스러운 투자 생활을 합니다. 낮에 그들은 '지금 당장 사야 할 여섯 개의 펀드!'라는 식의 기사를 씁니다. 하지만 밤에는 합리적인 인덱스 펀드를 찾기 위해 헤맵니다."

잡지, 신문, 온라인 블로그에 투자와 관련된 좋은 조언이 없는 것은 아닙니다. 제이슨 츠바이크나 제인 브라이언트 퀸의 경우 매우 훌륭한 금융 조언자입니다. 제이슨 츠바이크는 〈월스트리트 저널〉의 칼럼 '현명한 투자자'에서 꾸준히 훌륭한 투자 조언을 제공합니다. 제인 브라이언트 퀸은 수십 년 동안 뛰어난 재무, 투자 조언을 주제로 글을 써왔습니다. 두 사람 모두 훌륭한 저서를 집필한 작가이기도 합니다.

책

대중은 책, 특히 대형 출판사에서 출판된 책이라면 신뢰할 만하다고 생각하는 경우가 많습니다. 하지만 이건 완전한 오해입니다. 출판사들은 진실을 알리기보다 책을 파는 데 훨씬 더 관심이 있습니다. 가장 많이 팔린 투자 서적 중 일부는 정말 형편없습니다. 그중 다수는 그저 정보를 가장한 광고일 뿐입니다. 독자를 자산운용사, 브로커, 재무설계사에게 이끌거나, 저자의 뉴스레터를 구독하게 하거나, 값비싼 투자 강좌를 구매하도록 설득하는 데 그 목적이 있습니다. 많은 출판사가 이런 투자 포르노 작가를 좋아합니다. 왜냐하면 돈이 되기 때문입니다. 출판사의 태도는 이렇습니다.

"진실이 뭐가 중요해? 책이 베스트셀러 목록에 올라가 있고, 광고나 홍보 비용은 저자가 내고 있는데….”

다행인지 불행인지는 모르겠지만, 자신의 책을 베스트셀러로 만들기 위해 거액을 쓰는 저자의 다수가 결국 파산을 선언합니다. 하지만 이들이 일단 베스트셀러 작가라는 타이틀을 얻으면, 끊임없이 새로운 아이디어를 책으로 내놓으려고 합니다. 물론 출판사는 또다시 그들을 반갑게 맞이합니다.

이처럼 전국적 베스트셀러의 내용이 곧 좋은 정보를 의미하지 않습니다. 그것은 단지 책이 대대적으로 홍보되었다는 것을 뜻할 뿐이죠. 그래서 저자의 이력을 살펴보아야 합니다. 그리고 책이 무엇을 약속하는지도 보십시오.

찰스 기븐스는 《위험 없는 부》를 포함해 수많은 재테크 분야의 베스트셀러를 썼습니다. 그러나 그는 말년에 파산을 선언했습니다. 우리는 그가 부는 보았지만, 위험은 보지 못했다고 추측할 수밖에 없습니다.

로버트 앨런도 베스트셀러 작가입니다. 그의 책 《낫씽 다운》은 수백만 부가 팔리기도 했습니다. 그 책에서 로버트 앨런은 독자에게 돈 한 푼 없이 부동산을 사는 방법을 가르칩니다. 하지만 그 역시 파산했고, 국세청으로부터 추적을 당했습니다. 만약 돈 한 푼 없이 부동산을 사서 부자가 되는 것이 가능했다면, 왜 그가 파산했을까요?

전직 택시 운전사에서 금융 구루로 변신한 웨이드 쿡은 독자들이 그의

주식투자 기법을 따르기만 하면 연간 수백 퍼센트의 수익을 올릴 수 있다고
장담했습니다. 그 이야기는 책으로 출간되어 베스트셀러가 되었죠. 그러나
그는 채권자와 국세청으로부터 쫓기는 신세가 되었습니다. 이처럼 많은 수
의 작가가 정작 자신은 파산하면서 독자에게는 어떻게 부의 대박에 다가설
수 있는지를 뻔뻔하게 이야기합니다. 우리는 그들에게 이런 이야기를 하고
싶습니다.

"의사여, 먼저 너 자신이나 치료하라"

오해하지는 마십시오. 모든 투자 서적이 나쁘다는 이야기는 아닙니다.
서점과 도서관에는 훌륭한 투자 서적도 많습니다. 이 책의 뒷부분에는 우리
들이 추천하는 책 목록이 수록되어 있습니다. 훌륭한 투자 서적 모두를 망라
한 것은 아닙니다만, 좋은 투자 서적을 읽고 싶다면 그 목록에 있는 책들이
좋은 출발점이 될 수 있습니다.

인터넷 웹사이트

인터넷은 우리의 컴퓨터, 태블릿, 스마트폰을 통해 무한의 정보를 쏟아냅니
다. 이것은 분명 좋은 소식입니다. 나쁜 소식은, 그 대부분이 사실상 규제되
지 않는다는 점입니다. 인터넷에 접속할 수만 있으면 누구든 어떤 주장이나
진술이든 웹사이트에 올릴 수 있습니다. 더 나쁜 것은, 게시자가 실제 인물
이나 회사가 아닌 다른 사람이나 회사를 사칭할 수도 있으며, 그 출처 또한
조작될 수 있습니다. 월드 와이드 웹은 마치 와일드 와일드 웨스트와도 같습
니다. 통제가 거의 없거나 아예 없는 개척지와 같은 곳입니다.

그런데도, 인터넷은 건전한 투자의 기초를 배우고 수많은 질문에 답을

얻을 수 있는 훌륭한 장소가 될 수 있습니다. 동시에, 아무런 검증 없는 주장을 내놓고도 책임을 지지 않기가 가장 쉬운 공간이기도 합니다. 한 가지 분명한 사실은, 인터넷이 없었다면 우리 셋(저자들)은 결코 만나지 못했을 거라는 점입니다.

진정한 회의론자가 되어라, 그리고 공부하라

잡음이라는 해악을 막을 수 있는 최고의 해독제는, 투자상품이나 서비스를 판매할 이해관계가 없는 유능하고 공정한 사람이 수행한 실증적 연구에 근거한 지식입니다. 금융학계의 선도적인 교수와 실무 경험이 풍부한 투자전문가가 쓴 책과 글을 읽어보십시오. 그러면 그들의 연구 결과가 서로 매우 비슷하다는 것을 알게 됩니다. 그리고 이 책에서 제시한 내용과도 일치한다는 사실을 발견할 수 있습니다. 우리는 여러분이 반드시 그렇게 하길 강력히 권합니다.

여러분의 돈은 여러분의 것입니다. 그것을 성공적으로 투자할 지식을 갖추는 것이 곧 여러분의 돈에 대한 통제권을 쥐는 것입니다. 누군가가 경이적인 시장 초과 수익 능력을 평생에 걸쳐 발휘할 수도 있겠지만, 연구 결과는 분명히 말합니다. 그런 가능성에 베팅하는 것은 절대 옳지 않다는 것을….

이 책의 아이디어는 대부분 광범위하게 이루어진 연구의 결과물에서 나왔습니다. 우리가 내놓는 최고의 조언 중 상당수는 우리 친구이자 멘토인 존 보글의 경험, 저술, 연설에서 가져왔습니다. 아울러 우리 셋이 겪은 100년이 넘는 투자 경험(좋은 경험과 나쁜 경험을 모두 포함한)으로 얻은 교훈을 반영하고 있습니다.

투자에 있어서는, 진정으로 건전한 정보와 그럴듯하게 들리는 정보 사이에는 엄청난 차이가 있습니다. 여러분의 재정적 미래는 그 차이를 구분할 줄 아는 능력에 달려있습니다.

19장

투자를 지배하려면
감정을 먼저 지배해야 한다

당신은 왕국을 목표로 하지만,

결국, 하수도에 빠져버리고 만다.

- 마크 트웨인

"우리가 꿈꾼다면, 그것을 해낼 수 있습니다." 이것이 바로 전통적인 미국인의 태도, 즉 억제되지 않은 낙관주의와 자신감입니다. 이는 우리가 자유, 풍부한 부, 무한한 기회의 땅에 살고 있다는 신념에서 기인합니다. 무언가를 간절히 원하고, 그것을 성취하기 위해 열심히 노력한다면, 결국 원하는 것을 얻을 수 있다는 믿음이 있습니다. 이 믿음은 개인, 가족, 팀, 기업, 그리고 국가 전체에 이르기까지 넓게 퍼져있습니다. 아마도 미국인이 도전을 두려워하지 않는 것도 이런 이유 때문이지 않을까요? 이는 훌륭한 태도이며, 세계 역사상 가장 크고 성공적인 경제를 움직이는 원천일지도 모릅니다.

동기부여는 눈에 보이지도 측정할 수도 없지만, 우리는 그것이 존재한다는 것을 압니다. 그것은 우리의 감정을 자극하여 특정한 방식으로 행동하도록 만드니까요. 행동은 동기의 산물이며, 바로 그것이 동기를 정량적으로 추정할 수 있는 근거가 될지도 모릅니다.

감정은 매우 중요합니다. 우리는 모두 감정의 세상에서 살아가기 때문입니다. 가난하지만 행복한 편이, 부유하면서 불행한 것보다 낫습니다. 우리의 욕망, 소망, 감정이 우리의 선택을 끌어냅니다. 그리고 그 선택이 결국 우리가 어떤 사람이 되는지를 결정하죠. 우리는 곧 우리가 내린 선택의 합이며, 대부분의 선택은 감정에 기반해 이루어집니다. 우리의 이야기가 의심스러운가요? 보십시오. 우리가 먹는 음식, 입는 옷, 어울리는 사람들, 거주지를 선택하는 방식, 결혼 상대, 직업 선택에 이르기까지 우리의 결정을 돌이켜 봅시다. 결국, 감정에 의해서 이루어지지 않았나요?

성공에 이르는 길도 이렇게 감정에 의해 내려진 선택의 결과입니다. 무일푼에서 큰 부자가 된 대부분의 사람은 자신이 이룬 성공을 두고 성공에 대한 불타는 열망과 어떤 대가도 각오한 태도 덕분이라고 말합니다. 사랑, 희망, 분노, 두려움, 좌절 등 수많은 감정이 올바른 방향을 향한다면, 우리가 더 잘 배우고, 벌고, 저축하고, 나누고, 성장하며, 더 나은 인간이 되도록 이끌어주는 원동력이 됩니다.

그러나 투자 결정을 내려야 할 때만큼은 감정을 배제해야 합니다. 감정적으로 투자에 접근하는 것은 경제적 파탄과 몰락으로 가는 길을 열어줍니다. 직감을 따르거나, 군중 심리를 좇거나, 투자 구루를 좇거나, 지나치게 애쓰거나, 뜬소문에 의존하거나, 과도한 자신감을 믿거나, 단기간에 큰돈을 벌기 위해 무리하거나, 지나치게 안전을 추구하려는 것은 투자를 위험에 빠뜨립니다. 감정으로 투자에 접근하면 당신은 더 가난해질 뿐입니다.

'감정의 역설'이라고 이야기할 수도 있겠습니다. 많은 이들이 돈을 얻는 일에는 매우 감정적으로 임하지만, 돈을 감정적으로 대하는 것은 그걸 잃게 만드는 지름길과 같으니 말이죠.

행동경제학의 세계에 오신 것을 환영합니다

고전 경제학은 인간이 의식적이고 합리적인 동물임을 전제합니다. 나아가 인간이 자신이 가진 자원을 어떻게 배분해야 만족을 극대화할 수 있을지에 기반해 결정을 내린다고 가정했죠. 하지만 현실은 그렇지 않습니다. 노련한 광고 전문가와 뛰어난 세일즈맨은 단기적으로 볼 때, 그 가정이 요정을 믿는 것만큼이나 비현실적이라는 사실을 잘 알고 있습니다. 그들은 수년간의 현장 경험을 통해, 소비자 대부분이 감정적으로 구매하고 이를 논리로 정당화한다는 것을 알고 있습니다. 소비자에게 어째서 그 상품을 구매했는지, 투자자에게 왜 그 자산에 투자했는지를 설명해 보라고 하면, 그들은 그럴듯한 논리로 자신의 결정을 설명할 겁니다. 하지만 실제로는 그렇지 않습니다. 대부분은 자신이 왜 그런 결정을 내렸는지 알지 못하죠.

이처럼 많은 경제학자가 현실과 동떨어진 가정으로 경제학 이론을 연구하는 동안, 이스라엘에서 활동하던 두 명의 심리학자는 훗날 행동경제학이라 불리는 분야를 개척했습니다. 1960년대 후반, 아모스 트버스키와 대니얼 카너먼은 예루살렘의 히브리대학교에서 대중이 어떻게 경제적 선택을 내리는지를 알아내기 위한 심리학 실험을 이어갔습니다.

트버스키와 카너먼은 사람들이 항상 자신의 이익에 부합하는 합리적인 선택을 하지 않는 것에 주목했습니다. 그들은 실험을 통해 사람이 경제적 결정을 신속하게 내리려 할 때 사용하는 경험적 법칙을 체계화하고 분류했습니다. 그리고 이를 '판단 휴리스틱'이라고 불렀습니다. 예상하시듯, 그 과정은 합리적이라기보다는 훨씬 더 감정적이었습니다.

이후 두 사람은 모두 미국으로 이주했는데, 트버스키는 스탠퍼드대학에, 카너먼은 프린스턴대학에 정착했습니다. 2002년, 카너먼은 행동경제학을 개척한 공로로 노벨 경제학상을 공동 수상했습니다. 심리학자로서는 최초의 사례였습니다. 안타깝게도 1996년, 59세의 나이에 암으로 세상을 떠난 트버스키는 수상의 영예를 누리지 못했습니다.

트버스키와 카너먼, 그리고 이 분야에 헌신한 수많은 선구자의 연구 덕분에 우리는 인간이 경제적 결정을 위해 사용하는 판단 휴리스틱을 알게 되었습니다. 이 장에서는 투자 과정에서 우리를 곤란에 빠뜨리는 그런 휴리스틱을 살펴보고, 그것을 어떻게 피할 수 있는지를 이야기하려 합니다. 그러나 그에 앞서, 월스트리트를 지배하는 두 가지 주요 감정을 살펴보죠.

탐욕과 두려움

탐욕과 두려움. 이 원초적인 두 가지 감정은 개별 투자자뿐 아니라 주식시장 전체를 움직이는 원동력입니다. 돈을 잃기 위해 투자하는 사람은 아무도 없습니다. 우리는 모두 매우 불확실한 시장 속에서 손실을 피하고 이익을 얻기 위해 투자합니다.

탐욕과 두려움이라는 감정은 선사시대 인류의 생존을 책임지던 감정이었습니다. 먹을거리가 드물고 간헐적으로만 먹을 수 있었을 때, 음식이 생기면 실컷 먹고 가능한 한 많은 음식을 저장해야 했죠. 그러지 않았다면 살아남지 못했을 겁니다. 만일 두려움이 없었다면 어떻게 됐을까요? 아마 검치호랑이로부터 살아남지 못했을 겁니다. 당시 인류에게는 두려움에 질려 달아나는 것이 곧 하루를 더 살아남을 수 있음을 의미했습니다. 더 나아가, 동굴에 숨어 내가 호랑이의 먹이가 될지, 반대로 내가 호랑이를 잡을 수 있을지를 궁리할 기회를 의미했습니다. 사바나에서 두려움과 탐욕이라는 감정은 생존에 필수적인 요소였던 것입니다.

그러나 투자 세계에서는, 두려움과 탐욕이 수익률을 줄이고 파괴합니다. 7장에서 소개한 달바의 연구 결과를 떠올려 보십시오. 이 연구에 따르면 1993년부터 2012년까지, 평균적인 펀드 투자자는 S&P500 지수보다 연평균 3.96% 낮은 수익률을 기록했습니다. 이러한 저조한 성과의 일부는 중개수수료, 높은 비용, 세금 때문일 수 있습니다. 하지만 원인의 대부분은 투자자의 행동에 기인합니다.

대중은 탐욕에 밀려 시장이 상승할 때 추격 매수에 나서고 맙니다. 반대로 하락장에서는 공포에 질려 자산을 매도하고 맙니다. 손실을 확정 짓고 마는 것이죠. 오래된 만화 캐릭터의 말이 이 상황을 잘 설명해 줍니다.

"우리는 적을 만났는데, 근데 그 적은 바로 우리 자신이었어."

비싸게 사서 싸게 팔면서 이익을 낼 수 없습니다.

어떻게 똑똑한 사람이 잘못된 투자 결정을 내리는가?

두려움과 탐욕만으로는 잘못된 투자 결정의 모든 걸 설명할 수는 없습니다. 혹시 당신도 투자 결정을 내리고선 이마를 '탁' 치며 '도대체 내가 무슨 생각을 했던 거지?'라고, 후회한 적은 없으신가요? 사실 대부분의 투자자가 그런 실수를 합니다. 아마 당신도 행동경제학자가 이야기하는 판단 휴리스틱 중 하나, 혹은 그 이상을 활용하여 결정을 내렸을 가능성이 큽니다.

오늘 일어난 일이 내일도 이어질 것이라고 무작정 가정하는 것을 최신 편향(18장 참조)이라고 합니다. 시장이 하락하면 더 떨어질 거로 생각하고 팔아버립니다. 시장이 상승하면 계속 오를 거로 생각하고 더 삽니다. 그 결과, 우리는 헐값에 주식을 팔고, 누군가의 주식을 비싼값에 사며, 결국 돈을 잃고 마는 것이죠. 다음은 우리의 오판을 유발하는 함정의 예입니다. 이런 함정이 우리를 투자 바보처럼 행동하게 만듭니다.

자만, 혹은 자신감 과잉

자신감 과잉은 아마도 수익률을 갉아먹는 가장 치명적인 암살자일 겁니다. 여기에 탐욕을 조금만 더하면, 곧장 파산행 특급 열차를 타게 되죠. 앞서 우리는 미국인의 낙관과 자신감을 칭송했습니다만, 이를 제어하지 못하면 끔찍한 투자 결정을 내리게 만듭니다.

미국인의 70%는 자신이 평균 이상이라고 믿습니다. 아무런 통계적 근거도 없이 말이죠. 이는 분야를 가리지 않습니다. 우리는 대부분 자신이 평균 이상의 운전자이며, 평균 이상의 지능을 지녔고, 평균 이상의 외모를 가졌다고 생각합니다. 물론 자신을 믿고, 미래를 통제할 수 있다고 느끼는 것은 삶을 살아가는 데 중요한 요소입니다. 그래야 우리가 무언가를 시도하고 성취하도록 용기를 부여할 것이기 때문입니다.

하지만 그 태도를 투자 결정에까지 끌고 들어온다면, 아마도 당신은 투자에 어려움을 겪고 큰 손실을 피하기 어려울 겁니다. 설령 당신이 스스로 생각하는 것보다 훨씬 똑똑하고 뛰어난 투자자라고 하더라도, 자신감 과잉은 아주 단순한 이유로 당신을 곤경에 빠뜨릴 겁니다. 단기적으로 주식시장의 오르내림은 무작위적입니다. 변동성은 예측할 수 없습니다. 여기서 지능, 기술, 지식은 아무런 도움이 되지 못합니다. 그것이 우위를 줄 수 있다고 믿는, 그 자신감 자체가 당신을 해로움으로 이끌게 됩니다. 다음 세 가지 사례를 살펴봅시다.

- 1990년대 동안, 일리노이주의 할머니 14명은 '버즈타운 레이디스'라는 투자클럽을 만들었습니다. 이들은 10년간 연평균 23.4%의 수익을 기록했다고 주장했습니다. 같은 기간 S&P500의 평균 수익은 14.9%였으니 대중은 이들의 성과에 주목했습니다. 이들의 책은 베스트셀러가 되었습니다. 하지만 한 언론인이 이들의 수치를 확인해 본 결과, 실제 평균 수익률은 고작 9.1%에 불과했습니다. 버즈타운 레이디스는 대중을 속일 의도가 전혀 없었습니다. 단지 성과를 올바르게 계산하는 방법을 몰랐을 뿐이었죠.

- 멘사는 IQ 테스트 상위 2%의 사람만이 가입할 수 있는 배타적 모임입니다. S&P500의 평균 연간 수익률이 15.3%였던 15년 동안, 같은 시기 멘사의 투자클럽 평균 수익률은 단 2.5%였습니다.

- 1994년에 설립된 롱텀캐피털매니지먼트(LTCM)는 두 명의 노벨 경제학상 수상자가 포진했을 정도로 우수한 인재가 모인 헤지펀드였습니다. 그들은 그들의 모델이 실제 투자에서 위험을 제거할 수 있을 것이라 믿었습니다. 이 모델을 과신했던 LTCM은 극단의 레버리지를 활용했습니다. 레버리

지의 규모가 점점 늘더니만 나중엔 미국 연방정부 연간 예산과 맞먹는 1조 2,500억 달러 규모의 포지션을 갖게 되었죠. 초기에는 눈부신 성공을 거두었습니다. 하지만 1998년 아시아에 금융 위기가 닥쳤을 때 LTCM은 거대한 손실을 기록하게 됩니다. 그들은 파산 위기에 직면했습니다. 연방준비은행은 세계 경제 붕괴를 막기 위해 14개의 은행이 총 36억 달러를 들여 LTCM의 부실 펀드를 인수하도록 했습니다. 누군가는 수십억 달러의 손실을 떠안아야 했습니다. 이는 어떠한 천재성도 투자 성공을 보장하지 않는다는 사실을 알려준 값비싼 사례였습니다.

만약 당신이 스타 종목을 고를 수 있다고 믿거나, 시장 타이밍을 맞출 수 있다고 생각하거나, 경기 예측에 탁월하다고 생각한다면, 당신은 자신감 과잉의 함정에 빠질 가능성이 큽니다. 재밌는 것은, 이 병은 여성보다 남성에게 더 자주 나타납니다. 실제로 여성은 거래의 빈도가 낮고, 위험에 더 신중하게 접근합니다. 그래서 남성보다 더 나은 수익률을 거둘 가능성이 높습니다. 반면 남성은 일을 저지르고 수습하는 경향이 강합니다. 투자에서도 비슷하게 행동하는 것은 보통 나쁜 결과로 이어지고 맙니다.

우리는 당신이 자신을 믿기를 바랍니다. 그리고 당신이 유능할 것이라 크게 의심치 않습니다. 하지만 힘들게 번 돈을 투자할 때는 다른 마음으로 임해야 합니다. 당신도 그렇고 다른 누구도 예언의 능력을 타고나지 못했음을 깨달아야 합니다. 이 사실을 주식시장에서 배우지 않았으면 합니다. 그 대가가 너무 크기 때문이죠.

손실 회피

혹시 매일 포트폴리오를 확인하나요? 주식이나 펀드가 괜찮은 수익을 내면, 이익을 확정 짓기 위해 바로 매도하나요? 주식이나 펀드가 하락하는 걸 보면 곧바로 팔아버리나요? 젊은데도 불구하고, 대부분의 자산을 예금이나 채권처럼 매우 보수적이고 안전한 곳에 넣어두고 있나요? 만일 당신이 이런 성향을 지니고 있다면, 손실 회피 때문에 잠재적인 수익을 해치고 있는 것일 수도 있습니다.

손실 회피는 앞서 이야기한 자신감 과잉의 반대말입니다. 자신감 과잉이 우리를 지나치게 대담하게 만든다면, 손실 회피는 우리를 지나치게 소심하게 만듭니다. 실험에 따르면, 사람은 일반적으로 100달러를 잃을 때의 고통을, 100달러를 얻을 때의 기쁨보다 두 배 정도 크게 느낀다고 합니다. 그 결과, 주식시장에서 손실을 경험한 많은 이들이 다시는 주식에 투자하지 않겠다고 다짐하고 마는 것이죠. 마크 트웨인은 이렇게 이야기했습니다.

"뜨거운 난로 위에 앉았던 고양이는 다시는 뜨거운 난로 위에 앉지 않는다. 그러나 난로가 차가워도 마찬가지일 것이다."

혹시 지인 중에 2000년 닷컴 버블 붕괴, 2007-2009년 주택 버블과 신용 위기 때 큰돈을 잃고, 지금은 모든 돈을 은행에 넣어둔 사람이 있지 않은가요? 그들은 지금 무위험 투자를 하고 있다고 생각할지도 모릅니다. 그러나 거기서 발생하는 세금과 물가상승률 등을 생각하면, 실제로는 그런 방식의 투자는 손해를 축적하고 있는 것일 수 있습니다. 즉, 안전하다고 인식되는 것이 생각하는 것만큼 안전하지는 않을 수 있습니다.

과잉 분석으로 인한 마비 ───────

이 유형의 투자 함정은 손실 회피의 사촌 격입니다. 투자를 시작하려 할 때, 우리 앞에는 수많은 선택지가 놓입니다. 수천 개의 펀드 중에서 몇 개를 선택해야 하고, 투자 방식도 결정해야 합니다. 그러면서 온갖 잡음에 시달리게 되죠. 선택지가 많아질수록 하나를 고르는 일은 더 어려워집니다. 그 결과, 어떤 사람은 어떤 결정도 내리지 못하고 투자를 결국 포기하게 됩니다.

문제는 투자하지 않는 것에도 기회비용이 발생한다는 사실입니다. 그 돈이 당장 주머니에서 빠져나가는 것이 아니니, 아마 자신이 지금 손해를 보고 있다고 생각하지 못할 겁니다. 그러나 복리로 불어나지 않는 계좌의 돈은 점점 줄어드는 것과 마찬가지입니다. 이런 방식으로 매년 수많은 근로자들이 고용주가 제공하는 매칭형 퇴직연금 같은 '공짜 돈'을 날려버립니다. 그 규모는 수십억 달러에 달합니다. 이건 단지 어떤 투자 방식을 택할지 결정을 내리지 못해서입니다.

만약 투자 결정을 내리는 데 어려움을 겪고 있으신가요? 이건 농구와도 같습니다. 쏘지 않은 슛은 100% 놓치게 되어 있습니다. 이 점을 잊지 마십시오.

보유 효과

우리는 익숙한 것을 안전하다고 착각합니다. 그리고 이미 가지고 있는 것의 가치를 과대평가하려는 경향이 있죠. 이런 것을 보유 효과라고 합니다.

보유 효과로 인해 흔히 발생하는 투자 실수 중 하나는, 자산의 대부분을 자신이 다니는 회사 주식에 투자하는 경우입니다. 이것이 현명한 일이라고 믿는다면, 엔론의 전 직원에게 물어보십시오. 직장인은 이미 깨어 있는 시간의 절반 이상을 본인이 다니는 회사에 투자하고 있습니다. 거기에 자신의 금융 자산마저 회사에 쏟아 넣는 셈입니다. 이를 두고 분산이 안 되었다고 말하는 것은 차라리 과소평가에 가깝습니다.

보유 효과로 인해 흔히 나타나는 또 다른 습관을 봅시다. 대표적인 것이 미국 내 펀드만 사들이는 것입니다. "미국 투자가 더 안전하다"라는 믿음 때문입니다. 그러나 역사적으로 보면, 미국 펀드와 국제 펀드는 장기적으로 비슷한 수익률을 보였고, 다만 서로 다른 시기에 정점을 찍는 경향이 있을 뿐입니다.

일각에서는 "세계가 상호 의존적으로 연결된 글로벌 시대에 굳이 국제 펀드가 필요하지 않다"라는 주장도 있습니다. 그 논리는, 많은 미국 기업이 해외에서 막대한 매출을 올리고 있기 때문에, 미국 펀드만으로도 글로벌 분산투자가 가능하다는 것입니다. 하지만 이런 논리는 막연한 믿음에 불과합니다. 앞서 말했듯, 우리는 포트폴리오의 약 20% 정도를 해외주식에 투자함으로써 더 나은 분산 효과를 거둘 수 있다고 이야기한 바 있습니다.

군중 추종

인간은 본능적으로 남과 같아지려는 욕구를 느끼고, 무리를 따르려는 성향을 보입니다. 이런 동조 성향은 비즈니스나 사회생활을 할 때 많은 도움이 됩니다. 우리 대부분은 이런 격언을 들으면서 자리기도 했죠. "잘 지내려면, 잘 따라가라."

하지만 무리를 좇는 식으로 투자하면, 등 뒤에 '내 돈 가져가세요'라고 팻말을 달고 다니는 것이나 다름없습니다. 다시 한번, 펀드 투자자 성과에 관한 달바의 연구 결과가 주는 교훈을 떠올려 보십시오. 무리를 따르는 투자는 결국 손해에 투자하는 것과 다르지 않습니다.

슬픈 진실은 무리를 따르며 투자하다가는 결국 도살장으로 끌려가는 신세가 될 수 있다는 것입니다. 군중 추종형 투자자에게는 몇 가지 특성이 있습니다. 그들은 탄탄한 투자 계획이 없고, 잡음에 쉽게 현혹되며, 잘못된 시점에 거래하고, 자신의 투자 성적이 얼마나 좋지 않은지 깨닫지 못합니다.

앞서 이야기한 보유 효과 때문에 대부분의 투자자는 자신의 투자 성과가 실제보다 훨씬 더 좋다고 믿습니다. 이것을 '버즈타운 레이디스 효과'라고 부를 수 있습니다. 사람은 대부분 자신이 평균 이상이라고 믿고, 따라서 자신의 투자수익률도 평균 이상이라고 결론 내리는 것이죠.

심리적 회계 ————

심리적 회계의 함정은 우리를 저축으로부터 멀어지게 만듭니다. 저축하지 않으면 투자할 수도 없습니다. 그러므로 이는 반드시 고쳐야 할 습관입니다. 심리적 회계란 돈의 출처에 따라 다르게 취급하는 것을 말합니다. 돈을 어디서 어떻게 얻었든 간에 똑같이 돈입니다. 하지만 우리는 완전히 합리적이지 못해서 그렇게 대하지 못하는 경우가 많습니다.

예를 들어봅시다. 소득세 환급금을 받았을 때 누군가는 그것을 두고 뜻밖의 횡재나 '보너스'처럼 생각하기도 합니다. 만일 그렇다면 그 사람은 심리적 회계를 하고 있는 겁니다. 사실 세금 환급은 정부에게 무이자로 돈을 빌려준 것과 같아서, 그걸 횡재라고 생각하면 안 됩니다. 차라리 고용주에게 급여에서 원천 징수되는 소득세를 줄여달라고 요청하는 게 맞습니다. 오히려 그 돈은 지난 1년 동안 당신의 계좌에서 복리로 불어났어야 합니다. 그랬다면 지금보다 더 많은 돈이 있었겠죠.

심리적 회계의 또 다른 예를 봅시다. 만일 환불 불가 항공권을 사 두었는데 상황이 바뀌어 여행을 가고 싶지 않게 되었습니다. 하지만 표가 아까워

억지로 여행에 나섭니다. 결국, 여행지에서 식비와 숙박비를 더 쓰고, 불쾌한 시간을 보내게 됩니다. 사실 이 상황에서 항공료는 매몰 비용입니다. 여행을 갈지 말지 결정할 때는 이를 무시했어야 합니다. 이를 무시하지 못해 다른 돈까지 쏟아붓게 되고 말았습니다.

은퇴자금은 모두 매우 안전한 투자에 넣어두면서 신용카드 대금은 매달 남겨두는 경우, 현금으로 결제할 때보다 신용카드로 결제할 때 더 많이 소비하는 경우가 심리적 회계의 대표적 사례입니다. 이런 이들은 스스로는 돈 관리가 철저하다고 생각하지만 실제로는 저축할 여건이 되지 않는 경우가 많습니다.

앵커링

혹시 당신은 브로커, 재무설계사가 시장수익률보다 더 많은 수익을 내주었는지 아닌지조차 모른 채 계속 거래하고 있나요? 혹은 손실이 난 자산을 '어느 가격까지 오르면 팔겠다'라고 다짐하며 계속 붙들고 있나요? 아니면 사실을 확인하려는 노력 없이 익숙한 투자 습관에만 매달리고 있나요?

이러한 것들을 앵커링이라고 합니다. 즉, 재산에 해로울 수 있음에도 불구하고 낡은 믿음이나 익숙한 의견에 집착하는 것이죠. "내 마음은 이미 정해졌으니, 새로운 사실로 나를 혼란스럽게 하지 마라"라는 오랜 격언은 바로 이런 앵커링 심리를 가장 잘 설명합니다.

누군가 집을 팔고 싶어 하면서도 반드시 '목표 가격'을 받겠다며 기다리는 경우를 종종 봅니다. 우리가 아는 어떤 부부는, 오래된 동네에 있는 낡은 집을 팔려고 내놓았습니다. 집은 팔리지 않았지만, 제 가격을 받겠다며 10년 넘게 버티고 있습니다. 세금, 보험료, 유지보수 비용에 흰개미가 집을 갉아 먹고 있음에도 그냥 그러려니 합니다. 그들은 더 이상 살고 싶지 않은 집물 10년째 거주 중이지만, 언젠가 그들이 원하는 수준의 값을 받을 수 있을 것이라며 버티는 중입니다.

닷컴 버블 시절의 투자자 가운데는 아직도 나스닥이 다시 오르기를 간절히 기다리며 투자금을 붙잡고 있는 사람이 있을 겁니다. 그런 종류의 앵커는 결국 수익률을 짓누릅니다.

재정적 태만 ———

마지막으로, 당신의 경제적 성공을 가로막는 가장 큰 적 '미루기'를 살펴보겠습니다. 많은 사람이 다른 일에 몰두해 있다는 이유만으로 잘못된 투자 결정을 내립니다. 그들은 돈을 버는 일이나 쓰는 일에 치우친 나머지 돈을 어떻게 지키고 불려야 하는지를 배우지 못합니다. 어떤 이에게는 똑똑한 투자자가 되는 것이 너무 어려워 보입니다.

그래서 결국 이들은 금융과 관련된 모든 결정을 공인회계사, 보험설계사, 변호사, 브로커, 재무설계사에게 맡겨버리고 맙니다. 그리고 자신이 수수료, 전문가 비용, 세금, 운용비용으로 얼마나 쓰고 있는지 신경 쓰지 않습니다. 경제, 시장, 복리의 마법을 이해하지 못하고, 자신이 돈을 맡긴 사람이 과연 제대로 일하고 있는지조차 궁금해하지 않습니다.

우리 저자 중 한 명은 유명한 배우이자 경제학자인 벤 스테인의 투자 세미나에 참석한 적이 있습니다. 그의 강연에서 스테인은 자신에게 큰 기회를 준 헐리우드 영화 제작자의 이야기를 들려주었습니다. 여느 할리우드 인물처럼, 그 제작자도 큰 손이었다고 합니다. 유럽으로 가는 호화 크루즈 여행을 즐겼죠. 스테인은 그 제작자가 결국 파산했다고 말하며, 현재는 자신이 그 제작자의 주택담보대출 비용을 대신 내주고 있다고 밝혔습니다.

돈을 잃는 가장 확실한 방법은 돈에 전혀 신경 쓰지 않는 것입니다. 세상에는 '거지에서 부자가 된 이야기'도 있지만, '부자에서 거지로 전락한 이야기'도 많습니다. 다만, 후자는 뉴스에 잘 나오지 않을 뿐이죠.

감정을 통제하기

투자에 해로운 감정적 함정을 인식하는 것만으로는 부족합니다. 그것이 당신의 투자를 망치지 않도록 조치하는 것도 무척 중요합니다. 어떻게 해야 할까요?

우선, 주요 재무목표를 한 장의 종이에 적고, 언제 돈이 필요한지 날짜를 명시하십시오. 대학 학자금이 필요한가요? 새집을 살 돈이 필요한가요? 은퇴자금이 필요한가요? 그리고 이 돈들은 언제, 얼마나 필요합니까? 좋은 재무 계획은 목표와 목표 시점을 설정하는 데서 시작합니다.

둘째, 이 책에서 권장하는 기법을 꾸준히 실천한다면, 감정적 투자의 함정을 자연스럽게 피할 수 있습니다. 신용카드와 고금리 빚을 갚고, 빚에서 벗어나십시오. 그리고 단순하면서도 건전한 자산배분 계획을 세우고, 그 계획을 지키십시오.

매월 급여의 일부를 미리 세워둔 자산배분 계획에 따라 체계적으로 저축하고 투자하십시오. 시작은 빠를수록 좋습니다. 인덱스 펀드 비중은 높게 유지하십시오. 투자 비용과 세금은 최소화해야 합니다. 시장 타이밍을 잡기 위한 단기투자는 지양하십시오. 잡음을 차단하고, 자산을 모니터링하다 필요하면 리밸런싱하십시오. 그리고 계획을 고수하십시오. 그렇게 하면, 당신은 지혜롭게 위험을 관리할 수 있게 됩니다. 싸게 사고, 비싸게 팔며, 복리의 힘을 당신 편으로 끌어올 수 있습니다. 그렇게 하면 당신은 천천히 그러나 체계적으로 부를 축적하고, 편안한 은퇴를 위한 기반을 마련할 수 있을 겁니다. 만일 약간의 운이 따라준다면, 당신은 평생 상상도 못 했던 돈을 가지게 될 수도 있습니다. 이렇게 오랜 시간을 거쳐 입증된 기법은 이미 수백만 명에게 효과가 있었고, 당신에게도 마찬가지로 효과적일 것입니다.

셋째, 투자가 재미있고 짜릿해야 한다는 잘못된 통념을 버리십시오. 투자는 부를 축적하고 보존하는 과정이지 디즈니월드나 라스베이거스, 복권이나 슈퍼볼이 아닙니다. 투자를 통해 짜릿함을 찾으려 한다면, 분명 돈을 잃게 될 것입니다. 펜트하우스에서 변소로 떨어지는 것은 순식간입니다.

만일 당신이 흥분을 원한다면, 당신의 직업, 가족, 공동체, 종교 활동, 스포츠팀, 취미 등 진정으로 열정을 쏟을 수 있는 것들을 찾으십시오. 돈을 벌고 저축하는 데서 흥분을 느끼더라도, 투자에 있어서는 반드시 냉정해야 합니다. 충분한 돈을 갖게 된 후에는, 그때는 원하는 무엇이든 흥분과 열정을 쏟아부을 수 있습니다.

만약 당신이 스타 종목을 찾거나 시장 타이밍을 잡는 짜릿함을 경험하고 싶다면, 포트폴리오의 최대 5% 이내에서 '카지노 계정'을 만들 수도 있을 겁니다. 이 돈으로는 자유롭게 거래하고, 마음껏 단타를 시도해도 좋습니다.

그러나 단 하나의 규칙이 있습니다. 만일 이 계좌의 돈을 전부 잃는다면, 그 돈은 영원히 사라지는 것입니다. 다시 카지노 계정을 만들거나 하지는 마십시오. 카지노 계정은 더 이상 없습니다. 이렇게 하면 당신은 경제적 미래를 위태롭게 하지 않으면서도 투자의 흥분을 즐길 수 있습니다.

넷째, 투자에 있어 자기 자신을 완전히 이성적이고 합리적일 것으로 생각하지 마십시오. 우리는 모두 감정적인 존재입니다. 그리고 많은 경우에 감정이 이성을 압도합니다. 만약 감정적으로 잘못된 투자 결정을 내렸다면, 그것으로부터 배우십시오. 그리고 다시는 반복하지 않겠다고 다짐하십시오. 그것이 당신이 할 수 있는 전부입니다. 작가 엘버트 허버드는 이렇게 말했습니다.

"누구나 하루에 최소 5분 동안은 바보가 된다. 지혜란 그 5분이 길어지지 않게끔 하는 것이다."

그 몇 분 동안만큼은, 당신이 투자 결정을 내리지 않기를 바랍니다.

감정적 함정에서 벗어나는 방법

마지막으로 지금까지 언급된 흔한 감정적 함정들을 요약해 보겠습니다.

- **최신 편향**: 오늘의 결과가 내일을 예측한다고 절대 가정하지 마십시오. 세상은 항상 변합니다.

- **자신감 과잉**: 누구도 단기적인 시장 움직임을 꾸준히 예측할 수 없습니다. 여기에는 당신 자신도, 당신의 돈을 굴리는 사람도 포함됩니다.

- **손실 회피**: 위험 회피자가 아니라 위험 관리자가 되십시오. 스스로 위험을 피하고 있다고 믿는 것은 착각에 불과합니다. 그것도 아주 비싼 대가를 치

를 수 있는….

- **과잉 분석으로 인한 마비**: 투자하지 않는 하루는 복리의 힘이 작동할 수 있는 날을 버리는 것과 같습니다. 지혜로운 투자 계획을 세우고 시작하십시오. 필요하다면 좋은 재무설계사의 도움을 받으십시오.

- **보유 효과**: 단지 당신이 무언가를 소유하고 있다고 해서 그것이 더 가치 있는 것은 아닙니다. 객관적인 평가를 받으십시오. 다니고 있는 회사의 주식은 포트폴리오의 10%를 넘지 않도록 하십시오.

- **심리적 회계**: 돈은 어디서 오든 똑같이 쓰입니다. 이미 써버린 돈은 매몰 비용이며, 미래 결정을 내리는 데 전혀 고려되어서는 안 됩니다.

- **앵커링**: 원하는 가격에 도달할 때까지 투자를 붙들고 있는 것은 바보 같은 짓입니다. 마찬가지로, 객관적인 검증 없이 당신의 재무설계사가 잘하고 있다고 맹목적으로 믿는 것도 그렇습니다. 반드시 다른 전문가의 의견에 귀 기울이십시오.

- **재무적 태만**: 건전한 투자의 기본을 배우는 데 시간을 쓰십시오. 사실 매우 단순한 것들임에도 그것을 알고 모르는 것이 가난한 삶과 풍요로운 삶의 차이를 만들어낼 수 있습니다.

기억하십시오. 감정적으로 하는 투자는 경제적 파탄으로 이어집니다. 직감을 따르거나, 군중을 맹목적으로 따라가지 마십시오. '핫한 정보'에 의존하거나, 단기간에 큰돈을 벌려고 하는 것은 위험을 높일 뿐입니다. 앞서 설명한 감정적 함정을 가벼이 여긴다면 당신은 점점 가난해지고 말 겁니다.

행동경제학과 친숙해지십시오. 그것은 당신이 감정을 더 잘 다스리고, 더 나은 투자 결정을 내릴 수 있게 도와줄 겁니다.

20장
당신보다 오래가는 돈을
만드십시오

내게는 평생 쓸 돈이 다 있습니다.
단, 내가 오늘 오후 네 시에 죽는다면 말이죠.

- 헤니 영맨

"내 포트폴리오에서 돈이 바닥나지 않게 하려면 매년 얼마까지 꺼내 쓸 수 있을까?"

은퇴자 혹은 은퇴를 앞둔 사람이라면 누구나 이 점에 대해 명확히 알고 싶을 겁니다. 일자리가 없는 상태에서 돈은 다 떨어졌는데, 여전히 많은 세월이 남으면 어쩌나 하는 걱정에 온갖 상상을 하게 됩니다. 난방도 되지 않는 아파트에서 고양이 사료와 크래커로 연명하는 비참한 말년을 떠올리면서 말이죠. 우리는 친구가 등을 돌리고, 가족에게 무시당하며, 결국 외롭게 죽음을 맞이하는 모습을 상상합니다. 몇몇 지인만이 참석한 초라한 장례식을 떠올리며 말이죠.

혹시 지금 당신은 그런 상상으로 괴로운가요? 사실, 이러한 불확실성에 대한 답은 어렵지 않게 찾을 수 있습니다. 다음에 나열한 정보만 있다면 말이죠.

- 현재 포트폴리오 가치
- 사망 예정일
- 사망할 때까지 매년의 포트폴리오 수익률
- 사망할 때까지 매년의 세율
- 물가상승률
- 의료비
- 연금과 그 외 소득 규모
- 보유 부동산의 미래 가치
- 연금과 의료 보장에 대한 모든 예상치 못한 변화

위의 질문에 대한 답을 안다면, 당신은 이미 공개된 다양한 종류의 온라인 재무 설계 프로그램을 활용하여 답을 구할 수 있습니다. 당신이 세상을 떠나는 바로 그날에 맞춰 가진 돈이 바닥날 수 있도록 지출의 규모를 알아낼 수 있죠. 심지어 장례 업자에게 보내는 마지막 수표가 부도날 수 있게끔 설계할 수도 있습니다. 만일 자산을 상속하려는 사람이라면, 자녀에게 얼마를 남기고 싶은지 정하면 그에 맞춰 지출 규모를 조정할 수 있습니다.

다들 짐작하셨겠지만, 이 문제의 답을 얻는 것은 사실 무척 어렵습니다. 설령 확실히 약속된 죽음의 날짜가 있다고 하더라도 말이죠. 인생에는 너무나 많은 변수 있어서 정확한 답을 알 수 없습니다. 그럼에도 우리는 애써 답을 찾으려 합니다. 알고 싶은 마음은 끝이 없습니다.

사실 우리가 활용할 수 있는 것은 기대수명 표와 과거의 금융 데이터뿐입니다. 그 정보를 토대로, 학자들은 "돈이 바닥나지 않으려면 매년 포트폴리오에서 얼마까지 쓸 수 있는가?"라는 질문에 대한 구체적 답변을 내놓았습니다. 이들의 연구가 정확한 수치를 제시할 수는 없어도, 합리적인 범주의 인출 비율은 알려줄 수 있습니다.

이러한 연구를 바탕으로, 우리는 여러분을 위한 지출 계획을 마련했습니다. 하지만 그 이야기는 뒤에서 다루겠습니다. 먼저 은퇴자가 직면하는 딜레마부터 살펴봅시다.

은퇴자 지출의 딜레마

수십 년간 일하고 저축한 끝에 드디어 은퇴 시점에 이르렀다고 가정해 봅시다. 이제 당신은 고용 없는 삶을 맞이하게 됩니다. 이때 당신은 자신과 배우자가 살아 있는 동안 필요한 지출 계획을 반드시 세워야 합니다. 은퇴자금을 소진하는 데는 크게 두 가지 잘못된 길이 있습니다.

첫째는 은퇴 초기에 흥청망청 써버린 나머지 나중에 돈이 바닥나고 마는 것입니다. 너무 일찍, 너무 많이 쓰는 것은 결코 해서는 안 될 실수입니다. 우리 대부분은 국가의 보호 대상이나 다른 사람의 짐이 되어 살아가는 마지막을 원하지 않을 것입니다.

둘째는 지나치게 아껴 쓰는 것입니다. 이는 혹시 자산이 바닥나면 어쩌나 하는 비합리적 두려움에서 비롯됩니다. 실제로는 포트폴리오와 다른 소득원만으로도 원하는 생활 수준을 유지할 수 있는데도 말이죠. 과소 지출은 자신과 가장 가까운 사람이 더 나은, 더 행복하고 충만한 삶을 만들어나갈 기회를 박탈합니다. 이는 씨앗을 뿌려놓고 수확하지 않는 것과 같습니다. 저축과 투자가 습관화된 사람에게 과소 지출은 극복하기 어려운 문제일 수 있습니다.

과소 지출의 대표적 사례를 보시죠. 제이컵 리더라는 인물은 1984년형 올즈모빌 스테이션 왜건을 몰고, 소박한 단층 벽돌집에 살았습니다. 자녀도, 반려동물도 없었습니다. 케이블 TV도 없어, 그는 하루 최대 8시간을 여자 친구의 집에서 보내며 주식시장 뉴스를 보고, 그녀의 전화를 써서 브로커에게 전화를 걸곤 했습니다. 여자 친구 앤 홀도르프의 말에 따르면, 그는 브로커에게도 그다지 예의 바르지 않았다고 합니다.

리더와 홀도르프는 외식도 거의 하지 않았고 합니다. 한다 해도 기껏해야 구내식당이나 저렴한 식당 정도였습니다. 대부분의 저녁 식사는 그녀의 집에서 그녀가 직접 요리한 것이었습니다. 생일 선물로 리더는 여자 친구에게 100달러짜리 수표를 건네곤 했습니다. 두 사람은 여행도 가지 않았습니다. 가끔 그녀가 여행 이야기를 꺼내면 그는 늘 이렇게 말했습니다.

"지금은 안 돼, 시장이 안 좋잖아."

리더가 1997년에 세상을 떠났을 때, 그의 유산 가치는 약 3,600만 달러였습니다. 이 막대한 재산 규모는 24년간 함께한 여자 친구 앤 홀도르프를 포함해 많은 사람에게 충격을 안겨줬습니다. 리더는 홀도르프에게 고작 15만 달러와 10만 달러의 신탁 기금만 남겼습니다. 두 사람이 함께한 세월과 유산 규모를 생각하면 매우 적은 액수였습니다. 그의 재산 대부분은 상속세로 빠져나갔고, 나머지는 두 명의 조카와 동물 보호 단체, 수의대에 기부되었습니다.

영국의 성직자이자 수필가인 존 포스터는 "부자로 죽는 것을 뿌듯해하는 자는 지옥에 가서 조롱받을 것이다"라고 이야기했습니다. 우리가 마지막으로 입는 수의에는 주머니 따위는 필요치 않습니다.

평생 소득을 보장하는 최고의 방법 2가지

우리 대부분이 원하는 것은, 돈이 다 떨어지기 전에 인생이 끝나도록 하면서도 가능한 즐겁게 돈을 쓰는 것입니다. 연간 인출률을 계획하는 것도 중요하지만, 해가 지남에 따라 그 인출률을 상황에 맞게 조정하는 것 역시 필요합니다. 주식시장은 오랜 기간에 걸쳐 흥망성쇠를 반복해 왔습니다. 높은 인플레이션은 구매력을 떨어뜨려 왔습니다. 삶에서 예상치 못한 일이 생겨 생활비를 예상 밖으로 늘리거나 줄일 수도 있습니다. 보이스카우트의 좌우명이 "준비하라"라면, 은퇴자의 좌우명은 "유연하라"입니다.

재정적 유연성을 확보하는 방법은 어떤 것이 있을까요? 다음 두 가지를 봅시다.

첫째, 고정 생활비를 가능한 한 낮게 유지하는 것입니다. 은퇴 이후는 거대한 주택담보대출, 비싼 자동차 할부금, 신용카드 빚 등을 떠안을 시기가 아닙니다. 고정비를 낮춰야 합니다. 고정비를 낮추면 재정적 유연성을 확보할 수 있습니다. 주가가 폭락하고 약세장이 월스트리트를 덮칠 때 큰 도움이 됩니다. 약세장에서는 지출을 줄이고, 강세장에서는 지출을 늘릴 수 있는 유연성이 필요합니다. 시장이 좋은 해에는 일부 이익을 써도 됩니다. 세계 일주 크루즈 여행을 가거나 새 차를 사는 것도 가능합니다. 반대로 시장이 침체일 때는, 예산이 빠듯할 것이고, 큰 지출을 1~2년 미루면 됩니다.

둘째, 필요할 때 소득을 벌 수 있는 현실적인 방법을 갖추어야 합니다. 여기서 말하는 소득은 풀타임으로 직장을 다니거나 월마트 인사 담당으로 일하라는 게 아닙니다. 오늘날에는 인터넷 기술 덕에 집에서 원하는 만큼, 비록 적은 양이라도 돈을 벌 수 있는 다양한 기회가 있습니다. 예컨대, 마이클은 집에서 일하며 직원 한 명 없이, 빚 한 푼 없이 100만 달러 이상을 벌었습니다. 이후 출판사로부터 책 《퍼펙트 비즈니스》를 집필해달라는 제안을 받아 다시 또 큰돈을 받았는데, 이 책은 그가 집에서 일하면서 어떻게 돈을 벌었는지를 다뤘습니다.

베이비붐 세대를 대상으로 한 조사에 따르면, 설문에 응한 대다수가 65세 이후에도 어떤 형태로든 일을 할 계획이라고 답했습니다. 그것이 선택이든 필요에 의해서든 간에, 은퇴 초기에 수입원을 갖는 것은 매우 중요합니다. 은퇴 직후에는 여전히 활동적이고, 그래서 지출도 크게 줄이지 못하기 때문입니다. 은퇴 이후 사용하는 돈은 곧 자산의 감소를 의미합니다. 이는 당신이 벌어들이는 1달러가 포트폴리오에서 아끼는 1달러임을 의미합니다. 그뿐이 아닙니다. 추가 수입은 여행, 쇼핑, 자선단체 기부 등에도 사용할 수도 있습니다. 돈을 번다는 것이 은퇴자에게 심리적인 이점을 가져다주기도 합니다. 파트타임 근무는 생산성을 유지하고, 사회의 일원으로 기여한다고 느끼게 하며, 정신을 맑게 유지해 줍니다.

존 보글은 이미 80대 중반에 접어들었지만, 여전히 활발히 활동하고 있습니다.[*] 그는 컨퍼런스에서 강연하고, 책을 쓰고, 텔레비전에 출연하며, 양심적 목소리가 절실히 필요한 금융업계에서 여전히 중요한 역할을 하고 있습니다. 1996년에 심장이식 수술을 받았음에도, 그의 삶은 지금도 긍정적인 에너지로 가득합니다.

평생 소득을 확보하는 추가적인 방법에 대해

재정적으로 파산하지 않을 가능성을 높이는 다른 방법은 크게 세 가지가 있습니다. 은퇴를 늦추는 것, 정년까지 기다렸다가 사회보장 연금을 받는 것, 그리고 즉시 연금을 구매하는 것입니다.

은퇴를 1년 늦춘다는 것은 큰 의미가 있습니다. 이는 저축을 1년 더 늘릴 수 있고, 저축이 1년 더 복리로 불어나며, 포트폴리오에 의존해야 하는 기간이 1년 줄어드는 것을 의미합니다. 물론 자신이 하는 일을 즐겨야 한다는 전제가 있습니다. 만일 경제적 이익을 위해 억지로 일한다면, 그것이 그만큼 가치가 있는지는 고민해 봐야 할 문제인 것 같습니다.

이 글을 쓰는 현재, 사회보장 연금을 수령할 수 있는 가장 이른 은퇴 연령은 62세입니다. 많은 이들이 연금 자격이 되자마자 수령 받는 것을 선택합니다. 그러나 지급을 더 미루면 보다 많은, 인플레이션에 연동된 연금을 받을 수 있습니다. 예를 들어, 정년이 66세인 사람은 62세에 받을 경우보다 33% 더 많은 연금을 받습니다.

소득이 많지 않다면 어떤 연령에 연금을 받기 시작하든 큰 차이는 없습

니다. 62세부터 20년 동안 받는다고 가정하면, 금액은 대체로 비슷합니다. 그러나 2014년 기준으로 연간 15,480달러 이상을 벌면, 초과분에 대해 2달러당 1달러의 연금이 삭감됩니다. 정년에 도달하는 해에는 더 높은 소득 한도가 적용되며, 그 이후에는 소득에 따른 삭감이 사라집니다. 이 소득 한도는 인플레이션에 따라 매년 올라갑니다.

만일 당신이 오래 살 것을 기대하지 않으며 연 소득이 12,000달러[**] 이하라면, 62세에 연금을 받는 것이 최선일 수 있습니다. 반대로 건강이 좋고, 장수 유전자를 타고났으며, 연 소득이 12,000달러를 넘는다면, 정년까지 기다리십시오. 70세까지 기다릴 수 있다면 매년 연금이 8%씩 늘어나는 혜택을 누릴 수 있습니다. 만일 부부가 모두 사회보장 연금의 대상이 된다면, 또 다른 전략 구사가 가능합니다. 혜택이 더 큰 쪽은 70세까지 수령을 연기하고, 다른 쪽은 더 일찍 받기 시작하는 방식입니다.

마지막으로, 평생 소득을 보장하는 또 하나의 방법은 저축의 일부로 즉시 연금을 구매하고 매월 고정 소득을 보장받는 것입니다(자세한 내용은 4장을 참조). 즉시 연금은 75세 이상이라면 좋은 선택일 수 있으나, 젊은 은퇴자에게는 단점이 있습니다. 첫째, 나이가 젊을수록 지급액이 더 적습니다. 둘째, 월 지급액은 현재의 금리에 따라 정해지는데, 최근 몇 년간 금리가 낮아 지급액도 상대적으로 작습니다. 셋째, 대부분의 즉시 연금은 인플레이션에 대한 보장이 없습니다. 은퇴 기간이 30년 이상 지속될 수 있다는 점을 생

[**] 12,000달러는 예시로 든 것이며, 15,480달러가 기준이어야 함. 2024년 기준은 물가 상승이 반영되어 21,240달러

각하면, 연금의 구매력은 시간이 지남에 따라 줄어들 것이 명백합니다. 연평균 인플레이션율이 3%일 경우, 24년이면 구매력이 절반으로 줄어들게 됩니다. 인플레이션 연동형 연금도 구매할 수 있지만, 초기 지급액은 일반적인 즉시 연금보다 더 낮습니다. 마지막으로, 만약 보험사에 큰 금액을 주고 확정 기간 지급 옵션을 선택하지 않은 상태에서 조기에 사망한다면, 이는 상속인에게 매우 나쁜 결정이 될 수 있습니다. 그 돈은 상속 재산으로 돌아가지 않고 보험사가 그대로 가져갑니다.

포트폴리오 인출 계획은 신중하게

투자 수익이나 지출에 대한 잘못된 가정은 성공적 은퇴 계획을 어긋나게 만드는 요인이 됩니다. 예를 들면 이런 가정이 대표적입니다.

"자, 보자. 주식시장은 역사적으로 연평균 10%가 조금 넘는 수익을 내왔으니, 나는 매년 내 포트폴리오에서 10%를 안전하게 써도 절대 돈이 떨어질 일이 없을 거야. 그렇지?"

틀렸습니다! 이런 가정에는 두 가지 문제가 있습니다. 첫째, 앞으로의 시장 성과는 과거보다 낮을 가능성이 큽니다. 둘째, 주식시장의 수익이 평균 이상일 때는 대개 연 10%를 훨씬 웃돌지만, 평균 이하일 때는 마이너스를 기록하기도 하고, 이는 포트폴리오 가치를 줄어들게 합니다. 여기서 주의해야 할 점은 그 패턴을 예측할 수가 없다는 점입니다. 언제 수익이 나고 언제 마이너스가 될지를 모른다는 것이죠. 매년 10%씩 찾아도 문제가 없을 것이라는 믿음은, 마치 머리는 오븐에 넣고 발은 냉동실에 넣고 있으면서 평균적으로는 편안하다고 생각하는 것과 다르지 않습니다. 만약 장기 강세장이 시작될 때 은퇴하면 운 좋게 10%를 쓰면서 걱정 없이 지낼 수 있을 겁니다. 그러나 장기 약세장의 시작과 함께 은퇴한다면, 당신의 포트폴리오는 지속된 인출을 버틸 수 없게 됩니다.

30년간 포트폴리오를 유지할 확률에 대한 신뢰할 만한 대부분의 연구는, 자산배분에 따라 매년 포트폴리오 가치의 4~6%의 인출이 적절하다는 결론을 내놓았습니다. 그러나 만일 6% 이상을 찾을 때 포트폴리오의 유지 가능성은 크게 줄어듭니다. 당연하게도 인출을 적게 할수록 포트폴리오의 유지 가능성은 더 높습니다.

그렇다면 당신의 포트폴리오는 얼마나 오래 지속되어야 할까요? 답은 간단합니다. '우리의 기대보다 더 오래'입니다. 예를 들어, 65세 남성이 90세까지 살아있을 확률은 대략 20%입니다. 반면, 같은 나이 여성은 90세까지 살 확률이 32%입니다. 부부라면 둘 중 한 명이 90세까지 살아있을 확률이 45%에 달하죠. 이는 단지 평균 기대수명일 뿐입니다. 당연하겠지만, 은퇴자의 절반은 그들의 예측보다 더 오래 삽니다.

우리는 앞서 8장에서 생애 각 단계에 있는 뱅가드 투자자와 일반 투자자를 위한 포트폴리오를 추천한 바 있습니다. 은퇴와 같은 인생의 큰 변화는 자산배분 계획을 재평가하라는 신호입니다. 우리가 추천하는 포트폴리오 구성은 연령이 올라감에 따라 주식 비중은 줄이고 채권 비중을 늘리는 것입니다. 약세장은 생각보다 자주 닥쳐옵니다. 더 이상 근로소득이 없는 상황에서 은퇴자는 더 많은 것을 얻으려다 이미 가진 것을 잃는 것보다, 가진 것을 지키는 전략이 훨씬 더 중요합니다. 이런 이유로 우리는 은퇴자를 위한 포트폴리오 전략을 설명할 때 나이가 들수록 주식 비중은 줄이고 채권 비중을 늘리라고 하는 겁니다.

8장에서 제시한 포트폴리오 배분이 절대적으로 지켜야 할 것은 아닙니다. 예를 들어, 연금이나 사회보장 연금처럼 상당한 외부 소득이 있거나, 포트폴리오 규모가 커서 큰 손실을 보더라도 생활 수준이 줄지 않는다면, 주식 비중을 유지하거나 심지어 늘려서 상속인이나 자선단체에 더 많이 남기는 것도 가능합니다. 반대로, 배당금, 자본이득, 원금 인출 등의 경우처럼 포트폴리오 소득에 전적으로 의존하는 은퇴자라면, 더 높은 수익을 노리며 불필요한 위험을 감수해서는 안 됩니다. 불필요한 지출을 줄이거나 아르바이트를 하는 편이 훨씬 낫습니다.

마지막으로, 매년 얼마나 쓸 수 있느냐는 큰 질문에 대한 우리의 답변입니다. 만약 인플레이션에 맞춰 인출 금액을 조정하고 싶다면, 즉 생활비 상승을 고려해 매년 인출 금액을 늘리고 싶다면, 포트폴리오 가치 기준으로 4% 이상을 찾으면 안 됩니다. 물가상승률은 고려하지 않고 일정한 금액을 찾으려는 계획을 세운다고 해도 최대 5% 이상은 찾지 않는 것이 좋습니다.

단, 포트폴리오 가치는 줄어들 수 있습니다. 만일 포트폴리오 가치가 감소했을 경우를 가정하여 고정 비율의 인출을 계획하더라도 어떤 해에는 인출 금액을 줄이거나 추가 소득을 마련해야 할 수도 있습니다. 물론, 어떤 해에는 포트폴리오 가치가 올라가서 더 많은 금액을 찾을 수도 있습니다. 나이가 들어갈수록 남은 인출 기간이 짧아지는 것을 고려해 인출 금액을 늘리는 것도 가능합니다. 다만, 어떤 상황에서도 인출에는 세금이 부과된다는 점을 잊지 마십시오.

어떤 계획도 죽을 때까지 돈이 떨어지지 않도록 보장해 줄 수는 없습니다. 그러나 과거의 연구를 돌이켜 보았을 때, 앞서 이야기한 자산배분 전략 및 조언은 당신이 죽기 전까지 포트폴리오가 고갈되지 않게 해줄 가능성을 높여줍니다. 너무 방어적이지는 말아야 합니다. 만약 75세가 넘었는데도 파산이 두려워 여전히 4%만 인출하고 있다면, 그것은 의학에 대한 신뢰가 지나치다고 봐야 합니다. 그 시기에는 조금 더 지갑의 끈을 풀 때입니다.

요약하면, 은퇴 후 포트폴리오를 오래도록 유지하는 가장 중요한 열쇠는 은퇴 초기에 재정적 유연성을 갖는 것입니다. 삶을 꾸리는 고정비용을 낮게 유지하고 필요할 경우 추가 소득을 얻을 방법을 마련해 두십시오. 인출 비율의 상한을 정하는 것 역시 포트폴리오의 안정감을 크게 높일 수 있습니다. 이러한 기준 속에서 은퇴자는 과소비와 과소소비의 우려에서 멀리 떨어질 수 있게 됩니다. 근로자가 불확실성 속에서 재정 결정을 내려야 하는 것처럼 은퇴자 역시 새로운 인생 단계에서 신중해야 합니다. 무엇보다 중요한 것은, 너무 돈을 걱정하다 당신과 당신의 소중한 사람의 자유를 제약해서는 안 된다는 것입니다.

21장

자산을 지키려면
보험을 충분히 들어라

보험은 당신을 모든 위험으로부터 보호하는 사업이다.
보험설계사로부터의 위험만 빼고.

- 에반 에사

나쁜 일은 누구에게나 일어납니다. 나쁜 일도 인생의 한 부분이니깐요. 하지만 때로는 그런 불행이 당신의 경제적 안녕을 크게 흔들 수도 있습니다. 이렇듯 뜻하지 않은 불행이 당신이나 가족의 경제에 타격을 주지 않게끔 하는 가장 좋은 방법 가운데 하나는 올바른 종류와 적절한 수준의 보험을 갖추는 것입니다. 보험 없이 겪는 단 한 번의 큰 사고가 당신이나 가족을 회복할 수 없는 파탄에 이르게 할 수도 있습니다. 따라서 적절한 보장을 준비해야 합니다. 구체적으로 고려해야 할 보험의 종류는 다음과 같습니다.

- 가족의 경제적 안정을 위한 생명보험

- 모든 가족을 위한 의료보험

- 미래 소득이 중요한 가장을 위한 장애보험

- 화재, 절도, 기타 재난에 대비한 손해보험

- 자동차 보험

- 고액의 소송에 대비한 배상책임보험

- 노후 자산이 소진되는 것을 막기 위한 장기요양보험

성공적인 투자자가 되기 위해서는 좋은 위험 관리자가 되어야 합니다. 위험 관리란, 하방 위험에 대비할 수 있는 계획을 갖는 것을 뜻합니다. 그게 보험의 본질이기도 합니다. 투자자에게는 예기치 못한 일이 당신의 노후자금을 무너뜨리지 않도록 하는 통제 수단으로 보험이 필요합니다.

이 장의 목적은 누가 어떤 종류의 보험을 들어야 하는지, 얼마나 많은 보장이 필요한지를 어떻게 결정할 수 있는지, 그리고 올바른 보험 결정을 내리는 데 도움을 줄 자격 있는 전문가를 어떻게 찾을 수 있는지를 폭넓게 소개하는 것입니다.

흔히 저지르는 보험 실수

보험을 구매할 때, 우리 대부분은 어떤 영역에서는 과잉으로 가입하고 또 다른 영역에서는 보장이 턱없이 부족하기도 합니다. 그 이유 중 하나는 나쁜 일이 일어나는 것을 떠올리기 싫어하고, 그런 가능성을 지나치게 낮게 보기 때문입니다. 많은 이들이 포괄적인 보험 계획에 대해 깊이 생각하지 않습니다. 대신, 단편적으로 보험을 구매해 버리곤 하죠. 그 결과, 우리는 지급하는 돈에 비해 보험의 혜택을 충분히 누리지 못합니다.

많은 사람들이 보험 가입에 있어 다음 세 가지 유형의 실수를 저지르고 있습니다.

1. 중요하지 않은 것에는 보험을 들면서 정작 중요한 것은 무시하는 것

2. 불행이 일어날 확률에 근거해 보험을 드는 것

3. 특정하고 좁은 상황에만 대비해 보험을 드는 것

중요하지 않은 것에는 보험을 들면서 정작 중요한 것은 무시하는 경우 ———

자동차, 스마트폰, 대형 TV에 대한 보증보험을 구매하면서도 책임우산보험 liability umbrella policy*은 들지 않는 경우가 흔합니다. 보증이 없는 스마트폰을 분실하는 것은 비용 문제에 불과하지만, 적절한 책임 보장이 없는 상태에서 소송을 당하는 것은 재정적으로 치명적인 결과를 가져올 수 있습니다. 택배 보험은 꼼꼼히 챙기면서 정작 의료보험은 들지 않는 사람도 흔히 볼 수 있습니다. 부양가족이 전혀 없는 사람이 불필요한 생명보험을 가지고 있으면서, 정작 꼭 필요한 장애보험은 가입하지 않는 경우도 많습니다. 보험에 대한 우선순위 체계를 세우지 않으면, 우리는 상대적으로 사소한 것에는 보험을 들면서 정작 인생에서 중요한 영역은 보장하지 못하는 함정에 빠지게 됩니다.

불행이 일어날 확률에 근거해 보험을 드는 경우 ———

보험에 있어서 반드시 기억해야 할 전제가 있습니다. '발생 확률이 낮다고 해서 보험을 들지 않아서는 안 된다'는 것입니다. 예를 들어, 사막 도시로 이주한다면 홍수보험에 드는 것이 돈 낭비라고 생각할 수도 있습니다. 하지만 그렇지 않습니다. 홍수는 어디에서나 발생할 수 있으며, 다만 어떤 지역에서는 다른 지역보다 발생 확률이 훨씬 낮을 뿐입니다. 만약 홍수로 집과 재산

---

* 일반적인 자동차 보험, 주택 보험, 렌터카 보험, 사업자 보험 등이 보장해 주는 책임 한도액을 초과하는 추가 배상을 위한 보험. 한국에는 일상생활배상책임보험, 개인종합배상책임보험 등이 있음

을 잃어 재정적으로 복구할 수 없는 치명상을 입게 될 상황이라면, 홍수보험은 필요합니다. 홍수 발생 확률이 낮을수록 보험료는 오히려 저렴해지므로 싼값으로 보험에 가입할 수 있습니다.

특정하고 좁은 상황에만 대비해 보험을 드는 경우 ———

혹시 비행기 추락으로 사망할 경우를 대비해 공항 자판기에서 생명보험을 구매하고 싶으신가요? 상해사망보험을 들고 계신가요? 혹은 알츠하이머병 전용 의료보험을 갖고 계신가요? 이런 것들이 바로 지나치게 좁은 범위만 대비하는 보험의 사례입니다. 특정 재난에만 대비하는 보험은 대개 돈 낭비입니다. 보험사가 이런 특별한 사례에 한정된 보험을 팔아 큰 이익을 얻는 이유는, 적지 않은 이들이 충동적으로 이러한 상품에 가입하기 때문입니다. 만약 생명보험이 필요하다면, 사망 원인이 무엇이든지 간에 지급되는 상품을 선택해야 합니다. 의료보험 역시 모든 상황을 포괄적으로 보장하는 종합보험을 들어야 합니다.

적절한 보험을 갖추기 위한 3가지 핵심 원칙 ———————

다음 세 가지의 단순한 원칙만 따른다면 흔히 저지르는 보험 실수를 크게 줄이거나 아예 없앨 수 있습니다.

1. 개인적으로 감당할 수 없는 큰 재난이나 파국적인 상황에만 보험을 들어라. 사소한 일을 보험으로 해결하려 하지 마라.

2. 감당할 수 있는 한도 내에서 최대한의 자기부담금을 설정하라. 자기부담금이 클수록 스스로 부담하는 범위가 넓어지고, 보험료는 그만큼 저렴해진다.

3. 최고 등급을 받은 보험사에서만 보장을 구매하라. 보험금 청구가 필요할

때 믿을 수 있는 회사를 선택해야 한다.

전설적인 풋볼코치 루 홀츠가 말했듯이, 터널 끝에서 보이는 빛은 어쩌면 당신을 향해 달려오는 기차일 수도 있습니다. 불행이 언제 닥칠지, 또 어떤 종류의 보험이 필요할지는 미리 알 수 없습니다. 할 수 있는 일은 예상치 못한 최악의 시나리오에 대비하고, 그것을 보험으로 보장하는 것뿐입니다. 그런 점을 염두에 두고, 이제 흔히 접하는 몇 가지 보험 유형을 살펴보겠습니다.

생명보험

생명보험의 목적은 가장이 사망할 경우, 경제적 지원이 끊기는 부양가족에게 재정적 안전망을 제공하는 것입니다. 만약 부양가족이 없거나 이미 경제적으로 독립한 사람이라면 생명보험은 필요치 않습니다. 또한, 부양가족에게 물려줄 재산이 이미 많은 경우에도 생명보험에 가입할 필요가 없습니다.

생명보험이 필요하다면 정기보험에 가입하십시오. 정기보험은 기본적인, 불필요한 옵션이 없는, 사용한 만큼 내는 방식의 보험을 말합니다. 가장 저렴하면서도 목적에 부합하는 방식입니다. 아마 보험설계사에게 정기보험을 원한다고 말하면, 정기보험은 보장이 충분치 못하다거나 결국은 손해나 다름없을 거라는 식의 장황한 설명이 이어질 겁니다. 대신 그들은 종신보험, 유니버설 생명보험, 변액유니버설 생명보험과 같은 현금 가치가 쌓이는 형식의, 더 비싼 상품을 권할 것입니다. 그 상품은 생명보험일 뿐 아니라 좋은 투자 수단이 될 수 있다면서 말이죠. (생명보험이 어차피 죽은 뒤에 지급된

다는 점을 생각한다면 이치에 맞지 않는 이야기입니다)

물론 현금 가치형 보험은 투자 기능을 가진 상품이지만, 그에 수반되는 비용이 너무 큽니다. 결코 좋은 투자 수단이라고 보기 어렵습니다. 보호를 받기 위한 상품과 부를 쌓기 위한 활동은 구분되어야 합니다. 이 둘을 혼동하거나 섞어서는 안 됩니다.

보험사가 현금 가치형 보험을 적극적으로 권하는 이유는, 이것이 설계사와 보험사 모두에게 고수익을 가져다주는 상품이기 때문입니다. 흔히 설계사가 첫해 보험료의 50%에서 100%까지를 수수료로 가져가기도 합니다.

정기보험을 원한다고 이야기하십시오. 정기보험만 원한다고 확고하게 이야기한다면 설계사는 결국 그것을 팔 것입니다. 어쨌든 보험사도 보험을 팔아야 하긴 하거든요.

또 하나 주의해야 하는 유형은, 대학을 막 졸업한 젊은이에게 생명보험을 팔려고 하는 경우입니다. 갓 졸업한 이들에게 이런 식으로 이야기하죠.

"젊고 건강할 때 생명보험에 가입하세요. 지금은 보험료가 낮습니다. 나이가 들어 필요해질 때쯤에는 건강 문제로 가입이 거절되거나 보험료가 너무 비싸서 감당하지 못할 수 있습니다."

부양가족이 없는 젊은이는 절대 이런 말에 현혹되면 안 됩니다. 대신 저축하고 투자하는 데 돈을 쓰십시오. 부양가족이 생기기 전까지는 생명보험에 가입할 필요가 없습니다.

얼마나 필요한가? ————

생명보험을 들기로 했다면, 이제 얼마나 많은 보장이 필요한지를 정해야 합니다. 표 21.1에 있는 10단계 공식이 당신에게 필요한 대략의 추정치를 계산하는 데 도움이 될 것입니다. 각 항목에 해당 금액을 기재하는 방식으로 계산해 보십시오.

최종 결과(10번 항목)는 필요한 생명보험 금액에 대한 대략적인 추정치입니다. 따라서 더욱 정교한 분석을 위해서는 전문 생명보험 설계사나 재무 설계사와 상담하기를 추천합니다.

표 21.1 10단계 계산 공식

1	$_____	가족들에게 필요한 금액, 연간소득 기준
2	$_____	사용할 수 있는 기타 소득원 (연금, 사회보장, 연금보험 등)
3	$_____	연간소득 부족분 (1번에서 2번을 뺀 금액)
4	$_____	필요한 연수만큼 곱한 연간소득 부족분
5	$_____	긴급 자금 (3~6개월 생활비)
6	$_____	예상 장례 비용 (미국 평균: 5,000달러~10,000달러)
7	$_____	기타 현금 필요액 (세금, 대학 학자금, 유산 등)
8	$_____	총 가족 필요액 (4번~7번 항목의 합계)
9	$_____	사용할 수 있는 총자산 (저축, 투자, 기존 생명보험 등)
10	$_____	필요 생명보험액 (8번에서 9번을 뺀 금액)

정기보험 ——

정기보험은 5년, 10년, 15년, 20년 등 특정 보장 기간을 정하고 고정된 보험료로 가입하는 보험입니다. 보장 기간이 길어질수록 보험료는 비싸집니다. 자신이 감당할 수 있고 필요한 한도 내에서 가장 긴 기간을 선택하는 것이 좋습니다. 반드시 갱신 보장 조항이 있는지 확인하십시오. 그렇지 않으면 건강 등의 이유로 보험 갱신이 거부될 수 있습니다.

많은 이들에게 생명보험은 유용한 수단일 수 있지만, 투자 수단으로서 의미는 크지 않습니다.

다만, 극히 드문 경우에 한해서는 수수료가 저렴한 현금 가치형 생명보험이나 정기보험이, 높은 세율 구간에 있는 사람에게는 유용할 수 있습니다. 간혹 막대한 상속세를 감당해야 하는 사람에게는 좋은 투자 수단이 되기도 합니다. 만약 본인의 자산 상황이 이런 범주에 해당하고, 이러한 보험이 적절하다고 판단된다면, 반드시 독립된 재무설계사나 상속 전문 변호사와 상담해 보십시오.

건강보험

미국에 사는 사람 대부분은 건강보험의 중요성을 잘 알고 있습니다. 만일 건강보험이 없다면, 얼마나 큰 금액의 의료비를 부담해야 하는지도 알고 있죠. 만일 당신이 현재 또는 과거의 고용주가 제공하는 상대적으로 저렴한 건강보험에 가입되어 있다면 자신을 매우 운이 좋은 사람이라고 생각해야 합니다.

만약 단체보험에 가입되어 있지 않고 개인적으로 건강보험에 가입해야 한다면, 가장 중요한 요소는 주요 의료 보장[**]입니다. 이는 입원, X선 촬영, 실험실 검사, 수술, 의사 진료비, 재활 서비스와 같은 큰 비용을 커버해 줍니다. 이런 보험은 평생 보장 한도가 있습니다. 최소 100만 달러, 가능하다면 200만 달러 이상의 평생 보장 한도를 갖는 보험에 가입하십시오.

보험료를 줄이는 방법은 자신이 감당할 수 있는 가장 높은 자기부담금과 본인부담 비율을 선택하는 것입니다. 본인부담은 보험 보장 전에 본인이

[**] 한국의 보험 시스템에 1:1로 매칭되는 것은 없으나 '실손의료보험' 정도가 가장 가까운 성격의 보험

직접 내야 하는 금액을 말합니다. 예를 들어, 의사 방문 시 25달러, 처방 약값 20달러, 혹은 병원비의 20%를 직접 부담하는 방식입니다. 본인부담은 보통 1,000달러 정도로 상한이 설정됩니다. 예를 들어, 병원비의 20%를 부담해야 하는 플랜에서 상한이 1,000달러라면, 더 큰 비용이 병원비로 청구되어도 최대 1,000달러까지만 부담하면 됩니다. 나머지는 보험사가 보장합니다.

인생의 대부분이 그렇듯, 건강보험 역시 '지급한 만큼 받게 된다'라는 원리가 동일하게 적용됩니다. 당신이 원하는 모든 보장을 전부 담은 보험은 찾기도 어려울뿐더러 가격이 비쌀 수도 있습니다. 규모가 크고 건실한 보험사는 다양한 종류의 보험을 가지고 있습니다. 이런 곳에서는 자신에게 맞는 좋은 건강보험 상품을 찾을 가능성이 높습니다.

장기장애보험

여러분에게 가장 소중한 자산은 무엇입니까? 아마 집, 사업체, 또는 유동자산이라고 답하는 사람도 있을 겁니다. 그런데 여러분이 이미 경제적으로 독립했거나 안정적인 연금을 받는 은퇴자가 아니라면, 위의 것들은 정답이 아닙니다. 대부분 사람에게 가장 중요한 재정적 자산은 미래의 소득 창출 능력입니다.

한번 생각해 보십시오. 사람이 죽으면 생활비 지출은 끝납니다. 그러나 장애가 닥치면 큰 경제적 어려움에 직면하게 됩니다. 여전히 먹고 살아야 하고 생활비가 필요한데 소득을 벌 수 없으니 말이죠. 그런 상황만으로도 아주 힘든데, 엄청난 의료비 부담까지 짊어지게 될 수 있습니다. 이런 상황에 대비하기 위해 장기장애보험이 필요합니다. 안타깝게도 많은 이들이 이런 보험의 가치를 간과합니다. 우리 중 70%가 생명보험을 가지고 있지만, 장기장애보험에 가입한 사람은 40%가 채 되지 않습니다.

2001년 하버드대학교의 의과대학과 로스쿨이 공동으로 발간한 개인 파산 현황 보고서에 따르면, 파산의 절반 이상이 질병과 그에 따른 의료비로 인해 발생한 것이었습니다. 놀라운 점은 파산한 사람 가운데 4분의 3 이상이 건강보험에 가입한 상태였다는 것입니다. 게다가 이들 중 56%는 대학 교육을 받았고 주택을 소유하고 있었습니다. 이들은 빚을 갚지 않으려고 법을 악용하는 그런 무책임한 사람이 아니었습니다. 대부분은 그저 평균적인 미국인이었고, 그들은 단지 아프거나 다쳤을 때 이를 대비할 건강보험이 없었을 뿐이었죠. 이런 경우 이들은 소득과 건강보험을 둘 다 잃는 상황에 부닥칩니다. 그리고 엄청난 의료비가 그들에게 남겨집니다. 건강보험은 필수적이지만 그것만으로는 충분하지 않습니다. 장애보험을 고려해 보십시오.

장애보험에 가입할 때는 다음과 같은 사항을 고려해야 합니다. 필요한 한도 내에서 최대한 많은 보장의 장애보험을 구매하십시오. 일반적으로 보장이 가능한 최대 금액은 소득의 60%입니다. 고용주를 통해 보험에 가입하기보다는 세후 자금으로 개인 보험을 구매하기를 추천합니다. 이렇게 하면 장해급여 수령 시 비과세 혜택을 누릴 수 있습니다. 오늘날처럼 직업의 안정성이 떨어지는 자유계약 경제에서, 장애보장을 고용주에게 의존하는 것은 현명하지 않을 수 있습니다. 더군다나 만약 직장을 잃은 상태에서 장애를 입는다면 정말 안 좋은 상황에 부닥칠 수 있습니다. 좋은 장애보험이 가져야 할 다른 특징은 다음과 같습니다.

- 자신의 직업에서 일할 수 없는 상태를 보장할 것

- 보장이 시작되기 전 대기 기간이 90일을 넘지 않을 것

- 생활비 상승에 따라 보장 금액의 조정이 가능할 것

- 부분 장애도 보장할 것

- 가능한 오래, 적어도 65세까지는 보장이 가능할 것

만약 당신이 여전히 '나는 장애보험 같은 건 필요 없다'라고 생각하고 있다면, 다음 통계를 참고하십시오. 35세인 사람이 65세 이전에 장애를 입을 확률은 20%입니다. 5년 이상 장애 상태로 있을 확률은 7명 중 1명에 달합니다. 장애를 입을 가능성은 조기 사망할 가능성보다 훨씬 더 높습니다. 소득 손실만 고려해도 그 충격은 무척 큽니다. 1년간의 완전 장애가 가져오는 충격은 10년 동안 소득의 10%를 저축한 것과 맞먹습니다. 여러분에게 가장 중요한 재정적 자산을 보험으로 지키십시오.

자산의 보호 ───────────

생명보험, 장애보험, 그리고 건강보험은 모두 사망, 장애, 혹은 질병 발생 시 여러분과 가족을 경제적 어려움으로부터 보호하기 위해 설계된 것입니다. 이제는 여러분이 이미 보유하고 있는 자산과 기타 재산을 지킬 수 있는 손해보험에 대해서 알아보도록 하겠습니다.

먼저, 주택 소유자 보험 또는 임차인 보험에 대해서 알아봅시다. 이는 화재, 홍수, 지진, 도난, 기타 주요 재난 발생 시 여러분의 거주지와 소유물을

보장합니다. 이런 종류의 보험에 가입하면서 고려해야 할 두 단어는 '복구 비용'입니다. 예를 들어, 과거에 10만 달러에 집을 샀더라도 만약 집이 전소되면 이를 재건하는 데는 세 배나 네 배의 비용이 필요합니다. 반드시 여러분의 주택과 물품의 구매가가 아닌, 교체 비용을 기준으로 보장하는 상품에 가입하십시오. 주택 소유자 보험이나 임차인 보험이 모든 재난을 보장한다고 생각하지 마십시오. 대부분은 그렇지 않습니다. 홍수나 지진 등 재난의 종류에 따라 특약을 구매할 수도 있습니다. 모든 잠재적 재난에 대비하십시오.

일반적으로 주택 소유자 보험은 주택 내 개인 소유물을 주택 보장 금액의 50~75%까지 보장합니다. 이 정도 보장이면 대체로 충분합니다. 그러나 만일 고가의 보석류, 전자제품, 모피와 같은 품목을 갖고 있다면 별도의 특약을 구매하는 것을 추천합니다. 만일, 해당 물품의 피해가 재정적 재난이 될 정도가 아니라면 굳이 특약을 구매할 필요는 없습니다.

집이나 아파트에 있는 모든 개인 소유물 목록을 작성하여 안전한 금고나 외부 장소에 보관하십시오. 더 나은 방법은 비디오로 집안을 촬영해 모든 물품을 기록으로 남기는 겁니다. 매년 한 번씩 영상을 업데이트하여 집 이외의 장소에 보관하십시오. 만약 청구해야 할 상황이 생긴다면 이는 매우 유용할 것입니다.

두 번째, 자동차 보험을 고려하십시오. 일반적으로 자산 목록에서 두 번째로 비싼 자산은 자동차입니다. 법은 모든 운전자가 대인/대물 책임보험을 의무적으로 가입하도록 요구하지만, 대부분의 자동차 보험은 이보다 더 많은 항목을 보장합니다. 일부 항목은 필수적이지만, 다른 보험이나 오래된 차량이 있는 경우 불필요할 수도 있습니다. 예를 들어, 중고차를 몰고 있고 차량의 장부가치가 낮다면, 자차보험이나 충돌보험은 해지해도 무방합니다. 보험의 목적은 항상 감당할 수 없는 재난으로부터 자신을 보호하는 것입니다. 렌터카 비용 보장이나 긴급 견인 같은 부가 특약은 재난 예방이라고 보기 어렵기 때문에 생략해도 됩니다. 좋은 건강보험이 있다면 의료비 보장 옵션을 빼도 괜찮습니다.

이러한 보험에 가입할 때도 감당할 수 있는 한도 내에서 가장 높은 자기부담금을 설정함으로써 비용을 줄일 수 있습니다. 또한, 집에 보안 시스템, 연기 감지기, 스프링클러가 있다면 할인 혜택을 받을 수 있습니다. 자동차 보험 역시 보안 장치, ABS 브레이크, 특정 에어백이 장착되어 있으면 할인이 적용됩니다. 이런 사항은 반드시 보험사에 알리십시오.

세 번째로, 소송 위험으로부터 자신을 보호해야 합니다. 소송이 빈번한 사회에서 필수적으로 갖춰야 하는 보험입니다. 최소 100만 달러, 혹은 자신의 총 순자산에 해당하는 금액만큼의 개인 책임우산보험을 구매하십시오. 우산보험은 보장 범위에 비해 상대적으로 저렴하며, 보통 100만 달러 단위로 판매됩니다.

마지막으로, 만약 사업체를 소유하고 있다면, 핵심 인물 보험이나 매매 계약을 보장하는 보험을 고려하십시오. 이러한 보험은 경영에서 발생할 수 있는 우발 상황을 대비할 수 있게끔 합니다. 가정 기반 사업이 증가함에 따라, 화재가 주택과 사업체를 동시에 파괴할 가능성도 있습니다. 이런 경우에는 재고, 컴퓨터, 사무용 장비 등의 손실을 보장하는 별도의 사업보험이 필요합니다. 주택을 기반으로 한 사업체 자산을 보호하고 싶다면, 주택보험 담당자에게 사업용 보험에 대해 문의하십시오.

장기요양보험

모닝스타의 이사인 수 스티븐스는 장기요양보험을 들어야 하는 이유를 다음과 같이 설명했습니다.

"1,000명 중 5명은 주택 화재를 겪게 되며, 이때 발생하는 평균 비용은 3,400달러입니다. 1,000명 중 70명은 교통사고를 겪게 되며, 평균 비용은 3,000달러입니다. 1,000명 중 600명은 요양원에 머물게 되며, 이 경우 평균 비용은 연 5만 달러입니다. 또, 평균 체류 기간은 3~5년에 달합니다."

스티븐스가 이 글을 쓴 지도 오랜 시간이 지났습니다. 최근 요양원 비용은 크게 상승했습니다. 미국 일부 지역에서는 요양원 비용이 연 10만 달러를 넘기기도 합니다. 앞으로도 계속 오를 것이 확실합니다.

장기요양보험이 모든 사람에게 필요한 것은 아닙니다. 두 부류의 사람에게는 전혀 필요치 않습니다. 하나는 매우 많은 순자산을 가진 사람입니다. 이들은 스스로 요양 비용을 감당할 수 있기 때문이죠. 또 다른 부류는 거의 자산이 없는 사람입니다. 이들은 요양 비용을 정부가 대신 지급합니다. 다만 이는 복지의 일환이기 때문에 서비스의 품질을 기대하기는 어렵습니다.

만약 50대 중후반에 유동자산이 20만 달러에서 200만 달러 사이에 해당한다면, 자신과 배우자를 위한 장기요양보험 가입을 진지하게 고려해 보십시오. 의학의 발달로 우리는 더 오래 살게 됩니다. 거기에 더해 미국의

7,600만 명의 베이비붐 세대가 대거 은퇴했거나 은퇴할 예정인 점도 고려해야 합니다. 요양원, 실버타운, 방문 요양 등에 장기간 의존하게 될 사람이 급증할 것은 확실합니다.

　은퇴 초기 시점에 장기요양보험은 당신의 투자 수익 상실을 방어해 줍니다. 이는 마치 장애보험이 근로소득 손실을 막아주는 것과 같습니다. 만약 부부 중 한 명이 장기간 요양이 필요하게 된다면, 장기요양보험은 요양비로 투자 자산이 줄어드는 것을 막아줍니다. 그뿐만 아니라 자산을 상속으로 남기려는 부유층에게는 장기요양보험이 더욱 의미가 있습니다. 요양을 대비해 큰 포트폴리오를 따로 보유할 필요가 없으므로, 생전에 자산을 증여할 수 있고, 남은 자산을 온전히 상속인에게 남길 가능성이 올라갑니다. 장기요양보험을 선택할 때 다음과 같은 점을 고려하십시오.

- 장기요양보험의 일일 급여는 요양병원의 하루 평균 비용과 같아야 합니다. (급여액이 높을수록 보험료도 올라감)
- 복리 5%의 인플레이션 보호가 포함되어 있어야 합니다.
- 급여 지급 기간은 최소 3~5년 이상이어야 하며, 평생 지급이 가장 바람직합니다.
- 대기 기간은 감당할 수 있는 수준이어야 합니다. (대기 기간은 보험금 지급 없이 가입자가 비용을 부담하는 기간으로 자기부담금의 개념과 비슷) 대략 100일 정도의 대기 기간이 적절합니다.
- 보험은 보험료를 미납하지 않는 한 어떠한 이유로도 해지될 수 없어야 합니다,
- 숙련 요양과 비숙련 요양을 모두 보장해야 함. 병원 입원 기록 없이도 가정 간호와 지원 주택을 보장해야 합니다.

- 알츠하이머병이나 치매와 같은 특정 질환에 관한 제외 조항이 없어야 합니다.

- 보장 개시 조건이 명확해야 합니다. 예를 들어 '스스로 옷을 입거나 목욕할 수 없는 경우'와 같은 조건에서 보장이 개시됩니다. 가장 좋은(비싼) 보험은, 설사 옷을 입고 목욕을 할 수 있더라도 인지 장애가 증명되면 개시할 수 있습니다.

- 보장 개시 시점 이후에는 보험료 납부 면제가 가능해야 합니다.

- 보험료 인상은 모든 계약자에게 동시에 적용될 때만 가능해야 합니다.

- 세제 혜택이 있는 보험이어야 함. 즉, 보험료는 세금공제가 가능하고, 수령하는 급여는 연방 세금 부과 대상이 아니어야 합니다.

장기요양보험은 60세 이전에 가입하는 것이 바람직합니다. 70세에 가입하면 보험료가 60세에 가입했을 때보다 약 2.5배 높아집니다. 게다가 기다릴수록 만성질환을 얻어 가입이 불가한 상태가 될 가능성도 높아집니다.

좋은 보험사와 보험설계사 찾기

인터넷 덕분에 집을 떠나지 않고도 보험을 조사할 수 있습니다. 온라인으로 보험상품을 찾아보고, 견적을 받고, 혜택을 비교할 수 있습니다. 클릭 한 번으로 보험회사의 재무건전성과 품질 등급을 확인할 수도 있습니다.

보험의 종류와 보장 범위 및 규모를 정하는 데 어려움을 겪는다면, 좋은 보험설계사를 찾는 것도 방법입니다. 유능하고 고객 중심적인 설계사는 시간과 비용을 절약해 줄 수 있습니다. 다만, 높은 윤리성, 전문성, 우수한 서비스 실적을 가진 설계사를 찾아야 합니다. 아시다시피 보험설계사의 전문성에는 편차가 존재합니다. 어떤 회사는 고객충성도를 높이는 서비스를 제공하기 위해 엄격한 선발과 훈련을 거친 설계사만을 둡니다. 반면, 일부 회사는 아무나 채용하는 데다 이직률 또한 높습니다.

좋은 설계사를 어떻게 찾아야 할지 모르겠다면 가까운 지인에게 물어보십시오. 지인 중에 회계사, 재무설계사, 변호사, 또는 신뢰할 수 있는 사업가가 있다면 그들에게 추천을 부탁해 보는 겁니다. 만일 여러 사람이 같은 설계사를 추천한다면 이보다 좋은 추천은 없겠죠.

전문 자격증을 확인하는 것도 방법입니다. 이러한 자격은 해당 분야에서 많은 시간을 공부했고 엄격한 시험을 통과했음을 보여줍니다. 이런 자격증은 그들은 전문성을 보증할 수 있습니다.

어떤 보험설계사는 회사에 소속되어있지만, 어떤 설계사는 독립 설계사로서 여러 회사의 다양한 상품을 비교하여 고객에게 가장 적합한 상품을 찾아주기도 합니다. 좋은 설계사를 찾았다면, 가능한 한 많은 보험 거래를 그 설계사에게 맡기는 것이 좋습니다. 그렇게 하면 보험설계사는 그 고객을 더 중요한 존재로 여기게 되고, 고객에게 충분하고 적절한 보장을 제공하려고 노력하게 될 겁니다.

좋은 설계사는 단순히 가장 저렴한 가격의 보험을 파는 것이 아니라, 고객의 필요에 가장 잘 맞는 상품을 추천하는 사람입니다. 필요 없는 상품을 억지로 판매하지 않으며, 정기적으로 연락을 취해 고객의 보험이 보장이 충분하고 최신 상태인지 확인해 줄 것입니다.

지금까지 다룬 내용은 여러분이 필요할 수 있는 보험의 종류와 보장 규모에 대한 광범위한 개요일 뿐입니다. 결코, 모든 내용을 다 포함한 것은 아니므로, 좋은 보험 전문가의 도움을 받기를 권장합니다.

누구에게나 불행은 찾아올 수 있습니다. 하지만 몇 가지 간단한 규칙을 따르면 그런 일이 자신에게 닥칠 확률을 줄일 수 있습니다.

- 금연하십시오.
- 규칙적으로 운동하십시오.
- 술을 마신다면 남자는 하루 두 잔, 여자는 하루 한 잔으로 제한하십시오.
- 안전띠를 착용하고, 음주운전을 하지 마십시오.
- 건강한 음식을 섭취하고 적정 체중을 유지하십시오.
- 충분한 휴식을 취하십시오.
- 정기적으로 건강검진, 치과검진, 안과검진을 받으십시오.
- 긍정적인 태도를 유지하고, 자주 웃고 즐겁게 지내십시오.

이 규칙을 전부 따른다고 해서 보험이 필요 없다는 뜻은 아니지만, 더 나은 삶을 살게 될 가능성은 매우 높습니다.

22장
당신이 떠날 때를
대비하기

부자는 3대를 계획하고,

가난한 자는 토요일 저녁을 계획한다.

- 글로리아 스타이넘

비록 스스로 부유하지 않다고 느낄지라도 국세청은 그렇게 생각하지 않을 수 있습니다. 누가 부자인지를 결정하는 것은 당신이 아니라 세법입니다. 사망 시점에 적용되는 상속세가 당신이 부자인지 아닌지를 판가름하게 됩니다. 만일 당신의 재산이 세법상 '너무 많다'라는 기준에 해당하면 추가 세금을 내야만 합니다. 현재 상속세 면제 한도는 5,340,000달러이며, 이 금액은 매년 인플레이션에 맞추어 조정됩니다.

이 책의 범위를 넘어서는 부분이긴 하지만(상속과 관련된 법률 자문은 상속 전문 변호사에게 받기를 추천합니다), 여기서는 상속 계획과 상속 과정에서 고려해야 할 몇 가지 사항을 간략히 다루고자 합니다. 우리의 간단한 설명을 듣는 것만으로도 상속세에 대비할 수 있습니다. 많은 이들이 이런 준비에 소홀하여 재산이 법적 상속순위에 의해 자동 배정된 후 세무 당국에 통보되는 경우를 겪습니다.

우리는 모두 스스로 특별하다고, 어쩌면 불멸일 수도 있다고 생각하고 싶어 합니다. 하지만 특별할 수는 있어도 불멸일 수는 없습니다. 우리는 결국 죽음을 피할 수 없는 유한한 존재이며, 그러므로 죽음과 세금 문제를 피할 수 없습니다.

자산 축적은 평생에 걸친 노력의 결과이며, 그 과정에서 어느 정도의 개인적·가족적 희생이 따르기 마련입니다. 누구도 사망 후 자산의 분배가 또 다른 골칫거리가 되기를 바라지 않습니다. 우리가 바라는 것은 우리 노동의 결실이 우리가 선택한 이들에게 돌아가는 것이죠. 그것도 가능한 한 신속하고 효율적으로, 그리고 최소한의 비용으로 말입니다.

우리가 준비해야 할 문서

누구도 이 세상을 언제 어떻게 떠날지 알 수 없습니다. 그래서 모든 것을 완벽하게 준비하는 것은 불가능합니다. 그러므로 우리는 지금부터 자산 분배를 포함한 여러 가지 가능성에 대비해 계획을 세워야 합니다.

중요한 점은, '정리'라는 과정에 단순히 상속만 포함되는 것이 아니라는 겁니다. 여기에는 우리가 직면하게 될 여러 가지 법적 사안부터 시작해 다양한 문서도 고려되어야 합니다. 이러한 사안과 문서는 보통 변호사가 상속 계획을 구체화하면서 다뤄지게 됩니다. 이제 어떤 문서가 우리에게 필요할 수 있는지, 그리고 어떤 점을 고려해야 하는지 살펴보겠습니다.

설령 당신이 신탁을 보유하고 있더라도 유언장은 반드시 써두기를 권합니다. 만약 미성년 자녀가 있다면, 당신과 배우자가 모두 사망할 경우를 대비해서 자녀의 법정 후견인을 유언장에 적어두는 것과 같은 별도의 가이드가 필요할 때도 있기 때문이죠.

유언장은 당신의 자산 분배를 집행하는 사람에게 이를 어떻게 분배하고 싶은지에 대한 지침을 제공합니다. 이는 신탁에 포함되지 않는 자산이나 사망 시 지정 및 이전, 혹은 수익자 지정과 같은 사전 지정으로 분배되지 않는 개별 자산을 어떻게 분배할지를 알려줍니다. 분배해야 할 재산이 적은 경우가 아니라면, 유언장은 반드시 검인 절차를 거쳐야 합니다. 법원이 유언장의 유효성을 검증하는 것이죠.

유산 처리 대리인이 법원으로부터 처리에 대한 정식 승인을 받기 전까지는 업무를 공식적으로 시작할 수 없습니다. 법원은 종종 대리인에게 보증을 요구하기도 합니다. 법원의 모든 승인 절차를 거친 후 대리인은 당신의 자산과 관련된 모든 일을 책임지고 수행해야 합니다. 여기에는 당신이 빚진 금액을 확인하고 이를 변제하며, 여러 자산을 감정하고, 소유권을 이전하며, 일부 자산을 매각하는 등의 일이 포함됩니다. 이러한 업무에는 긴 시간이 걸리기 마련입니다. 그래서 예상보다 더 늦게 재산 분배가 이루어질 수 있음을 인지해야 합니다.

이런 복잡하고 비싼 검인 절차를 피하는 방법은 여러 가지가 있습니다. 예를 들어, 자산을 신탁에 넣는 방법, 연금저축이나 퇴직연금과 같은 세금이

연 계좌에 수익자와 예비 수익자를 지정하는 방법 등이 있습니다. 미국 저축 채권은 수익자나 공동소유자를 지정할 수 있게 합니다. 일부 펀드회사도 과세 계좌에 대해 수익자를 지정할 수 있게 하여, 해당 계좌 역시 검인을 피할 수 있도록 하고 있습니다. 예를 들어, 뱅가드에서는 지정 수익자 플랜을 두어 수익자를 지정할 수 있게끔 합니다. 중요한 점은, 검인을 피한다고 해서 상속세를 피할 수 있는 것은 아니라는 사실입니다.

마지막으로, 만약 당신이 자산을 개인 명의로 소유하고 있으면서 유언장 없이 사망한다면, 법원이 법에 근거하여 집행자와 미성년 자녀의 법정 후견인을 모두 지정하게 됩니다. 이때 무상속 상속법(법정상속 순위를 지정한 법)에 따라 상속 자산이 누구에게 배정되는지가 결정됩니다. 이러한 법이 반드시 당신의 의도와 일치한다고는 장담할 수 없습니다.

생전신탁

생전신탁Living Trust* 또는 취소가능신탁Revocable Trust에 넣은 자산은 검인 절차를 피할 수 있습니다. 사망 후 신탁 절차는 여러 면에서 유언장에 의한 프로세스와 비슷합니다. 신탁 소유자의 뜻에 따라 지정해 놓은 대로 자산을 수탁자에게 분배하게 됩니다. 신탁 자산은 검인 절차를 거치지 않기 때문에 신탁 소유자의 사적인 일이 공개되지 않고, 사망 이후 자산 분배가 훨씬 원활하게 진행됩니다. 유언에 따른 분배와 달리 이 과정이 즉시 진행됩니다. 다만, 신탁은 유언장보다 비용 측면에서 불리합니다. 따라서 각자의 상황에 맞춰 적절한 옵션을 선택하십시오.

* 한국에 대응하는 금융상품은 없고 가장 가까운 것으로는 유언대용신탁 정도

생전신탁을 만들기로 했다면, 본인의 자산 명의를 신탁 명의로 변경해야 합니다. 이는 자산의 소유권이 신탁으로 넘어가는 것을 의미합니다. 하지만 너무 걱정할 필요는 없습니다. 생존 중에는 자신을 신탁의 수탁자로 지정하여 신탁 자산에 대한 전면적인 통제권을 유지할 수 있습니다. 아니면 배우자를 공동 수탁자로 지정해, 두 사람이 함께 신탁 자산을 관리할 수도 있습니다.

승계 수탁자를 반드시 지정해야 합니다. 배우자, 자녀, 가까운 친구 등 신뢰할 수 있고, 본인의 의사를 정직하고 효율적으로 이행할 수 있다는 확신이 있는 사람을 승계 수탁자로 지정하는 것이 좋습니다. 승계 수탁자는 본인이 정신적 무능력 상태에 빠질 때도 신탁 자산을 관리하게 됩니다.

생전신탁이 있다고 해서 유언장이 필요치 않은 것은 아닙니다. 왜냐하면, 사망 당시까지 신탁 명의로 이전되지 않았거나, 소유권이나 수익자 지정으로 처리되지 않은 개인 소유 자산은 여전히 유언장을 통해 분배해야 하기 때문입니다.

마지막으로, 상황에 따라 적합할 수 있는 여러 종류의 신탁이 존재한다는 점을 알아두셔야 합니다. 어떤 신탁이 본인 상황에 적합한지는 상속·유산 전문 변호사와 함께 상담해 보시길 권합니다.

위임장 ———

위임장에는 두 가지 주요 유형이 있습니다.

먼저 한정 위임장은 누군가가 당신을 대신해 행동할 권한을 위임장에 명시된 매우 구체적인 상황에서만 부여할 수 있게 합니다. 특정 상황이 아니면 당신의 권한을 대행할 수 없죠.

반면에, 재정에 관한 지속적 위임장은 더 포괄적입니다. 만일 당신이 재정적인 판단이 어려운 상황에 놓여 스스로 재정 문제를 처리할 수 없으면, 당신이 지정한 사람이 당신의 재정 업무를 관리하고 당신을 대신해 행동할 수 있도록 허용합니다.

지속적 위임장을 의료에 관한 내용으로 한정할 수도 있습니다. 이는 스스로 의료 결정을 내릴 수 없을 때, 지정한 사람이 당신의 치료를 감독하고 의료 결정을 내릴 수 있도록 허용합니다. 그러나 이 위임장은 당신이 내린 사전의료지시서에 반할 수는 없습니다.

사전의료지시서 ───────

사전의료지시서는 만약 당신이 자신의 의사를 전달할 수 없는 상황에 대비하는 문서입니다. 이 문서는 특정 의료 처치나 생명 연장 시술과 관련된 당신의 구체적인 의사를 담습니다.

널리 알려진 테리 샤이보 사건은 플로리다주 지방법원을 거쳐 대법원에서 다뤄진 사건입니다. 이 사건의 재판은 무려 1998년부터 2005년까지 이어졌습니다. 그녀의 사건은 결국 미국 의회에서까지 입법 문제로도 다루어졌습니다. 이는 모두 그녀가 자신의 의사를 문서로 남기지 않았기 때문에 벌어진 일이었습니다. 법정 증언에 따르면, 생전에 그녀는 회복 가능성이 없는 영구적 식물인간 상태에 놓이면 기계에 의해 인위적으로 생명을 유지하느니 차라리 죽음을 택하겠다고 여러 차례 밝힌 바 있습니다. 하지만 문서로 존재하지 않았던 그녀의 의지는 무시되고 말았습니다. 이런 일이 본인에게는 일어나지 않도록 하십시오. 이러한 가슴 아픈 상황을 피하려면, 반드시 적절한 형식으로 자신의 의사를 문서로 남겨두어야 합니다.

 ────────────────────────

현재의 상속세법은 상속된 특정 자산에 대해, 세금이 이연된 계좌를 제외하고는, 상속인이 취득가액을 단계적으로 상향 조정할 수 있도록 허용하고 있습니다. 이 단계적 상향 조정에는 미실현 자본이득이 큰 주식형 펀드 같은 자산이 포함됩니다. 이렇게 취득가액을 상향 조정하면, 상속인은 당신이 평생에 걸쳐 축적한 자본이득에 대한 세금을 내지 않아도 됩니다. 당신의 상속 시점의 자산가치가 자산 취득가액이 되기 때문입니다.

만약 당신이 보유한 자산이 크고 이를 상속인에게 남길 계획이라면, 일반적으로 권장되는 '과세 대상 계좌부터 먼저 소진하고, 세금이연 계좌는 마지막에 사용하는' 방식과는 다른 전략을 고려해 볼 수 있습니다. 이러한 평가이익이 큰 과세 자산을 상속인에게 남기면, 해당 투자에 대한 자본이득세 납부를 피할 수 있기 때문입니다.

일반적인 권장 방식을 따라 과세 대상 자산을 먼저 소진하고, 공제할 수 있는 연금저축 계좌 일부를 상속인에게 남기는 경우를 생각해 봅시다. 과세 대상 자산을 매각해 이에 대한 장기 자본이득세를 내야 했다면, 대부분의 사람이 생활비를 줄여 세금을 충당했을 겁니다. 그리고 비과세 계좌를 취득가액 상향 조정을 받아 물려주면 되는 것 아니냐고 생각할 수 있습니다. 하지만 연금저축 계좌는 취득가액 상향 조정을 받지 못합니다. 따라서 상속인은 상속받은 연금저축에서 찾는 모든 금액에 대한 자본이득세를 부담해야만 합니다.

따라서 일부 투자자에게는, 과세 대상 자산에 대한 취득가액 상향 조정을 활용하는 것이 효과적인 상속 도구가 될 수 있습니다.

증여

증여는 재산의 규모를 줄이는 데 사용할 수 있는 방법으로, 때에 따라 이를 활용해 당신의 자산을 상속세 면제 기준 이하로 줄일 수도 있습니다. 현재 한 개인은 연간 14,000달러를 아무런 세금 문제없이 임의의 사람에게 증여할 수 있습니다. 부부를 합산하면 28,000달러를 증여할 수 있는 것입니다. 이 연간 면제 한도는 물가상승률에 맞춰 조정됩니다.

증여는 상속 재산의 규모를 줄여 결과적으로 상속세 부담을 줄이는 효과적인 수단일 수 있지만, 그 외에도 다른 장점이 있습니다. 예를 들어, 증여는 살아있는 동안 이루어지기 때문에 자신이 증여한 자산이 다른 사람에게 어떻게 사용되는지를 보는 즐거움이 있습니다.

다만, 특정 개인에게 연간 면제 한도를 초과해 증여하면 증여세가 부과될 수 있다는 점을 유념하십시오. 몇 가지 예외 사항이 있습니다. 간단히 살펴보겠습니다.

- 배우자가 미국 시민일 경우, 배우자에게 증여할 수 있는 금액에는 제한이 없습니다.
- 누군가의 학비나 의료비로 직접 학교나 의료기관에 지급할 때는 증여 금액에 제한이 없습니다. 그러나 학비가 아닌 기숙사비나 생활비 같은 다른 대학 비용은 이 면제 규정에 해당하지 않습니다.
- 소득의 최대 50%에 해당하는 금액을 자선단체나 다른 면세 단체에 기부하는 것 역시 증여세 대상이 되지 않습니다.

자선단체나 다른 면세 단체에 대한 기부는 증여세 대상이 되지 않는다고 하더라도 살아있는 동안 큰 금액을 기부하기에는 여간 부담스러운 것이 아닙니다. 기부 때문에 현재의 생활 수준을 유지하는 데 문제가 생기면 안 되니깐요. 이런 딜레마에 대한 해답이 자선신탁입니다.

자선신탁을 활용하면 기부에 따른 세금공제를 받을 수 있으며, 평생 연금을 받을 수도 있습니다. 기부에는 평가이익이 발생한 자산을 포함할 수도 있는데, 이를 통해 자산 평가이익에 대한 자본이득세 납부를 피하면서도 기부 전체 금액에 대해 혜택을 받을 수 있습니다. 면세 단체는 해당 자산을 매각할 때 세금을 낼 필요가 없습니다.

자선신탁은 모든 당사자에게 윈-윈이 되는 방식입니다. 당신은 세금공제를 받고 평생 연금을 수령하며, 자선단체는 기부금을 얻게 되죠.

지시서

마지막으로 준비해야 할 문서는 장례식이나 화장, 혹은 장기기증과 관련된 본인의 의사와 지시를 담은 편지입니다. 이 편지에는 중요한 서류의 위치를 담거나, 혹은 남겨진 이들에게 전하고 싶은 마지막 메시지를 남길 수도 있습니다. 이 문서를 작성한 후에는 반드시 그 지시를 실행해 줄 사람에게 전달하십시오.

면책 고지

이 장의 시작에서 이야기한 것처럼, 이 장에서 다룬 어떠한 것도 법률 자문으로 해석되어서는 안 됩니다. 우리는 변호사가 아니며, 법률 자문을 제공할 자격도 없습니다. 다만 이 장에서는 여러분이 더 깊이 탐구할 만하고, 변호사와 만나기 전에 가족과 논의할 만한 여러 주제를 간략히 짚어보았습니다. 여기서 다룬 내용이 상속 계획을 수립하는 데 도움이 되기를 바랍니다.

마크 트웨인은 이런 말을 하면서 어쩌면 상속세를 떠올렸을지도 모르겠습니다.

"세금 징수원과 사냥꾼의 유일한 차이는, 사냥꾼은 그래도 가죽은 남겨놓는다는 점이다."

23장

당신도 할 수 있습니다
(보글헤드들이 도와드리겠습니다)

과거로 돌아가 완벽히 새로운 출발이 가능한 사람은 없다.
하지만 누구든 지금, 이 순간부터 시작한다면,
완전히 새로운 결말을 만들 수 있다.

- 칼 바드

혹시 이제 막 투자를 시작했나요? 그렇다고 부끄러워하거나 기죽을 필요 없습니다. 오히려 좋은 소식에 가깝습니다. 적어도 우리 저자들이 과거에 저질렀던 어리석고 값비싼 투자 실수는 겪지 않아도 된다는 의미일 테니 말이죠. 당신은 깨끗한 도화지를 들고 있는 셈입니다. 우리는 당신이 이 책에서 얻은 지식을 바탕으로 우리가 경험했던 실수 대부분, 아니면 전부를 피할 수 있기를 바랍니다. 아마도 이 단계까지 왔다면, 우리가 처음 투자를 시작했을 때보다는 훨씬 더 다양한 지식을 이미 갖추고 계신 겁니다. 아마도 우리처럼 '인생 학교에서 겪은 고난'을 통해 힘겹게 배우지 않아도 됩니다. 자, 이제 당신은 지금까지 이 책에서 습득한 정보를 바탕으로 올바른 첫걸음을 내디딜 수 있을 뿐만 아니라 성공적인 투자로 나아갈 수 있는 준비가 되었습니다.

약간의 투자 경험은 있지만, 투자 결정을 내릴 때마다 늘 불안하거나 확신을 갖지 못해 괴로운 이도 있습니다. 그런 이들을 위해 이 책은 경제적 미래를 계획하고 성공적인 포트폴리오를 구성할 수 있는 정보를 담았습니다. 이 책을 통해 얻은 지식으로 더욱 자신 있는 투자를 하시기를 기원합니다.

어쩌면 당신은 흔히 저지르는 실수를 모두 경험한 베테랑 투자자일 수도 있습니다. 그리고 자신의 경제적 오류를 바로잡으려 하는 상황일지도 모르고요. 저희도 그 길을 걸어왔습니다. 우리는 이 책의 정보가 당신의 투자 여정을 잔잔한 바다를 지나 안전한 항구에 도착하도록 안내해 주기를 바랍니다. 이제 당신은 투자를 위한 구명조끼를 착용한 셈이니, 이제 그것을 활용하시기만 하면 됩니다!

얼마나 많은, 혹은 얼마나 적은 경험을 했든, 그리고 어떤 유형의 투자자이든, 여러분 각자는 그 배의 선장입니다. 당신의 배가 올바른 항로를 가고 있는지 늘 확인해야 합니다. 당신 자신과 사랑하는 가족을 위해 지금 당장 '새로운 결말'로 뱃머리를 돌리십시오. 과거에 있었던 일은 이미 지나간 역사이며 되돌릴 수 없습니다. 지금이라도 이 책에서 설명한 도구와 전략을 등대처럼 활용하십시오. 당신을 성공의 길로 인도해 줄 것입니다. 그러니 더 이상 미루지 않겠다고 약속해 주십시오. 올바른 투자전략을 세우고 재정 문제를 바로잡는 일은 우선순위의 최상단에 있어야 합니다. 기억하십시오, 무언가 미루는 것은 경제적 성공에 가장 큰 걸림돌입니다!

이제 저희가 다룬 중요한 내용을 요약하고 검토해 보겠습니다.

우리가 배운 것 ————————————

- 재정적으로 건전한 생활 방식을 유지하십시오. 신용카드 빚을 갚고, 비상 자금을 마련하며, 지출을 통제하고, 무엇보다도 수입 이하로 지출하는 법을 배워야 합니다. 그것이야말로 경제적 자유의 열쇠입니다.

- 일찍 저축을 시작하고 꾸준히 투자하십시오. 일찍 시작할수록 복리의 강력한 혜택을 더 오랫동안 누릴 수 있습니다.

- 주식, 채권, 펀드 등 우리에게 제공되는 다양한 투자 선택지를 이해해야 합니다. 그 이해의 깊이는 깊을수록 좋습니다. 대부분의 투자자에게 펀드는 그 자체로 훌륭한 분산 효과를 제공합니다. 누차 이야기하지만, 이해해야 합니다. 이해하지 못하는 것에는 투자하지 마십시오.

- 은퇴 후에 대략 얼마가 필요할지 계산하십시오. 그래야 자신이 올바른 궤도에 있는지 확인할 수 있습니다. 목표가 없다면 어떻게 그 목표에 도달할 수 있겠습니까?

- 저비용 펀드를 통한 인덱스 투자는 시간이 지나면 지날수록 다른 투자전략들의 성과를 추월할 것입니다. 만약 액티브 펀드 형태의 펀드를 선택하고 싶다면, 세제 혜택이 있는 계좌에 비용이 적은 펀드를 넣어 두십시오.

- 자산배분 계획은 개인의 상황, 목표, 투자 기간, 위험 감수 능력과 의지에 기초해야 합니다. 높은 기대수익을 원한다면 위험도 감수해야 합니다. 공짜 점심은 없습니다. 투자 계획은 가능한 한 단순하게 만드십시오.

- 비용은 아주 중요합니다. 우리는 시장수익률은 통제할 수 없지만 비용은 통제할 수 있습니다. 수수료, 비용, 펀드의 운용보수 등은 투자 수익의 상당 부분을 갉아먹습니다. 비용은 가능한 한 낮추십시오.

- 세금은 가장 큰 지출이 될 수 있습니다. 절세가 가능한 투자법을 찾으십시오. 많은 세금이 예상되는 펀드는 세금이연 계좌에 넣고, 과세 계좌에는 절세가 가능한 상품을 넣도록 하십시오. 분산투자 역시 세금에 유리합니다.

어떤 자산이 오를 때 다른 자산은 내리는 식의 균형 전략으로 세금 부담을 줄이십시오.

- 리밸런싱을 거르지 마십시오. 리밸런싱은 위험을 통제하고 더 높은 수익을 가져다줍니다. 시장의 변화에 흔들리기보다는 원칙을 고수하십시오. 일관성 있는 투자는 적절한 리밸런싱으로 가능합니다.

- 시장 타이밍을 잡는 것은 결코 좋은 전략이 될 수 없습니다. 단기적으로 사고파는 전략이 좋은 수익률을 가져다주기란 무척 어렵습니다.

- 자녀의 교육을 위해 투자하십시오. 여러 가지 세금이연 및 면세 옵션이 있습니다.

- 꼭 횡재가 아니더라도 예상치 못한 목돈이 생길 수 있습니다. 목돈이 생겼을 때 이를 어떻게 다룰지 아는 것도 중요합니다.

- 재무설계사가 필요한지 아닌지에 대해서 생각해 보십시오. 만약 필요하다면, 그에 대한 이유를 분명히 하십시오.

- 미래 구매력을 보호하는 것은 무척 중요합니다. 인플레이션 방어 상품에 투자하는 방식으로 구매력을 지킬 수 있습니다. 인플레이션은 미래의 구매력을 빼앗아 가는 보이지 않는 도둑입니다.

- 소음에 귀 기울이지 마십시오. 자잘한 뉴스에 휘둘리지 마십시오. 핫한 정보에 휩쓸려 집단심리의 파도에 휩쓸리지 않도록 해야 합니다. '이번에는 다르다'라는 믿음으로 투자하는 것 역시 위험합니다.

- 자산을 보호할 수 있는 적절한 유형과 규모의 보험을 선택하십시오. 단, 보험은 보호를 위한 것입니다. 투자가 아닙니다. 두 가지를 혼동하지 마십시오.

- 성공적인 투자자는 감정을 통제합니다. 감정이 당신을 흔드는 순간 당신의 포트폴리오에 먹구름이 드리웁니다.

- 당신이 살아있는 동안 당신의 자산이 바닥을 드러내지 않도록 하십시오. 상황을 낙관하여 과한 돈을 쓰다가는 숨이 다하기도 전에 돈이 먼저 바닥나는

결과를 초래할 수 있습니다.

- 적절한 유산 설계도 필요합니다. 당신의 자산이 합리적인 시간 안에, 최소한의 세금으로 상속인에게 이전될 수 있도록 해야 합니다.

보글헤드에게 도움을 청하십시오

여러분은 이제 안정적인 투자 미래를 설계할 수 있는 도구를 갖추었습니다. 우리는 여러분이 충분히 해낼 수 있다고 믿지만, 그렇다고 해서 모든 것을 혼자 할 필요는 없습니다. 추가적인 도움이 필요하다면, 우리 보글헤드들이 당신의 곁에 있겠습니다. 우리가 모여있는 bogleheads.org로 오십시오.

이곳에는 우리가 모아둔 유용한 정보가 있습니다. 예를 들어 이런 것들이죠.

- 보글헤드 커뮤니티에 글을 올리는 요령

- 추천 도서 목록

- 훌륭한 검색 엔진

- 보글헤드 포럼에서 진행 중인 대화와 토론들

- 다른 금융 사이트로 가는 링크

이 책의 내용과 관련하여 추가적인 질문이 있거나, 보다 명확한 설명이 필요하다면, 보글헤드 커뮤니티에 질문을 올리십시오. 저희가 최선을 다해 답변해 드리겠습니다. 우리 저자 셋뿐만 아니라 보글헤드 커뮤니티에서 활동하는 똑똑하고 현명한 보글헤드들이 당신의 질문에 답해줄 겁니다.

그곳에는 변호사, 의사, 교육가, 금융전문가(CFA, CFP, CPA), 그리고 다양한 배경을 가진 흥미로운 이들이 왕성하게 활동하고 있습니다. 그뿐만 아니라 윌리엄 번스타인, 리처드 페리, 빌 슐타이스, 래리 스위드로 같은 금융 분야의 작가도 커뮤니티에 참여하고 있습니다. 지리적으로도 다양하여, 미국 전역은 물론 캐나다, 호주, 홍콩, 인도, 일본, 유럽, 아시아에 걸친 해외의 보글헤드들도 있습니다.

보글헤드 커뮤니티에서는 투자 문제와 관련한 다양한 의견을 접할 수 있습니다. 보글헤드들은 하나의 정답만 존재한다고 이야기하지 않습니다. 특히 '내 방식이 아니면 안 된다'라는 태도는 커뮤니티에서 환영받지 못합니다. 테일러는 "더블린으로 가는 길은 여러 가지가 있다"라는 말을 자주 합니다.

커뮤니티에서는 액티브 펀드와 인덱스 펀드에 대한 논쟁을 비롯해 여러 주제에 대한 뜨거운 토론이 벌어집니다. 글을 직접 올리지 않고 이런 토론을 지켜보기만 해도 많은 것을 배울 수 있습니다. 많은 이들이 그렇게 커뮤니티를 활용합니다. 수많은 질문과 답변, 그리고 다양한 투자 주제에 관한 토론을 읽는 것만으로도 큰 도움이 됩니다. 그뿐만 아니라 커뮤니티에 올라오는 유용한 링크에서도 많은 것을 배울 수 있습니다.

보글헤드 커뮤니티는 해마다 확장되고 진화하고 있습니다. 미국 전역에는 많은 보글헤드 지역 모임이 있으며, 해외에도 여러 지부가 있습니다. 댈러스/포트워스, 위스콘신, 남부 캘리포니아, 애리조나, 중앙 캘리포니아, 오리건, 워싱턴 DC, 시애틀, 샌프란시스코 베이 지역, 중부 플로리다, 햄프턴 로즈, 버지니아, 서부 뉴잉글랜드, 뉴욕시, 미네소타, 중부 텍사스, 소노라 사막, 샌디에이고, 신시내티, 시러큐스, 휴스턴, 미시간, 내슈빌, 중부 앨라배마,

리서치 트라이앵글 파크, 샬럿, 리치먼드, 콜로라도 캐슬록, 동부 아이오와, 캔자스시티, 유럽(파리), 남부 네바다, 보스턴 남부, 털사, 사우스캐롤라이나 로컨트리/서배너, 게인즈빌/오칼라, 덴버, 세인트루이스, 피닉스, 보스턴, 투손, 뉴저지, 올랜도, 남부 플로리다, 뉴햄프셔/메인, 디트로이트, 북동부 오하이오, 피츠버그, 타이완, 뉴올리언스, 디모인, 그린빌 메트로, 매디슨(위스콘신) 등이 그 예입니다. 이 지역 모임에서는 보글헤드들이 오프라인에서 만나 친목을 다지고, 서로 관심 있는 다양한 투자 주제로 이야기를 나눕니다. 다른 보글헤드들과 직접 만나고 싶으시다면, Bogleheads Forum Wiki의 Boglehead® Local Chapters 메뉴에서 지역 모임을 찾아보십시오. 가입비는 없으며, 모임으로 발생하는 비용은 각자 나누어 부담합니다.

이 지역 모임 외에도 매년 연례 모임이 있습니다. 이 모임은 미국 전역의 다양한 장소에서 열려왔습니다. 일정과 장소는 보통 3월 초 보글헤드 커뮤니티에 공지됩니다.

맺으며

자기만의 투자 계획을 세우고, 그 계획을 묵묵히 실천하는 것이 얼마나 중요한지 아무리 강조해도 지나치지 않습니다. 저비용 펀드, 가능하다면 인덱스 펀드를 여러분이 보유한 투자 포트폴리오의 핵심으로 두십시오. 우리는 단순함 속에 아름다움이 있다고 믿습니다.

앞으로 수많은 유혹과 방해 요소들이 나타나 여러분을 계획에서 벗어나고 싶게끔 할 것입니다. 그러나 만일, 여러분이 여러분의 앞에 그런 유혹이 있을 것을 미리 알고, 이를 대비할 준비가 되어 있으면 어떨까요? 실제로 그런 상황이 닥쳤을 때 계획을 버리고 싶은 유혹을 훨씬 더 쉽게 뿌리칠 수 있을 것입니다.

이 책과 저희 온라인 커뮤니티를 통해 여러분은 성공적인 투자자가 되기 위한 모든 도구를 갖추게 되었습니다. 아마 여러분은 bogleheads.org의 보글헤드 커뮤니티를 방문하게 될 것이고, 어쩌면 보글헤드 모임에도 참석할지도 모릅니다. 누가 알겠습니까? 머지않아 여러분도 자신을 보글헤드라고 부르며 이 철학을 널리 전파하게 될지요!

그때까지는, 여러분의 계획을 만들고 벗어나지 마십시오!

부록

부록 I: 금융 용어 해설집

감가상각: 자산이나 투자 가치의 하락

개방형 펀드: 실제 포트폴리오 가치에 따라 주식을 발행하거나 환매하는 전통적 뮤추얼 펀드

결정계수: 펀드 움직임을 벤치마크 지수 움직임으로 설명할 수 있는 정도(0~100)로 수치가 높을수록 상관성이 큼

과세 계좌: 매년 과세 대상이 되는 계좌

국가 위험: 국제 펀드에서 발생할 수 있는 위험 (예: 전쟁, 정치 불안, 환율 변동, 국가 부도, 회계 부실 등)

국제 펀드: 미국 외 해외 증권에 투자하는 펀드

글로벌 펀드: 미국과 해외 증권 모두에 투자하는 펀드

기대수익: 특정 투자나 자산군의 미래 예상 수익

달러 비용 평균법(DCA): 정기적으로 동일한 금액의 주식을 매수하는 방식

로스 IRA: 세제 혜택이 있는 퇴직연금 계좌로 해당 계좌에 불입된 자산에 대한 세금공제 불가, 그러나 운용 수익은 적립 및 인출 시 모두 비과세

롤오버: 한 펀드에서 다른 펀드로 자산이 이전되는 것, 이 책에서는 한 퇴직연금 계좌에서 다른 계좌로의 세금과 함께 자산 이전되는 것을 말함

머니마켓펀드(MMF): 초단기 증권에 투자하는 펀드로 주당 순자산가치를 1달러로 유지하려고 함

명목수익률: 인플레이션을 반영하기 전의 투자수익률

미실현 자본이득/손실: 보유 증권을 매도할 때 실현될 이익 또는 손실

배당락일: 주식이나 펀드에서 배당금이 지급되는 날로, 보통 이날 배당금만큼의 가격 하락이 발생함

배우자 IRA: 무직 배우자를 위해 개설하는 IRA

베타: 펀드가 시장 움직임에 얼마나 민감한지를 나타내는 지표

벤치마크 지수: 펀드의 펀드매니저가 성과를 평가할 때 기준이 되는 지수

부동산투자신탁(REIT): 부동산 투자를 집합 관리하는 회사

상관관계: 두 변수 간의 관계

상장지수펀드(ETF): 주식시장에서 거래되는 인덱스 펀드

샤프 지수: 노벨상 수상자 윌리엄 샤프가 개발한 위험 대비 성과 측정 지표

세금이연 계좌: 인출 전까지 소득세가 이연되는 계좌

섹터/특화 펀드: 특정 산업군(헬스케어, 기술, 유틸리티, 부동산 등)에 집중적으로 투자하는 뮤추얼 펀드

소비자물가지수(CPI): 일정 기간에 걸쳐 상품과 서비스의 가격 변화를 측정하는 지표로 인플레이션 측정에 주로 사용, 연금이나 사회보장급여도 이 수치를 기준으로 조정

수수료 기반 자문가: 자문료를 자문 시간을 기준으로 청구하거나 자산의 일정 비율로 청구하는 전문가

수익률 곡선: 만기가 다른 채권들의 수익률을 그래프로 나타낸 곡선

수익률: 투자로 얻은 이익을 현재 가격 대비 백분율로 표시한 것

수탁자: 고객의 자산을 받아 관리·책임지는 개인 또는 기관

시장 타이밍: 시장 방향을 예측한 뒤 그 예측에 따라 투자하는 것

신용등급: 신용평가기관이 증권의 재무건전성을 평가한 것

신탁: 사망 전·후 재산에 대한 관리·분배를 규율하는 법적 제도

실질수익률: 인플레이션 반영 수익률(명목수익률 - 물가상승률)

에스크로: 거래에 있어서 거래 완료 전까지 매수/매도자가 아닌 제삼자가 자산을 보관하는 것

연금: 일정 간격으로 지급금을 제공하는 세금이 이연된 보험 상품. 선택하는 보험사에 따라 상품과 지급 방식이 달라짐

연환산: 1년 미만의 기간 수익률을 1년 기준으로 환산하는 것. 예를 들어, 6개월 수익률이 5%라면 연환산 수익률은 10%가 됨

워시 세일: 매도 후 31일 이내에 '실질적으로 동일한' 펀드에 재투자하면 손실 공제를 인정하지 않는 규정

원자재: 곡물, 금속, 석유 등 가공되지 않은 상품으로 시카고상품거래소 등에서 주식처럼 거래

위험 감내도: 투자자가 손실을 보더라도 매도하지 않고 버틸 수 있는 능력으로 흔히 '수면 지수'라고도 불림

위험 프리미엄: 무위험 자산보다 위험 자산을 보유한 대가로 얻는 보상

위험: 손실 가능성 또는 목표 미달 가능성

자동 재투자: 펀드의 배당금 및 자본 이익을 상품에 자동으로 불입하는 방식

자본이득 분배: 펀드가 보유 증권 매각을 통해 얻은 이익을 주주에게 지급하는 것

자본이득: 매수가와 매도가의 차이

장기 자본이득: 1년 이상 보유한 증권을 매도해 얻은 이익으로 일반적으로 낮은 세율 적용됨

적극적 운용: 금융시장이나 특정 벤치마크의 수익률을 능가하려는 투자전략

전통적 IRA: 세제 혜택이 있는 퇴직연금 계좌로 납부금은 세금공제 가능, 납부금과

수익 모두 과세 이연되며 인출 시 한꺼번에 과세, 59½세 이전 인출 시 일부 예외를 제외하고 벌금 부과

정크본드: 신용등급 BB 이하, 투자 부적격으로 분류되는 채권으로 발행사는 투자자를 끌기 위해 높은 수익률을 약속

주가수익비율(PER): 주가÷주당순이익(EPS)

주식: 기업의 소유권을 나누어 증권화한 것

주택저당증권: 모기지 대출을 모아 만든 채권형 증권

지방채 펀드: 비과세 채권에 투자하는 펀드로 고소득 납세자에게 적합

차티스트: 차트와 그래프를 이용해 미래 가격을 예측하려는 사람

채권 듀레이션: 채권 펀드의 변동성을 추정하는 지표 (예: 듀레이션 3년인 채권 펀드는 금리가 1% 오르면 약 3% 가치가 하락, 듀레이션 5년인 펀드는 같은 조건에서 약 5% 가치 하락)

채권 신용 위험: 채권 발행자가 이자 또는 원금을 제때 상환하지 못할 가능성

채권 펀드 만기: 펀드 내 채권들의 만기 평균

채권: 정부나 기업이 발행하는 부채 증서

총보수율: 펀드의 순자산 대비 연간 운영비 비율

총수익률: 자본 이익과 배당금을 모두 포함한 펀드의 종합 성과

취득원가: 세법상 조정이 가능한 투자 자산의 최초 매입가

투자 설명서: 투자자에게 상품과 관련한 신뢰할 수 있는 정보를 제공하는 법적 문서

폐쇄형 펀드: 발행 주식 수가 고정되어 있으며 주로 주요 증권거래소에 상장된 펀드

표준편차: 변동성을 측정하는 통계 지표

하이일드 채권: 고위험 정크본드

헤지펀드: 뮤추얼 펀드에 허용되지 않는 고위험 전략을 사용할 수 있는 펀드

현금: 안전하고 유동성이 높은 자산(예: 양도성예금증서(CD), 머니마켓펀드, 저축예금, 초단기 우량 채권 등)

확정급여형 퇴직연금: 퇴직 시 평생 연금을 지급하는 퇴직연금 제도로 투자 관리의 주체는 근로자가 아닌 회사

회전율: 지난 1년간 펀드매니저의 거래 빈도

효율적 시장: 시장은 매우 효율적이어서 주식과 채권과 관련한 정보가 신속히 시장에 반영, 현 시세가 본질적 가치를 반영한다는 이론

효율적 포트폴리오: 특정 위험 수준에서 더 높은 수익을 낼 수 있는 다른 포트폴리오가 존재하지 않는 포트폴리오

부록 II: 추천 도서

초보 투자자를 위한 책들

《당신의 펀드매니저를 해고하라》 빌 슐타이스 지음

큰 메시지를 담은 작은 책. 어떻게 단순하고 성공적으로 투자할 것인가?

《정보에 기반한 투자자(The Informed Investor)》 프랭크 암스트롱 지음

시장이 어떻게 작동하는지 쉽게 이해할 수 있도록 설명한 책

《모든 주식을 소유하라》 존 보글 지음

짧고 읽기 즐거운 작은 책. 뱅가드 설립자 존 보글이 인덱스 펀드에 대한 내용을 광범위하게 다룸

《내 안의 백만장자》 마이클 르뵈프 지음

재정적 자유를 달성하기 위해 돈과 시간을 지혜롭게 투자하는 방법을 알려주는 입문서

《당신의 부를 보호하라(Protecting Your Wealth)》 리처드 페리 지음

저자는 전직 해병대 전투기 조종사이자 주식 중개인, 그리고 네 권의 금융투자서를 집필, 건전한 투자전략을 위한 읽기 쉬운 안내서

《투자에 대한 솔직한 대화(Straight Talk on Investing)》 존 브래넌 지음

전 뱅가드 CEO가 집필한 우아할 정도로 단순하고, 대단히 합리적이며, 읽는 즐거움이 있는 책

《투자에 실패했나요?(You've Lost It, Now What?)》 조너선 클레멘츠 지음

다양한 수상 경력에 빛나는 〈월스트리트 저널〉 칼럼니스트가 성공적인 투자를 위해 꼭 필요한 직설적인 조언을 제공

중급 투자자를 위한 책들

《보글 온 뮤추얼 펀드(Bogle on Mutual Funds)》존 보글 지음

존 보글은 이 책을 쓰고 벤저민 그레이엄의 고전 《현명한 투자자》에 필적한 책이
되기를 원했음, 적어도 뮤추얼 펀드에 대해서는 그의 바람이 이루어진 듯함

《뮤추얼 펀드 상식》존 보글 지음

워런 버핏이 "모든 투자자가 반드시 읽어야 할 책"이라 부른 책

《투자의 네 기둥》윌리엄 번스타인 지음

작은 마을의 의사가 투자에 매료되어 쓴 책

《승리하는 투자전략(Winning Investment Strategy)》래리 스웨드로 지음

월스트리트의 '패자의 게임'을 피하는 방법에 대한 훌륭한 통찰

《랜덤워크 투자수업》버턴 멜킬 지음

투자 고전으로, 정기적으로 개정되어 출판되는 책, 저자는 프린스턴 교수이자 뱅
가드 이사회의 전 임원

더 깊이 배우고 싶은 투자자를 위한 책들

《자산배분 전략》로저 깁슨 지음

자산배분에 관한 최고의 책 중 하나

《투자 아이디어 에볼루션》피터 번스타인 지음

투자전문가가 지난 30년간의 매혹적인 금융 혁명의 역사를 들려줌

《현명한 투자자》벤저민 그레이엄 지음

존경받는 금융 저널리스트 제이슨 츠바이크의 아름다운 해설이 있는 투자 고전

《승리하는 채권 전략(Winning Bond Strategy)》래리 스웨드로 지음

보글헤드 멤버인 저자는 복잡한 채권 세계를 이해하기 쉽게 풀어냄, 채권을 포트
폴리오에서 어떻게 활용해야 하는지 안내

부록 III: 금융 관련 웹사이트

www.altruistfa.com/readingroom.htm

보글헤드 운영진 에릭 하스가 운영하는 리딩 룸은 투자를 배우기에 훌륭한 곳

crr.bc.edu

보스턴 칼리지의 은퇴연구센터는 은퇴 문제에 관한 훌륭한 연구와 기사를 찾아볼

수 있음

www.bloomberg.com

금융 뉴스와 정보, 그리고 현재 채권 가격과 수익률을 포함한 자료를 찾을 수 있

는 곳

www.bogleheads.org

보글헤드의 자원봉사자인 알렉스 프락트와 래리 오톤이 만든 이 웹사이트는 인터

넷에서 가장 훌륭한 투자 포럼인 보글헤드 포럼으로 가는 관문 (우리 저자들의 시

작 페이지이기도 함)

www.bylo.org

보글헤드 멤버인 바일로 셀히가 운영하는 캐나다의 웹사이트로, 모든 사람에게 유

용한 통찰력 있는 펀드 정보를 담고 있음

www.choosetosave.org

효과적 저축을 위한 금융 계산기 제공

www.coffeehouseinvestor.com

보글헤드의 멤버이자 작가인 빌 슐타이스가 운영하는 사이트로, 건전한 정보의 훌

륭한 원천

www.efficientfrontier.com

보글헤드의 멤버이자 작가인 빌 번스타인이 운영하는 훌륭한 웹사이트로 과거의 글들도 읽어보길 권함

www.thefinanceprofessor.com

세인트 본아벤처대학교의 재무학 교수 짐 마허가 학문적 세계와 실제 금융 세계를 결합하기 위해 만든 사이트

www.financialpage.blogspot.com

보글헤드 멤버인 베리 바니츠가 운영하는 탁월한 웹사이트는 최신 연구 자료, 특히 인덱스 펀드, 뱅가드 펀드, 자산배분 등과 같은 주제에 관한 기사와 연구와 관련한 방대한 아카이브를 보유

www.firecalc.com

은퇴 시 만족스러운 삶을 위한 지출이 어느 정도인지를 정교하게 계산할 수 있는 곳

www.investorsolutions.com/?submit=Go&s=Books

보글헤드 멤버인 프랭크 암스트롱이 운영하는 이 사이트에서는 훌륭한 투자서 '21세기 투자전략'을 열람할 수 있음

www.jasonzweig.com

최고의 금융 칼럼니스트이자 저자 중 한 명인 제이슨 츠바이크가 스스로 생각하는 투자를 위해 만든 사이트

www.jonathanclements.com

많은 사람들이 최고의 금융 칼럼니스트라고 여기는 조나단 클레멘츠의 사이트로 2007년에 개설되었으며, 투자자에게 이해하기 쉽고 실용적인 정보를 제공

www.moneychimp.com

돈에 관한 모든 것(기사, 계산기, 그 외 다수의 자료)

www.morningstar.com

의심할 여지 없는 펀드와 관련한 최고의 사이트이자 보글헤드 포럼의 본거지이기도 함

www.norstad.org/finance

보글헤드 멤버인 존 노스테드의 많은 글이 보관된 저장소로 인덱스 펀드와 관련한 정교한 이론을 제공

www.portfoliosolutions.com

보글헤드의 멤버이자 작가, 공인회계사인 리처드 페리의 홈페이지, 리처드 페리가 쓴 논문과 글들을 읽을 수 있으며, 그의 저서 '시리우스 머니'를 볼 수 있음

www.research-finance.com

존 스코도가 인터넷에서 찾을 수 있는 최고의 학술 및 금융 기사를 모아놓은 곳

www.retireearlyhomepage.com

조기 은퇴를 꿈꾸고 그 방법을 알고 싶다면 방문해야할 사이트로 운영자인 존 그리니는 38세에 은퇴에 성공함

www.rickferri.com

보글헤드 포럼의 운영자이며 저자이기도 한 공인회계사 리차드 페리의 홈페이지로 유용한 정보가 많음

www.vanguard.com/bogle_site/bogle_home.html

훌륭한 투자 공부를 위한 정보와 더불어 존 보글의 많은 연설문을 찾을 수 있는 곳

부록 IV: 뱅가드 자산배분 설문지 및 차트

01. 저는 포트폴리오에서 앞으로 몇 년 뒤에 인출을 시작하려고 합니다.

1년 미만	0점
1~2년	1점
3~5년	4점
6~10년	7점
11~15년	12점
15년 이상	17점

02. 저는 이 포트폴리오의 돈을 몇 년에 나누어 사용할 겁니다.

2년 이하	0점
3~5년	1점
6~10년	3점
11~15년	5점
15년 이상	8점

03. 장기투자에 있어서, 나는 자산 보유 기간을 다음과 같이 생각합니다.

1~2년	0점
3~4년	1점
5~6년	3점
7~8년	5점
9년 이상	7점

04. 2000년 8월 31일부터 2001년 3월 31일까지, 주식은 7개월 동안 25% 이상 하락했습니다.

만약 내가 7개월 동안 25% 이상 하락한 주식을 보유하고 있었다면, 나는….

(※ 이 시기에 실제 주식을 보유했다면, 실제 행동에 해당하는 답변을 선택하십시오.)

모든 잔여 투자 자산을 매도한다	1점
잔여 투자 자산 일부를 매도한다	3점
투자 자산을 보유하고 아무것도 팔지 않는다	5점
해당 주식을 더 매수한다	6점

05. 일반적으로, 나는 가치 변동이 거의 없거나 전혀 없는 투자를 선호하며, 이와 관련된 더 낮은 수익을 기꺼이 받아들입니다.

매우 그렇다	0점
그렇다	1점
다소 그렇다	3점
그렇지 않다	5점
전혀 그렇지 않다	8점

06. 시장이 하락할 때, 나는 더 위험한 자산 일부를 매도하고 더 안전한 자산에 투자하는 경향이 있습니다.

매우 그렇다	1점
그렇다	2점
다소 그렇다	3점
그렇지 않다	4점
전혀 그렇지 않다	5점

07. 나는 친구, 동료, 혹은 가족과 짧은 대화만으로 펀드에 투자할 것입니다.

매우 그렇다	1점
그렇다	2점

다소 그렇다	3점
그렇지 않다	4점
전혀 그렇지 않다	5점

08. 1999년 1월 31일부터 1999년 12월 31일까지, 일부 채권이 9% 정도의 손실을 기록했습니다. 만일 내가 11개월 동안 9% 손실을 본 채권 자산을 가지고 있었다면, 나는….

(※ 이 기간에 실제로 채권을 보유하고 있었다면, 실제 행동에 해당하는 답변을 선택하십시오.)

모든 잔여 투자 자산을 매도한다	1점
잔여 투자 자산 일부를 매도한다	3점
투자 자산을 보유하고 아무것도 팔지 않는다	5점
해당 채권을 더 매수한다	6점

09. 아래 차트는 가상의 펀드가 기록한 연중 최대 수익과 최저 손실을 기록한 것입니다. 이 경우 나는 어떤 펀드를 골라야 할까요?

펀드 A	1점
펀드 B	3점
펀드 C	5점

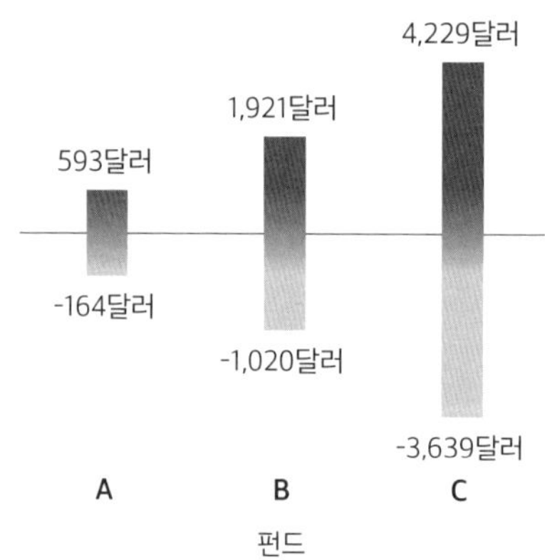

※ 투자에서의 최대 수익이나 손실은 예측할 수 없습니다. 이 차트에 표시된 범위는 가상의 것이며, 오직 투자자의 위험 감수 성향을 측정하기 위해 고안된 것입니다.

10. 나의 현재 및 미래 소득원(예: 급여, 사회보장, 연금 등)은….

매우 불안정하다	1점
불안정하다	2점
다소 안정적이다	3점
안정적이다	4점
매우 안정적이다	5점

11. 주식형이나 채권형 펀드(또는 개별 주식이나 채권)에 투자할 때, 나는 나 자신을 이렇게 표현할 수 있습니다.

투자 경험이 전혀 없는 투자자	1점
투자 경험이 거의 없는 투자자	2점
투자 경험이 다소 있는 투자자	3점
경험 많은 투자자	4점
매우 경험 많은 투자자	5점

자산배분: 목표에 맞춘 전략

각 목표에 대한 총점수를 기준으로, 352쪽 표에서 제시된 자산군별 권장 자산배분을 선택하십시오. 점수에 따라 제시된 자산배분은 전략은 제안이라는 점을 잊지 마십시오, 제안에서 크게 벗어나지 않는 범주 내에서 더 높은 위험도, 혹은 더 낮은 위험도로 자산배분을 구성할 수도 있습니다. 특정 펀드를 선택할 때 참고해야 하므로, 아래의 빈칸에 귀하의 선택을 기록해 두십시오.

포트폴리오에 포함할 수 있는 펀드 유형

주식형 펀드: 액티브 펀드로 성장주 또는 가치주 펀드, 혹은 전체 주식시장이나 시장의 일부를 추종하는 인덱스 펀드

채권형 펀드: 액티브 펀드로 단기·중기·장기 회사채, 국채, 또는 면세채 펀드, 혹은 전체 채권시장이나 그 일부를 추종하는 인덱스 펀드

머니마켓 펀드: 액티브 펀드로 과세형 또는 면세형으로 나뉨, 주로 정부·기업·은행·기타 금융기관이 발행한 현금 투자상품에 투자

혼합형 펀드: 주식, 채권, 그리고 (때때로) 현금 투자의 혼합을 보유하는 액티브 펀드 또는 인덱스 펀드, 이러한 '올인원' 펀드는 단일 투자만으로도 당신의 자산배분 전략을 효율적으로 유지할 수 있음

자산배분: 목표에 맞춘 전략

● 주식 / ● 채권

당신의 점수	자산배분안	평균 연수익	최악의 연손실	손실을 기록한 해
69-75점	100%	10.6%	-28.4%	45년 중 12년
62-68점	20% / 80%	10.1%	-22.7%	45년 중 12년
55-61점	30% / 70%	9.8%	-19.8%	45년 중 12년
49-54점	40% / 60%	9.5%	-17.0%	45년 중 11년
42-48점	50% / 50%	9.2%	-14.1%	45년 중 8년
36-41점	40% / 60%	8.9%	-11.3%	45년 중 6년
29-35점	30% / 70%	8.5%	-8.4%	45년 중 5년
23-28점	20% / 80%	8.1%	-8.2%	45년 중 5년
7-22점	100%	7.2%	-8.1%	45년 중 5년

※ 이들은 단지 예시용 포트폴리오 배분안일 뿐입니다. 위험 감수 성향이나 개인적 상황에 따라, 귀하의 점수가 제시하는 모델보다 더 보수적이거나 더 공격적인 배분을 선택할 수 있습니다. 이러한 자산배분은 장기 재무목표를 위한 것임을 염두 하십시오. 단기 목표와 비상 상황에는 현금 비중을 늘려야 합니다. 주식시장 수익률은 1971년부터 2004년까지는 다우존스 윌셔5000 지수를, 1960년부터 1970년까지는 S&P500 지수를 사용했습니다. 채권시장 수익률의 경우, 1973년부터 2004년까지는 리먼 브라더스 채권 지수, 1969년부터 1972년까지는 시티그룹 회사채 지수, 1960년부터 1968년까지는 S&P 회사채 지수를 사용했습니다.

본 투자자 설문지는 당신이 투자 자산을 주식, 채권, 현금 투자 등 다양한 자산군에 어떻게 배분할지를 결정하는 데 도움을 주려는 것입니다. 이것이 포괄적인 투자 또는 재무 자문을 의미하지 않습니다. 어떠한 자산배분도 당신이 투자 목표를 달성할 것을 보장하지 않습니다. 모든 투자는 위험을 수반하며, 금융시장의 변동과 기타 요인이 귀하 자산가치 하락을 초래할 수 있음을 기억하십시오. 재무 상황이나 목표가 바뀔 경우, 본 투자 설문지를 다시 작성하여 상황에 맞는 자산배분 전략을 다시 선택하십시오.

수익률에는 소득, 배당, 자본이득 분배금의 재투자가 포함되어 있으며, 투자 비용 및 세금은 고려하지 않았습니다. 마지막으로 과거 실적은 미래 수익을 보장하지 않음을 기억하십시오.

저자들에 관하여

멜 린다우어(Mel Lindauer)는 존 보글로부터 "보글헤드의 왕자(The Prince of the Bogleheads)"라는 별칭을 얻었습니다. 포브스닷컴의 칼럼니스트이자 보글헤드 커뮤니티의 리더 중 한 명입니다. 그는 테일러와 함께 무려 84,000개의 포럼 글을 작성하며, 투자자들이 보글헤드식 투자법을 배울 수 있도록 도왔습니다. 전직 해병대원이었던 그는 1960년대 후반부터 투자를 시작해 강세장과 약세장을 모두 직접 경험했습니다. 테일러와 함께 보글헤드 연례 모임을 시작하고 현재까지도 이를 주도하고 있으며, 여러 신문과 방송에 인용되었고 CNN에도 출연했습니다. 1997년 은퇴하기 전까지 그는 필라델피아 지역에서 30년 동안 성공적인 그래픽 아트 회사를 창업하고 CEO로 활동했습니다. 은퇴 후에는 공인펀드전문가, 자산관리전문가 자격을 취득했습니다. 또한 상업용 조종사 및 비행 교관 면허를 소지하고 있으며, 고향인 켄터키주 주지사로부터 켄터키 대령으로 임명되었습니다. 2012년 3월, 멜은 투자자 교육 활동으로 금융잡지 〈머니〉에서 "일상의 영웅들(Everyday Heroes)" 중 한 명으로 선정되었습니다.

테일러 래리모어(Taylor Larimore)는 금융잡지 〈머니〉로부터 "뱅가드 다이하드의 학장(Dean of the Vanguard Diehards)"이라는 칭호를 받았습니다. 존 보글은 테일러를 "보글헤드의 왕(King of the Bogleheads)"이라고 부릅니다. 테일러는 인생 대부분을 금융과 투자 세계에서 보내며 놀라운 식견을 쌓았습니다. 마이애미대학교 경영대학을 졸업한 그는 제2차 세계대전 중 벌지 전투에서 제101 공수사단의 낙하산병으로 참전해 다섯 차례 전투 훈장을 받았습니다. 열렬한 요트 애호가로서 그는 미국 요트 협회로부터 '올해의 교관'으로 선정된 바 있습니다. 그는 경력 동안 생명보험 언더라이터, 국세청 세무 공무원, 남플로리다 중소기업청 금융부서장, 그리고 데이드 카운티 주택금융국 국장을 거쳤습니다. 1986년, 그는 존 보글의 삶과 가르침에 영감을 받아 보글의 연구와 조언을 자신의 금융 경험과 결합했습니다. 그 결과 테일러와 그의 아내는 포트폴리오가 크게 개선되는 성과를 얻었습니다. 2012년 3월, 테일러는 투자자 교육 활동으로 〈머니〉에서 "일상의 영웅들" 중 한 명으로 선정되었습니다. 현재 그는 요트 항해를 즐기며 보글헤드 포럼에서 다른 이들이 보글헤드식 투자를 발견하도록 돕는 데 시간을 보내고 있습니다.

마이클 르뵈프(Michael LeBoeuf)는 국제적인 저자이자 전문 연설가입니다. 그의 저서 8권은 거의 200만 부가 판매되었으며, 12개 이상의 언어로 번역되고 17개의 오디오와 비디오 프로그램으로도 제작되었습니다. 그는 CBS 이브닝 뉴스, 오프라 윈프리 쇼, 굿 모닝 아메리카 등 수백 개의 라디오와 TV 토크쇼에 출연했습니다. 20년간 뉴올리언스대학교 경영학 교수로 재직하다가 1989년 47세에 명예교수로 은퇴했습니다. 그의 대표 저서로는 《고객을 얻고 평생 유지하는 법》, 《내 안의 백만장자》, 《스마트하게 일하기》, 《완벽한 사업》, 《세계 최고의 경영 원칙》 등이 있습니다.